문동균
한국사
판서노트 ½ 특강

구성과 특징 STRUCTURE

STEP 1

사료로 Check

최신 출제된 사료로 출제 트랜드를 확인하고 정답의 근거가 되는 핵심키워드와 문장을 제시하여 효율적인 사료학습을 가능하게 하였습니다.

STEP 2

기출 지문으로 점검

기출 지문을 통해 사료 주제와 연계 학습을 할 수 있도록 구성하여 짜임새 있는 학습이 가능하도록 하였습니다.

T03 고조선의 건국과 발전

사료 Check

옛날에 환인의 아들 환웅이 있었는데, 자주 천하를 차지할 뜻을 두고 사람이 사는 세상을 탐내고 있었다. 그 아버지가 아들의 뜻을 알고 아래로 삼위태백을 내려다 보니 (널리) 인간을 널리 이롭게 해 줄만 하였다. 이에 (환인은) 천부인 세 개를 (환웅에게 주어) 가서 인간의 세계를 다스리게 하였다.
― 삼국유사 ―
24년 지방직

- 사람을 죽이면 즉시 사형에 처한다.
- 남에게 상처를 입히면 곡식으로 배상한다.
- 남의 물건을 훔친 자는 그 집의 노비로 삼는데, 스스로 죄를 면제받고자 하는 자는 50만을 내야 한다.
― 한서 ―

기출 지문 Check

1. 고조선의 세력 범위를 알려 주는 유물에는 거친무늬 거울, 비파형 동검, 미송리식 토기가 있다. 09년 국가9급
2. 고조선은 제정 분리 사회로 지배자들은 자신의 조상을 하늘에 연결시켰다. 13년 경찰2차
3. 위만 집권 이전에 고조선에는 이미 왕 아래 대부, 박사 등의 직책이 있었다. 16년 국가7급
4. 건국에 관련된 기록이 『삼국유사』와 『제왕운기』 등에 실려 있다. 15년 지방7급
5. 최초로 고조선을 언급하는 문헌은 중국 춘추전국시대에 편찬된 『관자(管子)』이다. 19년 경찰1차
6. 위만은 고조선으로 들어올 때 상투를 틀고 오랑캐의 옷을 입었다. 14년 경찰2차
7. 위만 조선은 철기 문화를 본격적으로 수용하며, 중계 무역의 이득을 취하였다. 16년 국가9급 O|X
8. 위만 조선은 성장 과정에서 주변의 진번, 임둔 등을 복속시켰다. 09년 국가7급 O|X
9. 위만 조선은 중국 연(燕)의 침략으로 요서 지역을 잃었다. 16년 법원9급 O|X
10. 고조선은 한 무제가 보낸 군대의 침공으로 멸망하였다. 23년 법원9급 O|X
11. 고조선은 형벌과 노비가 존재한 계급사회였다. 20년 소방 O|X
12. 고조선에는 동맹이라는 제천 행사가 있었다. 24년 지방9급 O|X

정답 및 해설 1○ 2X 3○ 4○ 5○ 6○ 7○ 8○ 9X 10○ 11○ 12X

2 X 고조선은 제정일치 사회이다.
9 X 위만 조선 이전의 일이다. 고조선은 기원전 3세기 초에 연나라 장수 진개의 침략을 받아 서쪽 땅을 상실하였다.
12 X 동맹은 고구려의 제천 행사이다.

01 선사 시대와 국가의 형성 009

목차 CONTENTS

PART 01 선사 시대와 국가의 형성

- **T01** 한국사의 바른 이해 … 008
- **T02** 구석기·신석기·청동기·철기 시대 … 008
- **T03** 고조선의 건국과 발전 … 009
- **T04** 여러 나라의 성장 … 010

PART 02 고대 사회의 발전

- **T05** 삼국 및 가야의 건국과 발전 … 014
- **T06** 6세기 말~7세기의 정세 … 018
- **T07** 통일 신라의 발전 … 019
- **T08** 발해의 건국과 발전 … 020
- **T09** 고대 국가의 통치 체제 … 021
- **T10** 고대의 사회 … 022
- **T11** 고대의 경제 … 023
- **T12** 고대의 문화 … 024

PART 03 중세 사회의 발전

- **T13** 후삼국의 성립과 민족의 재통일 … 030
- **T14** 고려 초기 왕들의 업적 … 030
- **T15** 고려의 중앙 통치 조직 … 032
- **T16** 고려의 지방 행정과 군사 조직 … 032
- **T17** 고려 전기의 대외 관계 … 033
- **T18** 문벌 귀족 사회의 성립과 모순 … 034
- **T19** 무신 정권의 성립 … 035
- **T20** 몽골과의 항쟁과 원 간섭기의 정치 … 036
- **T21** 공민왕의 개혁 정치와 홍건적·왜구의 침입 … 037
- **T22** 고려의 사회 … 038
- **T23** 고려의 경제 … 039
- **T24** 고려의 문화 … 040

PART 04 근세 사회의 발전

- **T25** 고려의 멸망과 조선의 건국 … 046
- **T26** 조선 초기 국왕의 업적(통치 체제의 정비) … 047
- **T27** 조선의 중앙 정치 조직 … 048
- **T28** 조선의 지방 통치 조직 … 049
- **T29** 조선의 군사 제도 … 050
- **T30** 조선 초기의 대외 관계 … 050
- **T31** 사림의 대두와 4대 사화 … 051
- **T32** 붕당의 출현 및 양난의 발발 … 052
- **T33** 붕당 정치의 전개 … 053
- **T34** 조선 전기의 사회 … 054
- **T35** 조선 전기의 경제 … 055
- **T36** 조선 전기의 문화 … 056

PART 05 근대 사회의 태동

- **T37** 조선 후기의 정치 … 064
- **T38** 조선 후기의 사회 … 069
- **T39** 조선 후기의 경제 … 071
- **T40** 조선 후기의 문화 … 073

PART 06 근대 사회의 전개

- **T41** 흥선 대원군의 개혁 정책 … 080
- **T42** 강화도 조약(1876. 2, 조·일 수호 조규, 병자 수호 조약) … 081
- **T43** 외국과의 조약 … 081
- **T44** 1880년대 초 정부의 개화 정책 … 082
- **T45** 위정 척사 운동 … 082
- **T46** 임오군란(1882. 6) … 083
- **T47** 개화파의 분열 … 083

T48	갑신정변(1884. 10)	083
T49	갑신정변 이후의 국내외 정세	083
T50	동학 농민 운동(1894)	084
T51	갑오개혁	085
T52	청일 전쟁 이후 ~ 독립협회 창립	086
T53	대한제국(1897~1910)	087
T54	항일 의병 운동	088
T55	애국 계몽 운동	089
T56	간도와 독도	090
T57	개항 이후의 경제	091
T58	경제적 구국 운동	091
T59	사회 구조와 의식의 변화	091
T60	근대 문물의 수용	092
T61	근대 신문·교육	093
T62	국학 연구·문예 및 종교	093

PART 08 현대 사회의 발전

T77	8·15 광복과 광복 직후의 정세	110
T78	모스크바 3국 외상 회의와 1차 미·소 공동 위원회의 결렬	110
T79	대한민국 정부 수립 과정	110
T80	제헌 국회 통과 주요 법안	112
T81	북한 정권의 수립과 6·25 전쟁	113
T82	제1·2 공화국	113
T83	박정희 정부(제3·4공화국)	114
T84	전두환 정부(제5공화국)	114
T85	민주주의의 진전(제6공화국)	114
T86	북한의 체제와 북한의 변화	114
T87	통일 정책과 남북 대화	116
T88	현대의 경제	117
T89	현대의 사회·문화	117

PART 07 민족 독립운동의 전개

T63	국권 피탈 과정	096
T64	일제의 식민지 지배 정책의 변화	097
T65	1910년대 항일 운동	099
T66	3·1 운동(1919)	100
T67	대한민국 임시 정부의 수립과 활동	100
T68	국내 항일 민족 운동	102
T69	의열 투쟁	102
T70	1920년대 이후 무장 독립 전쟁	103
T71	1930년대 이후 무장 독립 전쟁	103
T72	민족 실력 양성 운동	104
T73	일제 강점기 사회·경제적 민족 운동	105
T74	농민 운동과 노동 운동(사회주의의 영향)	105
T75	국외 이주 동포의 활동과 시련(한말 활동 포함)	105
T76	민족 문화 수호 운동(한말 활동 포함)	106

2026
문동균 한국사
판서노트 1/2 특강

PART 01

선사 시대와 국가의 형성

T01   한국사의 바른 이해

T02   구석기·신석기·청동기·철기 시대

T03   고조선의 건국과 발전

T04   여러 나라의 성장

T01-02 한국사의 바른 이해 ~ 구석기·신석기·청동기·철기 시대

사료 Check

25년 국가직 9급

고래 잡는 사람, 호랑이, 사슴, 물을 뿜고 있는 고래, 작살이 꽂혀 있는 고래 등이 바위에 묘사되어 있다. 당시 이 지역 사람들의 생활 모습과 신앙, 예술 세계를 이해하는 데 중요한 자료이며 국보로 지정되어 있다.

문쌤의 분석

울주 대곡리 반구대 암각화의 내용이다. 암각화는 출제빈도가 낮은 편이었는데 올해 반구천 암각화(울주 대곡리 반구대 암각화 + 울주 천전리 각석) 유네스코 세계문화유산 지정 이슈로 출제된 것으로 보인다.

기출 지문 Check

1. 구석기 시대 전기에는 주먹도끼와 슴베찌르개 등이 사용되었다. 17년 지방9급 O | X
2. 구석기 시대에는 구릉에 마을을 형성하고 그 주변에 도랑을 파고 목책을 둘렀다. 23년 지방9급 O | X
3. 신석기 시대에는 뼈바늘을 사용하여 옷이나 그물을 만들었다. 25년 지방9급 O | X
4. 신석기 시대에는 벼농사를 널리 짓게 되었다. 25년 지방 9급 O | X
5. 신석기 시대에는 군장이 죽으면 그의 권력을 상징하는 고인돌을 만들었다. 24년 지방9급 O | X
6. 신석기 시대에는 흑요석의 출토 사례로 보아 원거리 교류나 교역이 있었음을 알 수 있다. 15년 국가9급 O | X
7. 신석기 시대에는 명도전, 반량전 등의 화폐를 사용하였다. 19년 지방7급 O | X
8. 신석기 시대 유적지인 동삼동 패총에서는 조가비 가면이 출토되어 제의를 행할 때 주술과 관련된 의기로 사용되었을 것으로 보여진다. 13년 경찰1차 O | X
9. 황해도 봉산 지탑리와 평양 남경의 유적에서는 탄화된 좁쌀이 발견되는 것으로 보아 신석기 시대에 잡곡류를 경작하였음을 알 수 있다. 16년 경찰1차 O | X
10. 미송리식 토기, 팽이형 토기, 붉은 간 토기 등을 사용한 시대에는 비파형 동검이 사용되었다. 23년 국가9급 O | X
11. 청동기 시대에는 생산력이 발전하면서 사유재산제와 계급이 발생하였다. 23년 서울9급 1차 O | X
12. 청동기 시대에는 반달돌칼을 사용하여 벼를 수확하였다. 21년 국회9급 O | X
13. 청동기 시대부터 청동제 농기구를 본격적으로 사용함에 따라 농경이 더욱 발전하였다. 12년 지방7급 O | X
14. 울주 반구대에는 사각형 또는 방패 모양의 그림이 주로 새겨져 있다. 17년 사회복지9급 O | X
15. 붓이 출토되어 문자를 사용한 사실이 있음을 알려 주는 유적지는 창원 다호리이다. 12년 국가7급 O | X

출제경향

- 기존에 비해 출제 유적지가 다양해지고 있음(동관진 유적 등).
- 구석기 시대 유물의 경우 전기와 후기를 구분해서 출제되는 경우가 있음(슴베찌르개).
- 벽화는 시기보다는 어떤 그림이 있는지가 중요 (시기는 추정하기 때문에 논란이 있을 수 있음).
- 유적지별 발견 유물은 매우 다양함 → 유적지별 유물보다는 유적지가 어느 시대에 속하는지를 암기하는 것이 효율적.

정답 및 해설 1 X 2 X 3 O 4 X 5 X 6 O 7 X 8 O 9 O 10 O 11 O 12 O 13 X 14 X 15 O

1. X 슴베찌르개는 구석기 시대 후기의 도구이다.
2. X 청동기 시대에 외부의 침입을 막기 위해 목책이나 환호, 망루 등의 방어 시설을 만들었다.
4. X 벼농사는 청동기 시대에 시작되어 철기 시대 들어 널리 짓게 되었다.
5. X 청동기 시대에 대한 설명이다.
7. X 철기 시대의 모습이다.
13. X 청동은 무르고 귀해서 농기구로 사용되지 않았다.
14. X 울주 반구대에서는 고래를 비롯한 여러 종류의 동물 그림이 발견된다. 기하학적 무늬는 고령 양전동 알터 바위그림에서 볼 수 있다.

T03 고조선의 건국과 발전

사료 Check

18년 지방직 7급

옛날에 환인의 아들 환웅이 있었는데, 자주 천하를 차지할 뜻을 두고 사람이 사는 세상을 탐내고 있었다. 그 아버지가 아들의 뜻을 알고 아래로 삼위태백을 내려다보니, (그곳이) 인간을 널리 이롭게 해 줄만 하였다. 이에 (환인은) 천부인 세 개를 (환웅에게) 주고, 가서 인간의 세계를 다스리게 하였다.
- 삼국유사 -

24년 지방직 9급

- 사람을 죽이면 즉시 사형에 처한다.
- 남에게 상처를 입히면 곡식으로 배상한다.
- 남의 물건을 훔친 자는 그 집의 노비로 삼는데, 스스로 죄를 면제받고자 하는 자는 50만을 내야 한다.
- 한서 -

문쌤의 분석

『삼국유사』에 수록된 단군의 건국 설화 내용이다. 건국 설화의 내용이 각각 어떤 의미를 가지는지 묻는 문제가 전형적이다. 『삼국사기』에는 건국 설화가 수록되지 않은 것과 『제왕운기』의 건국 설화는 『삼국유사』와 내용이 다른 것에 주의해야 한다.

고조선의 8조법 내용이다. 현재는 3조항만 전해지고 있다. 부여의 4조목과 비슷한 부분이 있어 포인트를 정확하게 파악하고 있어야 한다.

기출 지문 Check

1. 고조선의 세력 범위를 알려 주는 유물에는 거친무늬 거울, 비파형 동검, 미송리식 토기가 있다. 09년 국가9급 O | X
2. 고조선은 제정 분리 사회로 지배자들은 자신의 조상을 하늘에 연결시켰다. 13년 경찰간부 O | X
3. ◆ 위만 집권 이전에 고조선에는 이미 왕 아래 대부, 박사 등의 직책이 있었다. 16년 국가9급 O | X
4. 건국에 관련된 기록이 『삼국유사』와 『제왕운기』 등에 실려 있다. 15년 지방7급 O | X
5. 최초로 고조선을 언급하는 문헌은 중국 춘추전국시대에 편찬된 『관자(管子)』이다. 19년 경찰1차 O | X
6. ◆ 위만은 고조선으로 들어올 때 상투를 틀고 오랑캐의 옷을 입었다. 14년 경찰1차 O | X
7. 위만 조선은 철기 문화를 본격적으로 수용하며, 중계 무역의 이득을 취하였다. 16년 국가9급 O | X
8. ◆ 위만 조선은 성장 과정에서 주변의 진번, 임둔 등을 복속시켰다. 09년 국가7급 O | X
9. 위만 조선은 중국 연(燕)의 침략으로 요서 지역을 잃었다. 16년 법원9급 O | X
10. 고조선은 한 무제가 보낸 군대의 침공으로 멸망하였다. 23년 법원9급 O | X
11. 고조선은 형벌과 노비가 존재한 계급사회였다. 20년 소방 O | X
12. 고조선에는 동맹이라는 제천 행사가 있었다. 24년 지방9급 O | X

출제경향

- 단군 신화 해석은 기초적인 내용이라 공무원 시험에서의 출제 비중이 낮음 but 2018년 지방직 7급과 2021년 법원직 시험에서 지엽적인 내용이 출제됨.
- 단군 조선과 위만 조선은 공통점(관직명)과 차이점(연의 침입) 주의.
- 『삼국유사』의 '여고동시' 의미 파악.
- 고조선 관련 기록물 유의(특히 『삼국유사』, 『제왕운기』, 『관자』가 자주 출제).

정답 및 해설
1 O 2 X 3 O 4 O 5 O 6 O 7 O 8 O 9 X 10 O 11 O 12 X

2 X 고조선은 제정일치 사회이다.
9 X 위만 조선 이전의 일이다. 고조선은 기원전 3세기 초에 연나라 장수 진개의 침략을 받아 서쪽 땅을 상실하였다.
12 X 동맹은 고구려의 제천 행사이다.

T04 여러 나라의 성장

📝 사료 Check

15년 지방직 7급

구릉과 넓은 못이 많아서 동이 지역 중에서 가장 넓고 평탄한 곳이다. 토질은 오곡을 가꾸기에는 알맞지만, 과일은 생산되지 않았다. 사람들 체격이 매우 크고, 성품이 강직하고 용맹하며, 근엄하고 후덕하여 다른 나라를 노략질하지 않았다.

14년 지방직 9급

살인자는 사형에 처하고 그 가족은 노비로 삼았다. 도둑질을 하면 12배로 변상케 했다. 남녀 간에 음란한 짓을 하거나 부인이 투기하면 모두 죽였다. 투기하는 것을 더욱 미워하여, 죽이고 나서 시체를 산 위에 버려서 썩게 했다. 친정에서 시체를 가져가려면 소와 말을 바쳐야 했다.

25년 지방직 9급

옛 (가) 의 풍속에는 비가 오는 것이 고르지 않아 곡식이 익지 않으면, 문득 왕에게 그 잘못을 돌려 "마땅히 바꾸어야 한다." 또는 "마땅히 죽여야 한다."라고 말하였다.
- 『삼국지』, 위서 동이전 -

20년 지방직 7급

"큰 산과 깊은 골짜기가 많고 넓은 들은 없어 산골짜기에 의지하여 살면서 산골의 물을 식수로 한다. 좋은 전지(田地)가 없으므로 부지런히 농사를 지어도 식량이 충분하지 못하다. … 그 나라 사람들의 성질은 흉악하고 급하며 노략질하기를 좋아한다. … 그 나라의 대가(大家)들은 농사를 짓지 않으므로, 앉아서 먹는 인구(坐食者)가 만 여 명이나 되는데, 하호들이 먼 곳에서 양식, 고기, 소금을 운반하여 그들에게 공급한다."
- 삼국지 -

20년 지방직 9급

이 나라는 대군왕이 없으며, 읍락에는 각각 대를 잇는 장수(長帥)가 있다. …… 이 나라의 토질은 비옥하며, 산을 등지고 바다를 향해 있어 오곡이 잘 자라며 농사짓기에 적합하다. 사람들의 성질은 질박하고, 정직하며 굳세고 용감하다. 소나 말이 적고, 창을 잘 다루며 보전(步戰)을 잘한다. 음식, 주거, 의복, 예절은 고구려와 흡사하다. 그들은 장사를 지낼 적에는 큰 나무 곽(槨)을 만드는데 길이가 십여 장(丈)이나 되며 한쪽 머리를 열어 놓아 문을 만든다.
- 삼국지 -

19년 국가직 9급

남쪽으로는 진한과, 북쪽으로는 고구려·옥저와 맞닿아 있고 동쪽으로는 큰 바다에 닿았다. …… 해마다 10월이면 하늘에 제사를 지내는데 밤낮으로 술마시며 노래 부르고 춤추니, 이를 '무천'이라고 한다. 또 호랑이를 신으로 여겨 제사 지낸다.

24년 법원직 9급

(가) 에는 각각 우두머리가 있어서 세력이 강대한 사람은 스스로 신지라 하고, 그 다음은 읍차라 하였다. … 귀신을 믿기 때문에 국읍에 각각 한 사람씩 세워 천신의 제사를 주관하게 하는데, 이를 천군이라 부른다.
- 삼국지』 「위서 동이전」 -

🧑‍🏫 문쌤의 분석

부여에 대한 사료로, 부여의 영토(가장 넓고 평탄)와 기후(낮은 기온으로 인한 과일 생산의 어려움) 특징을 키워드로 제시한 것이 특징이다. 고구려와 대비되는 특징(노략질하지 않는다)이 나타나 있는 사료이다.

부여의 4조목 사료이다. 다른 나라와 공통적인 내용(살인자는 사형, 도둑질을 하면 12배 변상)이 있어 구분 포인트(투기죄 처벌)를 정확하게 알아두는 것이 중요하다.

(가)에 해당하는 나라는 부여이다. 왕이 존재하지만 재해 발생시 왕에게 책임을 물어 왕권이 약했음을 알 수 있다.

고구려의 약탈 경제적 모습(노략질)이 나타나는 사료이다. 하호는 다른 나라에서도 피지배층을 의미하는 용어로 사용하기 때문에 이를 키워드로 사료의 국가를 특정하는 것은 주의해야 한다.

'이 나라'는 옥저이다. 키워드(가족 공동무덤)를 찾기 어려운 사료는 아니지만 분량이 길고 다른 국가와 혼동하기 쉬운 내용(대군왕이 없고 - 동예, 오곡이 잘 자라며 - 부여)이 있어 체감난도가 높았던 사료이다. 초기 국가 사료는 비슷한 내용들이 있어 포인트를 2개 이상 찾는 습관을 갖는 것이 좋다.

동예에 대한 사료이다. 동예는 대부분 키워드가 명확한 사료가 출제되지만 최근 이 단원의 난도가 높아지고 있어 심화 내용(범 토템)까지 알아두어야 한다.

(가)에 해당하는 나라는 삼한이다. 삼한은 '편두' 문화 정도를 제외하면 대부분 사료의 키워드가 명확하고 난도가 낮은 편이다. 변한의 철 생산을 제외하면 대부분 삼한 전체 내용으로 출제되는 것도 특징이다.

기출 지문 Check

◆ 1 부여는 국력이 쇠퇴하여 광개토 대왕 때 고구려에 완전 병합되었다. 16년 서울9급 O | X
2 부여는 왕이 죽으면 주변 사람을 함께 묻는 순장의 풍습이 있었다. 19년 국회9급 O | X
3 부여는 도둑질한 자에게 12배로 배상하게 하였다. 25년 서울9급 1차 O | X
◆ 4 부여는 집집마다 부경이라는 작은 창고가 있었다. 25년 서울9급 1차 O | X
5 부여는 마가와 우가 등 가축의 이름을 딴 관리가 있었다. 25년 지방9급 O | X
6 부여는 여러 가(加)들이 별도로 사출도를 주관하였다. 25년 서울9급 1차 O | X
◆ 7 부여는 사람이 질병으로 죽으면 살던 집을 버리고 다시 새집을 지었다. 25년 지방9급 O | X
◆ 8 부여는 호랑이를 신으로 섬기고 제사를 지냈다. 24년 국회직 O | X
9 고구려는 5부족 연맹체로, 왕 아래 대가들이 사자, 조의, 선인 등을 거느렸다. 24년 서울9급 1차 O | X
10 고구려는 10월에는 추수감사제인 제천 행사를 치르고 왕과 신하가 국동대혈에 모여 함께 제사를 지냈다. 13년 지방7급 O | X
11 고구려는 혼인 풍속으로 서옥제가 있었다. 22년 법원9급 O | X
12 고구려는 중대한 범죄자는 제가 회의를 통해 사형에 처하고, 그 가족을 노비로 삼았다. 12년 경찰2차 O | X
13 옥저는 왕권이 강화된 중앙 집권 국가로 발전하였다. 13년 국가9급 O | X
14 옥저에서는 민며느리를 받아들이는 읍군의 모습을 볼 수 있었다. 20년 지방9급 O | X
15 옥저는 철이 많이 생산되어 낙랑, 왜 등에 수출하였다. 16년 사회복지9급 O | X
16 동예는 후, 읍군, 삼로 등이 하호를 통치하였다. 17년 국가9급 O | X
17 동예는 특산물로 단궁(檀弓), 반어피(班魚皮), 과하마(果下馬) 등이 유명하였다. 19년 경찰2차 O | X
18 동예는 지극히 폐쇄적인 혈연 중심의 씨족 사회이나, 결혼의 경우 그 상대를 다른 씨족에서 구해야 했다. 12년 국가7급 O | X
19 동예는 해마다 무천이라는 제천 행사를 열었다. 21년 법원9급 O | X
20 동예는 명주와 삼베를 짜는 등 방직 기술이 발달하였으며, 다른 부족의 생활권을 침범하면 노비와 소, 말로 변상하게 하였다. 17년 경찰차 O | X
21 삼한은 저수지가 축조되고 벼농사가 발달하였다. 12년 국가9급 O | X
22 삼한에는 천군이 제사를 주관하는 소도가 있었다. 10년 국가7급 O | X
23 삼한 소국의 지배자는 신지, 읍차 등으로 불렸다. 22년 국회9급 O | X

출제경향

- 여러 나라 중 부여의 출제 비중이 가장 높고 사료와 지문이 다양함.
- 기출 범위 안에서만 출제되는 편이었으나 최근 지문이나 사료가 다양해지고 있음(삼한의 편두와 문신, 동예의 새 집을 짓는 풍속 등).
- 이전에 비해 사료 원문을 지문으로 출제하는 경우가 늘어남(난도↑).
- 부여와 고구려는 공통적인 요소를 포함해 함정 지문이나 사료를 구성.

정답 및 해설
1 X 2 O 3 O 4 X 5 O 6 O 7 X 8 X 9 O 10 O 11 O 12 O 13 X 14 O 15 X 16 O 17 O 18 O 19 O 20 O 21 O 22 O 23 O

1 X 문자왕 때(494) 고구려에 완전 병합되었다.
4 X 집집마다 부경이 있었던 나라는 고구려이다.
7 X 동예에 대한 설명이다.
8 X 동예에 대한 설명이다.
13 X 옥저는 군장 국가 단계에서 멸망하였다.
15 X 변한에 대한 설명이다.

2026
문동균 한국사
판서노트 1/2 특강

PART 02

고대 사회의 발전

T05 삼국 및 가야의 건국과 발전

T06 6세기 말~7세기의 정세

T07 통일 신라의 발전

T08 발해의 건국과 발전

T09 고대 국가의 통치 체제

T10 고대의 사회

T11 고대의 경제

T12 고대의 문화

T05 삼국 및 가야의 건국과 발전(가야)

사료 Check

21년 지방직 9급

북쪽 구지에서 이상한 소리로 부르는 것이 있었다. … (중략) … 구간(九干)들은 이 말을 따라 모두 기뻐하면서 노래하고 춤을 추었다. 자줏빛 줄이 하늘에서 드리워져서 땅에 닿았다. 그 줄이 내려온 곳을 따라가 붉은 보자기에 싸인 금으로 만든 상자를 발견하고 열어보니, 해처럼 둥근 황금알 여섯 개가 있었다. 알 여섯이 모두 변하여 어린아이가 되었다. … (중략) … 가장 큰 알에서 태어난 수로(首露)가 왕위에 올라 (가) 를/을 세웠다.
- 삼국유사 -

17년 국가직 7급

시조는 이진아시왕이다. 그로부터 도설지왕까지 대략 16대 520년이다. 최치원이 지은 석이정전을 살펴보면, 가야산신 정견모주가 천신 이비가지에게 감응되어 이 나라 왕 뇌질주일과 금관국왕 뇌질청예 두 사람을 낳았는데, 뇌질주일은 곧 이진아시왕의 별칭이고 뇌질청예는 수로왕의 별칭이라고 한다.
- 신증동국여지승람 -

문쌤의 분석

(가)에 해당하는 나라는 금관가야이다. 수로왕의 건국 설화 내용으로, 금관가야뿐만 아니라 가야 연맹 전체적인 내용을 묻는 문제에서도 사용되는 사료이다. 금관가야는 그 외에도 김수로왕의 부인이 허황옥이라는 내용이 사료와 지문으로 출제되었기 때문에 함께 알아두는 것이 좋다.

밑줄 친 '이 나라'는 대가야이다. 대가야는 최근 단독 문제의 출제 비중이 증가하고 있고 난도도 점차 높아지고 있다. 건국 설화 외에 남제(중국 남조 제나라)에 조공을 바친 것이 20년 지방직 9급에서 사료로 출제되기도 했다.

기출 지문 Check

1. 가야는 낙동강 하류의 변한 지역에서 성장하였다. 24년 법원9급 O|X
2. 금관가야는 철기를 만들 때 사용하는 덩이쇠를 화폐와 같은 교환 수단으로 이용하기도 하였다. 19년 서울9급 O|X
3. 전기 가야 연맹은 5세기 초 고구려와 신라 연합군의 공격을 받고 타격을 입었다. 18년 경찰3차 O|X
4. 금관가야가 망할 즈음 우륵이 가야금을 가지고 신라로 들어갔다. 20년 경찰간부 O|X
5. 금관가야는 해상 교역을 통해 우수한 철을 수출하였다. 21년 지방9급 O|X
6. 대가야의 시조는 아유타국에서 온 공주와 혼인을 하였다고 전한다. 17년 국가7급 O|X
7. 대가야는 고령의 지산동 고분군이 대표적 문화유산이다. 17년 국가7급 O|X
8. 대가야는 전성기 때 지금의 전라북도 일부 지역까지 세력을 확장하였다. 17년 국가7급 O|X
9. 대가야는 낙동강 하류에 도읍하고 해상 교역을 중계하였다. 17년 지방7급 O|X
10. 대가야는 중국 남조와 교류하였다. 21년 경찰간부 O|X
11. 대가야는 진흥왕에 의해 멸망하였다. 24년 국가9급 O|X

출제경향

- 기존에는 출제 비중이 높지 않았으나 최근 몇 년 사이 출제 비중이 높아짐(특히 대가야 출제 비중↑).
- 금관가야는 허황옥 관련 내용이 출제.
- 후기 가야 연맹(대가야)이 진출한 지역(호남 동부)이나 교류 지역(남제)에 유의할 필요가 있음.

 정답 및 해설 1 O 2 O 3 O 4 X 5 O 6 X 7 O 8 O 9 X 10 O 11 O

4 X 대가야의 우륵은 금관가야 멸망 후인 551년(진흥왕 12)에 신라로 망명하였다.
6 X 금관가야의 시조(수로왕)가 아유타국의 공주(허황후)와 혼인하였다.
9 X 낙동강 하류에 위치했던 것은 금관가야이며, 대가야는 내륙(고령) 지방에서 성장했다.

T05 삼국 및 가야의 건국과 발전(고구려)

사료 Check

18년 국가직 9급

(영락) 6년 병신(丙申)에 왕이 직접 수군을 이끌고 백제를 토벌하였다. (백제왕이) 우리 왕에게 항복하면서 "지금 이후로는 영원히 노객(奴客)이 되겠습니다."라고 맹세하였다. …(중략)… 10년 경자(庚子)에 왕이 보병과 기병 5만 명을 보내어 신라를 구원하게 하였다.

22년 국가직 9급

백제 개로왕은 장기와 바둑을 좋아하였는데, 도림이 고하기를 "제가 젊어서부터 바둑을 배워 꽤 묘한 수를 알게 되었으니 개로왕께 알려드리기를 원합니다."라고 하였다. …(중략)… 개로왕이 (도림의 말을 듣고) 나라 사람을 징발하여 흙을 쪄서 성(城)을 쌓고 그 안에는 궁실, 누각, 정자를 지으니 모두가 웅장하고 화려하였다. 이로 말미암아 창고가 비고 백성이 곤궁하니, 나라의 위태로움이 알을 쌓아 놓은 것보다 더 심하게 되었다. 그제야 도림이 도망을 쳐 와서 그 실정을 고하니 이 왕이 기뻐하여 백제를 치려고 장수에게 군사를 나누어 주었다.
— 『삼국사기』 —

18년 법원직

고려대왕 상왕공과 신라 매금은 세세토록 형제같이 지내기를 원하며 수천(守天)하기 위해 동으로 …… 동이 매금의 옷을 내려 주었다.

문쌤의 분석

광개토 대왕릉비의 내용으로, 밑줄 친 '왕'은 광개토 대왕, 노객은 백제 아신왕을 의미한다. 광개토 대왕의 업적을 묻는 문제뿐만 아니라 고구려의 신라 구원(400년의 사건의 결과[금관가야 약화])를 묻는 문제도 출제된다.

밑줄 친 '이 왕'은 고구려 장수왕이다. 기존에는 장수왕의 한성 함락 및 개로왕 살해에 관한 사료가 자주 출제되었으나 승려 '도림'과 관련된 일화가 출제되었다. 19년 기상직 9급에 이미 출제된 적이 있었던 사료로, 백제 왕의 이름을 '근개루'에서 '개로왕'으로 수정해 사료의 난도를 낮춘 것이 특징이다.

충주(중원)고구려비의 비문 내용이다. 비문의 내용을 자세하게 묻는 문제도 출제되기 때문에 광개토대왕릉비와 비교해서 특징을 알아두어야 한다.

기출 지문 Check

1. 고국천왕은 진대법을 시행하였다. 23년 국가9급 O | X
2. 동천왕 대에 유주자사 관구검이 쳐들어와 환도성을 함락하자 왕이 옥저 쪽으로 도망하였다. 18년 지방7급 O | X
3. 미천왕은 요동의 서안평을 공격해 차지하고, 낙랑군을 한반도에서 몰아내었다. 18년 지방7급 O | X
4. 소수림왕은 전진을 통해 불교를 수용하고, 태학을 설립하여 귀족의 자제들에게 유학을 가르쳤다. 17년 경찰2차 O | X
5. 소수림왕은 역사서인 『신집』을 편찬하였다. 16년 국가9급 O | X
6. 소수림왕 대에는 왜에 종이와 먹의 제작 방법을 전해 주었다. 16년 국가9급 O | X
7. 광개토 대왕은 독자적인 연호를 사용하였다. 21년 소방직 O | X
8. 광개토 대왕은 요동을 포함한 만주 일대를 장악하였다. 24년 법원9급 O | X
9. 장수왕은 신라에 침입한 왜군을 낙동강 유역에서 물리쳤다. 22년 국가9급 O | X
10. 장수왕은 수도를 평양으로 옮겨 남진 정책을 추진하였다. 23년 서울9급 2차 O | X
11. 장수왕 때 중국에서는 남북조가 대립하였다. 18년 법원9급 O | X
12. 장수왕은 부여를 복속하여 고구려 최대 영토를 확보했다. 19년 경찰2차 O | X

출제경향

- 삼국 중 고구려는 순서 배열 문제의 출제 비중이 높음[관구검의 침입 시기(3세기 동천왕)와 모용황의 침입 시기(4세기 고국원왕)를 구분해서 기억해야 함].
- 최근 들어 동천왕 등 기존에 잘 출제되지 않았던 내용이 지문으로 자주 출제.
- 광개토대왕릉비나 충주고구려비의 내용은 공무원 시험 출제 비중이 낮았으나(한능검에서는 출제 비중이 높음) 최근 금석문 출제 비중이 증가하고 있고, 광개토대왕릉비의 비문 내용이 시험에 출제되어 내용에 주목할 필요가 있음.
- 국왕의 업적을 단독 문제로 출제할 때는 장수왕의 출제 비중이 높음.

정답 및 해설
1 O 2 O 3 O 4 O 5 X 6 X 7 O 8 O 9 X 10 O 11 O 12 X

- 5 X 고구려에서는 일찍부터 『유기』가 편찬되었으며, 영양왕 때(600) 이문진이 이를 간추려 『신집』 5권을 편찬하였다.
- 6 X 『일본서기』에 의하면 7세기 영양왕 때(610) 담징이 백제를 거쳐 일본에 건너가 종이, 먹 등의 제작 방법을 전하였다고 한다.
- 9 X 400년 광개토 대왕 때의 일이다.
- 12 X 부여를 복속(494)하고 고구려 최대 영토를 확보한 것은 문자왕 대의 일이다.

02 고대 사회의 발전 015

T05 삼국 및 가야의 건국과 발전(백제)

📝 사료 Check

19년 지방직 9급

겨울에 왕이 태자와 함께 정예군 3만 명을 거느리고 고구려에 침입하여 평양성을 공격하였다. 고구려 왕 사유(斯由)가 필사적으로 항전하다가 유시(流矢)에 맞아 숨졌다.
- 삼국사기 -

20년 지방직 7급

영동대장군인 백제 사마왕은 62세가 되는 계묘년 5월 임진일이 7일에 돌아가셨다. 을사년 8월 갑신일이 12일에 안장하여 대묘에 모시며, 기록하기를 이와 같이 한다.

20년 법원직 9급

왕이 관산성에 쳐들어왔다. 신주(新州)의 군주 김무력이 병사를 이끌고 나아가 싸웠는데, 비장인 삼년산군의 고간 도도가 빠르게 공격하여 왕을 죽였다.
- 삼국사기 -

🔍 문쌤의 분석

평양성 전투(371)와 관련된 사료로, 왕은 백제 근초고왕, 고구려왕은 고국원왕에 해당한다. 근초고왕은 일부 직렬에서 대외 진출 모습(지도)이 출제되는 경우가 있다.

무령왕릉 지석의 내용이다. 무령왕은 이름(사마왕, 부여융)이 사료의 키워드로 출제된다.

밑줄 친 '왕'은 백제 성왕이다. 관산성 전투는 『삼국사기』의 신라본기와 백제본기 내용에 표현상 차이가 있다. 사료는 신라본기의 내용이다.

📝 기출 지문 Check

1. 고이왕은 관등제를 정비하고 공복제를 도입하는 등 국가 통치 체제의 근간을 마련하였다. 16년 국가9급 O|X
2. 고이왕 대에는 한강 유역을 장악하고 한 군현과 대립하였다. 18년 기상9급 O|X
3. 근초고왕은 남쪽의 마한 잔여 세력을 정복하고, 수군을 정비하여 요서 지방까지 진출하였다. 16년 국가9급 O|X
4. 근초고왕은 『서기』를 편찬하였다. 22년 경찰간부 O|X
5. 근초고왕 때 부자 상속에 의한 왕위 계승이 시작되었다. 16년 경찰2차 O|X
6. 근초고왕 때는 백제가 고구려의 평양성을 공격하여 고국원왕이 전사하였다. 13년 국가9급 O|X
7. 근초고왕은 중앙 관청을 22부로 확대하였다. 21년 법원9급 O|X
8. 근초고왕은 중국 남조와 활발하게 교류하고 일본에 불교를 전하였다. 16년 지방7급 O|X
9. 비유왕은 신라 눌지 마립간과 동맹을 맺었다. 17년 교행 O|X
10. 5세기에 개로왕은 중국 북조의 위(魏)에 사신을 보내 군사 원조를 청하였다. 16년 서울7급 O|X
11. 무령왕은 지방에 22개의 담로를 두고 왕족을 파견하여 지방에 대한 통제를 강화하였다. 16년 지방9급 O|X
12. 무령왕은 신라와 결혼 동맹을 맺어 이벌찬 비지의 딸을 왕비로 맞이하였다. 19년 서울7급(2차) O|X
13. 무령왕은 수도는 5부, 지방은 5방으로 나누어 정비하였다. 20년 지방7급 O|X
14. 성왕 때 대외 진출이 쉬운 웅진으로 천도하고, 국호를 남부여로 고치며 중흥을 꾀하였다. 16년 경찰2차 O|X

📖 출제경향

- 국왕 중 성왕, 근초고왕, 무령왕의 출제 빈도가 높지만 문화사 관련 내용을 제외하면 난도는 낮음.
- 국왕의 업적을 문화사 내용(무령왕릉, 사찰 건립, 일본에 대한 문화 전파 등)과 연결지어 출제하는 경향이 있음.

🔍 **정답 및 해설** 1 O 2 O 3 O 4 O 5 O 6 O 7 X 8 X 9 O 10 O 11 O 12 X 13 X 14 X

7	X 성왕에 대한 설명이다.
8	X 중국 남조와 활발하게 교류하고 노리사치계가 일본에 불교를 전한 것은 6세기 성왕 때의 사실이다.
12	X 동성왕에 대한 설명이다.
13	X 성왕에 대한 설명이다.
14	X 성왕은 대외 진출이 쉬운 사비(부여)로 천도하고(538), 국호를 남부여로 고치면서 중흥을 꾀하였다. 웅진(공주)으로의 천도는 475년 문주왕 때의 사실이다.

T05 삼국 및 가야의 건국과 발전(신라)

사료 Check

22년 지방직 9급

이찬 **이사부**가 하슬라주 군주가 되어, '**우산국** 사람이 우매하고 사나워서 위엄으로 복종시키기는 어려우니 계책을 써서 굴복시키는 것이 좋겠다.'라고 생각하였다. 이에 **나무로 사자 모형을 많이 만들어** 배에 나누어 싣고 **우산국** 해안에 이르러, 속임수로 통고하기를 "만약에 너희가 항복하지 않는다면 곧바로 이 맹수들을 풀어 너희를 짓밟아 죽이겠다."라고 하였다. 그 나라 사람이 두려워 즉시 항복하였다.

25년 지방직 9급

이차돈이 국왕에게 아뢰기를 "신이 거짓으로 왕명을 전하였다고 문책하여 신의 머리를 베시면 만민이 모두 굴복하고 감히 왕명을 어기지 못할 것입니다."라고 하였다. …(중략)… 옥리(獄吏)가 **이차돈의 머리를 베니 하얀 젖이 한 길이나 솟았다**.

17년 지방직 7급

"**대가야가 모반하였다. 왕은 이사부로 하여금 그들을 토벌케 하고, 사다함으로 하여금 이사부를 돕게 하였다.** … 이사부가 군사를 인솔하고 그 곳에 도착하니, 그들이 일시에 모두 항복하였다. 공로를 평가하는데 사다함이 으뜸이었기에 왕이 좋은 밭과 포로 2백 명을 상으로 주었다."

문쌤의 분석

지증왕 대의 우산국 정복 사료이다. 지증왕은 신라 국호 사용과 우산국 정복 사료가 자주 출제되는데 업적이 다양해서 출제 비중이 높아지고 있다. 특히 고난도 지문이 자주 출제되었기 때문에 업적을 자세하게 알아둘 필요가 있다.

이차돈의 순교로 인한 불교 공인 사료로, 밑줄 친 '국왕'은 법흥왕이다. 법흥왕은 불교 공인과 금관가야 항복이 사료로 자주 출제된다.

진흥왕의 대가야 정벌 사료이다. 스스로 항복한 금관가야와 달리 대가야는 군대를 일으켜 공격한 것이 차이점이다. 이사부는 지증왕뿐만 아니라 진흥왕 사료에서도 등장하기 때문에 주의가 필요하다.

기출 지문 Check

1. 내물 마립간 대에는 3성이 권력을 주고받던 시대가 끝나고 김씨 세습이 이루어졌다. 20년 국회9급 O | X
2. ◆ 지증왕 때에는 처음으로 소를 이용한 밭갈이가 시작되었다. 12년 국가9급 O | X
3. 지증왕은 시장을 감독하는 관청인 동시전을 신설하였다. 19년 국가9급 O | X
4. ◆ 지증왕 때에는 이사부의 건의로 『국사』를 편찬하였다. 18년 경찰2차 O | X
5. 지증왕은 이사부를 시켜 우산국을 정복하였다. 13년 국가9급 O | X
6. 지증왕은 왕호를 중국식 호칭인 '왕'으로 정하였다. 24년 서울9급 1차 O | X
7. 법흥왕은 율령을 반포하고 상대등을 설치하였다. 25년 지방9급 O | X
8. 법흥왕은 병부를 설치하고 금관가야를 병합하였다. 25년 지방9급 O | X
9. 법흥왕은 '건원'이라는 독자적인 연호를 사용하였다. 25년 지방9급 O | X
10. 법흥왕은 이차돈의 순교를 계기로 불교를 공인하였다. 12년 국가9급 O | X
11. 법흥왕은 백관의 공복을 제정하여 귀족을 관료로 등급화시켰다. 22년 서울9급 2차 O | X
12. 진흥왕은 화랑도를 국가적인 조직으로 개편하였다. 13년 국가9급 O | X
13. 진흥왕 대에는 신라가 대가야를 정복하면서 가야 연맹이 완전히 해체되었다. 13년 국가9급 O | X
14. 진흥왕 대에는 첨성대가 건립되었다. 20년 지방9급 O | X
15. 진흥왕 대에는 북한산 순수비가 건립되었다. 20년 지방9급 O | X

출제경향

- 삼국 중 최근 신라의 출제 비중↑.
- 특정 왕의 업적을 묻는 문제가 자주 출제(지증왕의 업적은 아시촌소경 설치, 상복법 제정 등 지엽적인 내용까지 출제).
- 법흥왕과 진흥왕은 업적의 세부 시기나 순서 나열 문제가 출제된 적이 있어 업적 순서를 기억해야 함. 특히 법흥왕의 업적은 다른 나라에서의 주요 사건(사비 천도 등)과 함께 순서를 나열하는 문제가 출제됨.
- 최근 고대 금석문 관련 내용이 출제되고 있어 설립 시기(국왕)뿐만 아니라 자세한 내용까지 암기할 필요가 있음(순수비의 경우 위치 관련 문제가 출제된 적이 있어 위치도 함께 기억해야 함).

정답 및 해설
1 O 2 O 3 O 4 X 5 O 6 O 7 O 8 O 9 O 10 O 11 O 12 O 13 O 14 X 15 O

4 X 진흥왕 대의 사실이다.
14 X 선덕여왕 때의 일이다.

T06 6세기 말~7세기의 정세

사료 Check

21년 지방직 9급

그가 왕에게 아뢰었다. "삼교는 솥의 발과 같아서 하나라도 없어서는 안 됩니다. 지금 유교와 불교는 모두 흥하는데 도교는 아직 번성하지 않으니, 소위 천하의 도술(道術)을 갖추었다고 할 수 없습니다. 엎드려 청하오니 당에 사신을 보내 도교를 구해 와서 나라 사람들을 가르치게 하소서."
— 삼국사기 —

문쌤의 분석

밑줄 친 '그'는 연개소문으로, 보장왕에게 도교 진흥에 관해 건의를 하는 모습이다. 지문으로 몇 차례 출제된 적이 있는 연개소문의 도교 진흥책 관련 내용이 사료로 출제되었다. 키워드를 찾기 어려운 사료는 아니었지만 생소한 사료라 수험생들의 체감난도가 높았다.

22년 지방직 9급

이날 소정방이 부총관 김인문 등과 함께 기벌포에 도착하여 백제 군사와 마주쳤다. …(중략)… 소정방이 신라군이 늦게 왔다는 이유로 군문에서 신라 독군 김문영의 목을 베고자 하니, 그가 군사들 앞에 나아가 "황산 전투를 보지도 않고 늦게 온 것을 이유로 우리를 죄주려 하는구나. 죄도 없이 치욕을 당할 수는 없으니, 결단코 먼저 당나라 군사와 결전을 한 후에 백제를 쳐야겠다."라고 말하였다.

밑줄 친 '그'는 김유신이다. 황산벌 전투에 대한 내용을 정확하게 모르면 인물을 특정하기 어려울 수 있는 사료이다. 14년 경찰간부후보 시험에서 동일한 사료가 출제되었다. 최근 시험에서는 소수 직렬의 기출 문제를 변형한 문제들이 출제되고 있어 다양한 직렬의 기출 문제를 풀어보는 것이 중요하다.

기출 지문 Check

1 수 양제의 침략에 대비하기 위해 천리장성을 축조하였다. 19년 서울(사복)9급   O｜X
2 연개소문은 천리장성의 축조를 맡아 수행하였다. 21년 지방9급   O｜X
3 연개소문은 당으로부터 도교를 수입하여 장려하였다. 14년 경찰간부   O｜X
4 백제 무왕 때는 사비의 왕흥사가 낙성되었다. 16년 국가7급   O｜X
5 백제 무왕 때에는 노리사치계가 왜에 불상과 불경을 전하였다. 16년 국가7급   O｜X
6 선덕여왕은 자장의 요청으로 황룡사 9층탑을 세웠다. 15년 경찰간부   O｜X
7 김유신은 진덕여왕의 뒤를 이어 신라왕으로 즉위하였다. 20년 국가9급   O｜X
8 백제군이 대야성을 함락한 사건은 김춘추가 나·당 동맹을 체결하는 배경이 되었다. 20년 지방7급   O｜X
9 백제 멸망 이후 복신과 도침은 주류성에서, 흑치상지는 임존성에서 군사를 일으켜 저항하였다. 17년 경찰간부   O｜X
10 순서: 계백의 저항에도 불구하고 사비성이 함락되었다. → 나·당 연합군이 평양성을 함락시켰다. → 백제·왜 연합군이 나·당 연합군과 백강에서 전투를 벌였다. → 신라가 매소성에서 당군을 크게 물리쳤다. 17년 서울9급   O｜X
◆ 11 순서: 나·당 연합군의 공격으로 사비성이 함락되자 웅진에 있던 의자왕이 항복하였다. → 나·당 연합군의 공격으로 평양성을 지키던 연개소문의 아들인 남산이 항복하였다. → 신라는 사비성을 탈환하고 웅진도독부를 대신하여 소부리주를 설치하였다. → 신라군이 당나라 군대 20만 명을 매소성에서 크게 물리쳤다. 16년 사회복지9급   O｜X

출제경향

· 고구려의 영양왕, 백제의 무왕, 신라 선덕여왕은 단독 문제 출제 비중이 높은 편(특히 선덕여왕의 단독 문제 출제 비중이 높음).
· 익산 쌍릉에 대한 관심이 높아지고 있기 때문에 백제 무왕에 주목할 필요가 있음.
· 최근 김유신과 연개소문 인물사 출제 비중↑, 연개소문은 도교 장려와 관련된 내용이 자주 출제.
· 지엽적인 함정 지문(예: 고구려는 수의 침입을 막기 위해 천리장성 축조)이 출제.
· 삼국 통일은 순서 문제가 자주 출제(최근 들어 취리산 회맹, 소부리주 설치 등 삼국 통일 관련 지엽적인 내용 출제 비중 높아짐).

정답 및 해설   1 X 2 O 3 O 4 O 5 X 6 O 7 X 8 O 9 O 10 X 11 O

1 X 천리장성은 고구려가 당(수X)의 침략에 대비하여 631년(영류왕 14)부터 16년의 공사 끝에 완성(647, 보장왕 6)한 성으로 북쪽의 부여성(농안)에서 남쪽의 비사성(대련)에 이른다.
5 X 6세기 성왕 때의 사실이다.
7 X 김춘추(무열왕)에 대한 설명이다.
10 X 사비성 함락(660) → 백강 전투(663) → 평양성 함락(668) → 매소성 전투(675)

T07 통일 신라의 발전

📝 사료 Check

18년 국가직 9급

16일에 왕이 교서를 내리기를 …(중략)… **반란 괴수 흠돌** · 흥원 · 진공 등은 능력도 없으면서 높은 지위에 올라 제 마음대로 위세를 부렸다. 흉악한 무리를 끌어 모으고 궁중 내시들과 결탁하여 반란을 일으키고자 하였다.
- 삼국사기 -

21년 지방직 9급

문무왕이 왜병을 진압하고자 **감은사**를 처음 창건하려 했으나, 끝내지 못하고 죽어 바다의 용이 되었다. **뒤이어 즉위**한 이 왕이 공사를 마무리하였다. 금당 돌계단 아래에 동쪽을 향하여 구멍을 하나 뚫어 두었으니, 용이 절에 들어와서 돌아다니게 하려고 마련한 것이다. 유언에 따라 유골을 간직해 둔 곳은 대왕암(大王岩)이라고 불렀다.
- 삼국유사 -

20년 국가직 9급

나라 안의 여러 주군에서 세금을 바치지 않으니, 창고가 비고 나라의 쓰임이 궁핍하였다. **왕이 독촉**하자 곳곳에서 도적이 벌떼같이 일어났다. 이에 **원종, 애노 등이 사벌주(상주)에 의거하여 반란**을 일으키니, 왕이 나마 벼슬의 영기를 시켜 사로잡게 하였다.
- 삼국사기 -

🧑‍🏫 문쌤의 분석

신문왕의 김흠돌의 난 진압에 대한 사료이다. 토지 제도(관료전 지급과 녹읍 폐지)와 함께 신문왕 사료 중 가장 출제 빈도가 높은 사료이다. **신문왕은 단독 문제 출제 비중이 높고 출제 사료와 지문도 다양하다.**

밑줄 친 '이 왕'은 신문왕이다. **문무왕과 신문왕은 하나의 사료에서 두 왕의 업적을 함께 묻는 문제도 출제되기** 때문에 만파식적 일화와 함께 주의할 필요가 있는 사료이다.

진성여왕 대 원종, 애노의 난(889) 사료이다. 진성여왕은 재위 시기의 사건을 묻는 문제뿐만 아니라 **사건의 순서 나열과 관련된 문제가 출제되기도 해 주요 사건의 순서를 나열할 수 있어야 한다.**

📝 기출 지문 Check

1. 신문왕은 독서삼품과를 시행하였다. 25년 국가9급 ○│X
2. 신문왕은 국학을 설립하였다. 25년 국가9급 ○│X
3. 신문왕은 관료에게 관료전을 주고 녹읍을 폐지하는 대신 세조(歲租)를 차등 지급하였다. 14년 국가7급 ○│X
4. 신문왕은 백성에게 처음으로 정전을 지급하였다. 21년 지방9급 ○│X
5. 신문왕은 수도에 서시와 남시를 설치하였다. 18년 국가9급 ○│X
6. 경덕왕 때 진골 귀족 세력의 반발로 녹읍이 부활되었다. 15년 지방9급 ○│X
7. 경덕왕 때 전국의 지명을 중국식으로 바꾸었다. 14년 서울7급 ○│X
8. 김헌창은 반란을 일으켜 국호를 '장안', 연호를 '경운'이라 하였다. 24년 국가9급 ○│X
9. 김헌창의 난은 무열왕 직계가 단절되고 내물왕계가 다시 왕위를 차지하는 결과를 가져왔다. 24년 국가9급 ○│X
10. 진성여왕 대에는 최치원이 시무책 10여 조를 건의하였다. 20년 국가9급 ○│X
◆ 11. 진성여왕 대에는 궁예가 후고구려를 건국하였다. 18년 서울7급 1차 ○│X
12. 진성여왕 대에는 위홍 등이 향가를 모아 『삼대목』을 편찬하였다. 18년 서울9급(기술직) ○│X
13. 진성여왕 대에는 장보고의 건의에 따라 청해진이 설치되었다. 20년 국가9급 ○│X

📕 출제경향

- 신라 중대의 국왕은 신문왕의 출제 비중이 가장 높음 but 경덕왕도 단독 출제.
- 신라 하대 주요 사건(반란)의 출제 비중 증가, 김헌창의 난의 자세한 내용이나 김범문의 난이 일어난 시기를 묻는 문제가 출제.
- 신라 하대에는 진성여왕 관련 문제 비중이 높음 (그 외의 국왕은 출제 비중이 낮음).

🔍 정답 및 해설
1 X 2 O 3 O 4 X 5 X 6 O 7 O 8 O 9 X 10 O 11 X 12 O 13 X

1. X 독서삼품과는 원성왕 대인 788년에 실시되었다.
4. X 백성에게 처음으로 정전을 지급한 왕은 통일 신라의 성덕왕이다.
5. X 효소왕 대의 사실이다.
9. X 780년 김지정의 난으로 혜공왕이 피살되면서 내물왕계가 다시 왕위를 차지하게 되었다.
11. X 효공왕 대의 사실이다.
13. X 장보고가 완도에 청해진을 설치한 것은 828년 흥덕왕 때의 사실이다.

T08 발해의 건국과 발전

사료 Check

19년 국가직 7급

발해왕은 황송스럽게도 대국(大國)을 맡아 외람되게 여러 번(蕃)을 함부로 총괄하며, 고려의 옛 땅을 회복하고 부여의 습속(習俗)을 가지고 있습니다. 그러나 다만 너무 멀어 길이 막히고 끊어졌습니다. 어진 이와 가까이 하며 우호를 맺고 옛날의 예에 맞추어 사신을 보내어 이웃을 찾는 것이 오늘에야 비롯하게 되었습니다.

22년 국가직 9급

당 현종 개원 7년에 대조영이 죽으니, 그 나라에서 사사로이 시호를 올려 고왕(高王)이라 하였다. 아들 (가) 이/가 뒤이어 왕위에 올라 영토를 크게 개척하니, 동북의 모든 오랑캐가 겁을 먹고 그를 섬겼으며, 또 연호를 인안(仁安)으로 고쳤다.
- 『신당서』 -

문쌤의 분석

밑줄 친 '발해왕'은 발해 무왕이다. 무왕과 문왕은 국왕의 이름 외에도 외교 문서상의 표현이 사료의 키워드로 등장한다. 발해 무왕은 통일 신라 성덕왕과 연계한 문제가 출제되기도 한다.

(가)에 해당하는 인물은 발해 무왕이다. 발해는 기출 사료 범위 안에서 전형적인 사료가 출제되었으나 최근 무왕의 즉위, 발해의 관제 등 사료가 다양해지고 있어 주의가 필요하다.

기출 지문 Check

1. 발해는 '인안' 등의 연호를 사용하고 국왕을 '황상'이라고 부르기도 하였다. 25년 지방9급 O | X
2. ◆ 대조영은 당으로부터 '발해군왕'에서 '발해국왕'으로 봉해졌다. 17년 국가9급(하) O | X
3. 발해 무왕은 장문휴를 시켜 당의 등주(산둥성)를 공격하였다. 22년 국가9급 O | X
4. 무왕은 3성 6부를 비롯한 중앙 관서를 정비하였다. 16년 서울9급 O | X
5. 발해 무왕은 불교의 전륜성왕 이념을 이용해 왕권강화를 도모하였다. 22년 국회9급 O | X
6. ◆ 발해 무왕은 대문예로 하여금 흑수말갈을 공격하게 하였다. 22년 국회9급 O | X
7. 발해 무왕은 수도를 중경현덕부에서 상경용천부로 옮겼다. 22년 국회9급 O | X
8. 무왕은 '대흥'이라는 연호를 사용하였다. 18년 법원9급 O | X
9. 문왕 때에 신라와의 상설 교통로를 설치하여 대립 관계를 해소하려 하였다. 13년 국가7급 O | X
10. 문왕은 일본에 보낸 문서에 고려 국왕이라는 명칭을 사용하였다. 16년 교행9급 O | X
11. ◆ 문왕의 재위 시기에 통일 신라에서는 녹읍이 폐지되었다. 20년 지방9급 O | X
12. ◆ 문왕의 재위 시기에 통일 신라에서는 독서삼품과가 설치되었다. 20년 지방9급 O | X
13. 선왕은 '건흥' 연호를 사용하고, 지방 행정 조직을 정비하였다. 14년 지방9급 O | X
14. 발해는 선왕 때 당으로부터 해동성국이라고 불리었다. 15년 국가7급 O | X
15. 발해는 부족을 통일한 여진족의 침략으로 멸망하였다. 14년 법원9급 O | X

출제경향

- 기존에는 발해가 일본에 보낸 국서, 주민 구성과 같은 전형적인 사료가 출제되었으나 최근 출제 사료가 다양해지고 있음 → 사료 키워드가 될 수 있는 내용에 대한 암기 필요
- 통일 신라 내용이 오답으로 출제되는 경우가 많음.
- 남북국의 시대를 서로 비교하는 문제가 출제(문왕 대 통일 신라의 모습) → 계리직 기출 문제 내용이 동일하게 지방직 9급에 출제.
- 최근 문왕 대의 내용 중 안사의 난 관련 내용이 자주 출제(20 소방간부, 19 국가직 7급, 19 계리직).
- 사료 내용(유취국사)이 지문(고구려 유민이 촌장이 되어 지방을 다스렸다.)으로 출제[검정 교과서(지학사)에 비슷한 내용 수록].
- 과거에는 국왕의 업적 관련해 전형적인 지문이 출제 → 최근에는 문왕 내용이 자세하게 출제

정답 및 해설
1 O 2 X 3 O 4 X 5 X 6 O 7 X 8 X 9 O 10 O 11 X 12 O 13 O 14 O 15 X

2. X 문왕 대인 762년의 사실이다.
4. X 문왕에 대한 설명이다.
5. X 전륜성왕 이념을 이용해 왕권 강화를 도모한 왕은 발해 문왕이다.
7. X 수도를 중경 현덕부에서 상경 용천부로 천도한 발해의 왕은 문왕(대흠무)이다.
8. X 무왕은 '인안'이란 연호를 사용했다. 대흥은 문왕 시기의 연호이다.
11. X 문왕의 재위 기간은 737년에서 793년으로, 이 시기 통일신라의 국왕으로는 효성왕(737~742), 경덕왕(742~765), 혜공왕(765~780), 선덕왕(780~785), 원성왕(785~798)이 있다. 녹읍이 폐지된 것은 신문왕 때(689)의 사실이다.
15. X 발해는 거란족의 침략으로 멸망하였다.

T09 고대 국가의 통치 체제

사료 Check

24년 지방직 9급

(가) 의 **호암사**에는 **정사암**이란 바위가 있다. 나라에서 장차 재상을 의논할 때에 뽑을 후보 서너 명의 이름을 써서 상자에 넣고 봉해서 바위 위에 두었다. 얼마 후에 열어 보고 이름 위에 도장이 찍힌 자국이 있는 사람을 재상으로 삼았다. 이런 까닭에 정사암이라 했다.

– 삼국유사 –

25년 국가직 9급

이 나라는 **고구려의 옛 땅**이다. …(중략)… 곳곳에 촌락이 있는데 모두 말갈의 부락이다. 그 **백성은 말갈이 많고 토인(土人)이 적은데**, 모두 토인을 촌장으로 삼는다.

– 『유취국사』 –

문쌤의 분석

(가)에 해당하는 나라는 백제이다. 고대 국가의 통치 체제 관련 내용은 사료가 출제되는 경우가 적다. 호암사의 위치(부여)가 기상직에서 지역사 문제로 출제된 적이 있어 위치를 기억해야 한다.

발해에 관한 기록 내용이다. 토인은 고구려인을 의미하는데 토착 세력가로 해석하기도 해서 주의가 필요하다.

기출 지문 Check

1 고구려의 대성(大城)에는 처려근지, 그 다음 규모의 성에는 욕살을 파견하였다. 18년 지방9급 O | X
2 고구려의 관등은 크게 형계 관등과 사자계 관등으로 나뉜다. 10년 국가7급 O | X
3 고구려의 중앙 정치는 대대로를 비롯하여 10여 등급의 관리들이 나누어 맡았다. 17년 지방9급 O | X
4 백제는 6좌평과 16관등제를 마련하였다. 24년 지방9급 O | X
5 백제는 전국을 5방으로 나누고 그 책임자를 방령이라고 불렀다. 23년 서울9급 1차 O | X
6 백제의 내법좌평은 형옥 업무를 관장하였다. 17년 기상7급 O | X
7 신라 화백 회의는 만장일치 원칙이며 회의의 의장은 상좌평이다. 17년 사회복지9급 O | X
8 발해는 관리의 비리를 감찰하는 사정부를 설치하였다. 22년 소방간부 O | X
9 발해는 최고 교육 기관으로 태학감을 두었다. 15년 지방9급 O | X
10 발해는 중앙의 주요 관서에 각각 복수(複數)의 장관을 임명하였다. 17년 국가7급 O | X
11 발해는 행정구역을 5경 15부 62주로 나누었다. 25년 지방9급 O | X
12 발해는 군사 조직으로 9서당 10정을 두었다. 25년 국가9급 O | X
13 발해는 집사부 장관인 시중이 왕명을 받들어 행정을 총괄하였다. 25년 지방9급 O | X
14 발해는 중앙 관제로 당을 모방한 3성 6부를 두었다. 23년 국회9급 O | X
15 통일 신라는 지방 세력을 통제하기 위하여 상수리 제도를 실시하였다. 11년 법원9급 O | X
16 통일 신라는 촌주가 관할하는 촌 이외에 향·부곡이라는 행정 구역도 있었다. 15년 국가9급 O | X

출제경향

· 도사는 삼국에 공통적으로 등장하는 지방관 명칭인 것에 주의.
· 국가별 공복색 체크(함정 지문으로 종종 출제). 백제 공복색 관련 문제도 단독 출제(20년 국가 7급).
· 남북국 시대 정치 기구는 통일신라에 비해 발해의 출제 비중이 높음.

정답 및 해설
1 X 2 O 3 O 4 O 5 O 6 X 7 X 8 X 9 X 10 X 11 O 12 X 13 X 14 O 15 O 16 O

1 X 대성에는 욕살, 그 다음 규모의 성에는 처려근지를 파견하였다.
6 X 내법좌평은 예식과 관련된 업무를 관장한 관직이다. 형옥 관련 업무를 담당한 것은 조정좌평이다.
7 X 화백회의의 의장은 상대등이다.
8 X 사정부는 통일 신라의 감찰 기관이다. 발해는 감찰 기관으로 중정대를 두었다.
9 X 발해는 유학 교육을 목적으로 주자감을 설립(문왕)하여 귀족 자제들에게 유교 경전을 가르쳤다. 태학감은 통일 신라의 교육 기관으로 신문왕 때 세운 국학을 경덕왕 때 태학감으로 고쳤다.
10 X 발해의 주요 관서인 3성에는 한 명의 장관이 임명되었다. 정당성의 장관은 대내상, 선조성의 장관은 좌상, 중대성의 장관은 우상이었다.
12 X 9서당 10정은 통일신라의 군사 조직이다. 발해는 중앙군으로 10위를 두었다.
13 X 집사부는 신라의 정치 기구로, 왕명을 받들고 기밀 사무를 관장하였다.

T10 고대의 사회

사료 Check

12년 국가직 7급

이 나라 사람은 상무적인 기풍이 있어서 말 타기와 활쏘기를 좋아하고, 형법의 적용이 엄격했다. 반역한 자나 전쟁터에서 퇴각한 군사 및 살인자는 목을 베었고, 도둑질한 자는 유배를 보냄과 동시에 2배를 물게 했다. 그리고 관리가 뇌물을 받거나 국가의 재물을 횡령했을 때에는 3배를 배상하고, 죽을 때까지 금고형에 처했다.

문쌤의 분석

밑줄 친 '이 나라'는 백제이다. 상무적 기풍, 살인자 사형 등은 다른 나라에서도 나타나기 때문에 배상 내용에 주목해서 사료의 키워드를 찾아야 한다.

19년 서울시 사회복지직

신라에서는 사람을 등용하는 데에 ㉠ 을(를) 따진다. [때문에] 진실로 그 족속이 아니면, 비록 큰 재주와 뛰어난 공이 있더라도 넘을 수가 없다. 나는 원컨대, 서쪽 중국으로 가서 세상에서 보기 드문 지략을 떨쳐서 특별한 공을 세워 스스로 영광스러운 관직에 올라 고관대작의 옷을 갖추어 입고 칼을 차고서 천자의 곁에 출입하면 만족하겠다.

㉠은 골품(골품제)이다. 6두품 단독 문제는 낭혜 화상비(득난)를 사료로 출제하는 경우가 많다. 최근에는 6두품의 대표적인 인물들(신라 3최, 설총 등)의 출제 비중이 증가하고 있다.

기출 지문 Check

1. 백제의 지배층은 왕족인 부여씨와 8성의 귀족으로 이루어졌다. 14년 경찰2차 O | X
2. 신라는 갈문왕이라고 불리는 귀족이 있었다. 19년 서울7급(1차) O | X
3. 신라의 최고 귀족인 왕족과 왕비족은 고추가로 불렸다. 19년 서울7급(1차) O | X
4. 화랑도는 여러 계층 간의 일체감을 형성하여 계층 간의 대립과 갈등을 조절·완화해 주었다. 13년 경찰간부 O | X
5. 신라의 골품제는 가옥의 규모와 장식물, 수레 등 신라인의 일상생활까지 규제하는 기준이 되었다. 13년 지방7급 O | X
6. 신라의 육두품은 득난(得難)이라고도 하였는데, 진골 다음 가는 신분이었다. 13년 지방7급 O | X
7. 신라의 복색 기준은 신분에 따라 자색 - 단색 - 비색 - 녹색의 순서로 정하였다. 13년 지방7급 O | X
8. 진골은 관등과 상관없이 특정 색깔의 관복을 입었다. 17년 지방9급(하) O | X
9. 통일 신라의 진골 귀족은 식읍·전장 등을 경제적 기반으로 하였다. 16년 국가9급 O | X
10. 발해의 전체 인구 구성 가운데 옛 고구려 계통 사람들이 가장 큰 비중을 차지하였다. 16년 서울7급 O | X
11. 발해의 중앙 문화는 고구려 문화를 바탕으로 당의 문화가 가미된 형태를 보였다. 19년 서울9급 O | X

출제경향

- 6두품뿐만 아니라 진골 귀족의 특징을 묻는 문제 출제(진골 귀족의 호화로운 생활을 묘사하는 사료는 통일신라 시기의 모습을 묻는 문제의 사료로도 출제 가능).
- 갈문왕 관련해서는 왕대사(무열왕) 문제의 지문으로도 출제.
- 최치원 외에 다른 6두품 출신 인물도 주목(강수, 신라 3최 등).

정답 및 해설 1 O 2 O 3 X 4 O 5 O 6 O 7 X 8 X 9 O 10 X 11 O

- 3 X 고구려에 대한 설명이다. 『삼국지』에 의하면 고추가는 왕의 종족과 전 왕족, 왕비족의 수장이 받을 수 있었던 것으로 나온다.
- 7 X 관등에 따라 자색-비색-청색-황색 순으로 나뉘었다.
- 8 X 신라의 관복은 관등에 따라 결정되었다. 따라서 진골도 관등에 맞는 관복을 입었다.
- 9 O 진골 귀족에는 공신 세력도 포함되기 때문에 식읍을 기반으로 하는 경우도 있었다(전장은 대농장을 의미).
- 10 X 발해 주민 중 다수는 말갈인이었다.

T11 고대의 경제

📝 사료 Check

참고 사료

이 현(縣)의 사해점촌을 조사해 보니, …… 이 가운데 중하연 4호, 하상연 2호, 하하연 5호이다. 마을의 모든 사람을 합치면 147명이며, 이 중 3년 전부터 살아온 사람과 3년 사이에 태어난 자를 합하면 145명이 된다. 정(丁) 29명(노(奴) 1명 포함), 조자 7명(노(奴) 1명 포함), 추자 12명, 소자 10명이며, 3년 사이에 태어난 소자 5명, 제공 1명이다. …… 논[畓]은 전부 102결 2부 4속인데, 관모전이 4결, 내시령답이 4결, 연수유답이 94결 2부 4속이며 그 중 촌주가 그 직위로 받은 논이 19결 70부가 포함되어 있다.

17년 지방직 9급

이 엔닌은 대사의 어진 덕을 입었기에 삼가 우러러 뵙지 않을 수 없습니다. 저는 이미 뜻한 바를 이루기 위해 당나라에 머물러 왔습니다. 부족한 이 사람은 다행히도 대사께서 발원하신 적산원(赤山院)에 머물 수 있었던 것에 대해 감경(感慶)한 마음을 달리 비교해 말씀드리기가 어렵습니다.

- 입당구법순례행기 -

문쌤의 분석

민정문서의 본문 내용이다. 민정문서는 사료로 출제되기보다는 본문 내용이 지문으로 출제되기 때문에 본문을 직접 한 번 읽어보는 것이 지문 암기에 도움이 된다. 인구의 경우 3년 사이에 얼마나 증감되었는지를 기록하고 있지만 전답은 현황만을 기록하고 증감 내용을 기록하지 않은 것이 특징이다.

밑줄 친 '대사'는 장보고이다. 『입당구법순례행기』는 일본 승려 엔닌이 당나라의 불교 성지를 돌아보고 기록한 여행기로, 장보고가 건립한 법화원에 대한 내용이 등장한다. 장보고 단독 문제뿐만 아니라 시기(신라 하대) 관련 문제에서도 사료로 출제된다.

✏️ 기출 지문 Check

1 고구려는 중국에 도자기, 비단, 서적 등을 수출했다. 17년 지방7급 O | X
2 ◆ 녹읍은 전쟁에서 큰 공을 세운 사람에게 공로의 대가로 지급하였다. 12년 지방9급 O | X
3 녹읍은 수급자가 토지로부터 조(租)를 받을 뿐 아니라, 그 지역의 주민을 노역(勞役)에 동원할 수 있었다. 14년 국가9급 O | X
4 통일 신라는 토지 생산량의 10분의 1 정도를 조세로 수취하였다. 12년 지방7급 O | X
5 장보고는 당에 견당매물사와 교관선을 보냈다. 22년 국회9급 O | X
6 장보고는 적산 법화원을 건립하였다. 23년 서울9급 1차 O | X
7 장보고는 웅주를 근거지로 반란을 일으켜 장안(長安)이라는 나라를 세웠다. 17년 지방9급 O | X
8 민정문서에서 호(戶)는 9등급으로, 인구는 연령에 따라 6등급으로 나누었으며 성별도 구별하였다. 16년 경찰2차 O | X
9 민정문서는 촌주가 변동 사항을 조사하여 촌 단위로 매년 다시 작성하였다. 21년 경찰간부 O | X
10 민정문서에는 토지와 인구뿐만 아니라 소와 말의 수, 뽕나무·잣나무·호두나무의 수까지 기록하였다. 12년 지방7급 O | X
11 발해의 특산물로는 책성부의 된장, 부여부의 사슴, 환도의 오얏 등이 있다. 19년 경찰간부 O | X
12 발해는 당, 신라, 거란, 일본 등과 무역하였는데, 대신라 무역의 비중이 가장 컸다. 19년 서울9급 O | X

출제경향

- 민정문서와 장보고 인물사 문제를 제외하면 출제 비중이 높지 않은 단원.
- 녹읍, 식읍, 관료전 등 토지 제도에 대해 자세하게 묻는 고난도 문제도 출제.
- 민정문서는 동일한 내용을 다양하게 표현하는 경우(호 - 연)가 있어 이에 대한 주의가 필요함.
- 발해는 특산물이 사료의 키워드나 지문으로 출제되기 때문에 '솔빈부의 말' 등 대표적 특산물을 암기해야 함.

🔍 정답 및 해설
1 X 2 X 3 O 4 O 5 O 6 O 7 X 8 O 9 X 10 O 11 O 12 X

1 X 도자기, 비단, 서적 등은 중국으로부터 수입한 물품이다.
2 X 식읍에 대한 설명이다.
7 X 웅주를 근거지로 반란을 일으킨 인물은 김헌창이다(822).
9 X 촌락 문서는 3년마다 작성되었다.
12 X 발해는 당, 신라, 거란, 일본 등과 무역을 하였는데, 대당 무역의 비중이 가장 컸다.

T12 고대의 문화(불교·도교·풍수지리설)

📝 사료 Check

21년 지방직 9급

[(가)]가/이 귀산 등에게 말하기를 "세속에도 5계가 있으니, 첫째는 충성으로써 임금을 섬기는 것, 둘째는 효도로써 어버이를 섬기는 것, 셋째는 신의로써 벗을 사귀는 것, 넷째는 싸움에 임하여 물러서지 않는 것, 다섯째는 생명 있는 것을 죽이되 가려서 한다는 것이다. 그대들은 이를 실행함에 소홀하지 말라."라고 하였다.
- 삼국사기 -

23년 계리직

( )은/는 이미 계를 어겨 아들 총(聰)을 낳은 후에는 세속의 옷으로 바꿔 입고 스스로 소성거사라고 하였다. 우연히 광대들이 춤출 때 쓰는 큰 박을 얻었는데, 모양이 괴상하였다. 그 모양을 본떠서 도구를 제작하여, 화엄경의 "일체 무애인(無㝵人)은 한 번에 생사를 벗어난다."라는 구절에 나오는 무애라는 이름을 붙이고, 노래를 지어 세상에 퍼뜨렸다.
- 삼국유사 -

19년 지방직 7급

왕이 수도(금성)에 성곽을 쌓으려고 문의하니 그가 말하기를, "비록 초야에 살더라도 정도(正道)만 행하면 복업(福業)이 오래 갈 것이요, 만일 그렇지 못하면 여러 사람을 수고롭게 하여 성을 쌓을지라도 아무 이익이 없을 것입니다."라고 하였다. 왕은 이에 성 쌓는 일을 그만두었다.
- 삼국사기 -

📝 문쌤의 분석

(가)에 해당하는 인물은 원광으로, 세속오계 작성과 관련된 사료이다. 고대 불교에서는 의상과 원효의 출제 비중이 높았으나 최근에는 원광, 자장, 혜초가 단독 문제로 출제되는 등 출제 범위가 넓어지고 있다.

괄호에 해당하는 인물은 원효이다. '일심' 사상과 함께 원효의 대표적 사료로, 무애가 관련 내용은 지문으로도 자주 출제된다(해골물 일화는 출제 확률이 낮음).

밑줄 친 '그'는 의상이다. 과거에는 '일즉다, 다즉일' 화엄 사상 관련 사료가 자주 출제되었으나 최근에는 문무왕 도성 축조 반대 사료가 자주 출제된다.

📝 기출 지문 Check

1. 원광은 세속오계를 짓고, 수나라에 군사를 청하는 걸사표(乞士表)를 작성하였다. 08년 지방9급 O | X
2. 신라의 자장은 대국통(大國統)에 임명되어 출가자의 규범과 계율을 주관하였다. 18년 서울7급 1차 O | X
3. 자장은 황룡사 9층 목탑의 건립을 왕에게 건의하였다. 13년 지방9급 O | X
4. 원효는 일심 사상을 내세우며 아미타 신앙을 전파하였다. 22년 경찰간부 O | X
5. 원효는 '무애가'라는 노래를 유포하며 일반 백성을 교화하였다. 15년 국가9급 O | X
6. 원효는 화쟁의 논리에 따라 중관파의 부정론과 유식파의 긍정론을 다 같이 비판하였다. 13년 국가7급 O | X
7. 원효는 중국 유학에서 돌아와 『화엄일승법계도』를 지어 화엄의 정수를 제시했다. 18년 경찰3차 O | X
◆ 8. 의상은 관음 신앙과 함께 아미타 신앙을 화엄 교단의 주요 신앙으로 삼았다. 15년 국가9급 O | X
9. 의상은 국왕이 큰 공사를 일으켜 도성을 새로이 정비하려 할 때 백성을 위해 이를 만류하였다. 15년 국가9급 O | X
10. 혜초는 인도와 중앙아시아 지역을 여행하고 돌아와 『왕오천축국전』을 저술하였다. 15년 지방9급 O | X
11. 선종은 지방에서 새로이 대두한 호족들의 사상으로 받아들여졌다. 14년 국가9급 O | X
12. 도교와 관련된 문화유산으로는 백제의 금동대향로가 있다. 22년 법원직 O | X
13. 사택지적비를 통해 백제가 영산강 유역까지 영역을 확장했다는 것을 알 수 있다. 23년 지방9급 O | X

📝 출제경향

- 지문은 기출 내용에서 크게 벗어나지 않지만 사료가 다양하게 출제되는 단원(사료 파악이 중요).
  → 최근 원효 관련 고난도 사료의 출제 비중 증가, 저서의 명칭이 사료의 키워드인 경우가 많아 이를 암기해야 함.
- 과거에는 통일 신라 불교 내용이 대부분이었지만 최근에는 삼국 시대 불교 내용 출제 비중 ↑(특히 자장의 단독 출제 비중이 높음).
- 의상과 원효 관련 출제 비중이 가장 높음 but 최근 원측 관련 내용이 오답 지문으로 자주 출제.
- 지엽적인 함정 지문이 출제되는 경우가 있어 주의가 필요함.
- 선종 관련 유물·유적 출제.
- 도교는 사신도 벽화를 제외하면 출제 비중이 낮았으나 최근 연개소문의 도교 장려책 등과 연계해 출제 비중 증가, 주요 유물을 사진 자료와 함께 암기하는 것이 중요.

🔍 정답 및 해설
1 O 2 O 3 O 4 O 5 O 6 O 7 X 8 O 9 O 10 O 11 O 12 O 13 X

7 X 중국 유학 후 『화엄일승법계도』를 작성한 인물은 의상이다.
13 X 사택지적비에는 인생무상을 탄식하는 내용이 담겨 있어 당시 백제가 도교에 대한 이해가 깊었음을 알 수 있다.

T12 고대의 문화(유학·역사 편찬·과학기술)

사료 Check

16년 경찰간부후보

이 나라에 현묘한 도가 있어 이를 풍류라 하였다. 이 교의 기원은 선사(仙史)에 자세히 실려 있거니와 실로 이는 3교를 포함한 것으로 모든 민중을 교화하였다. 즉 집안에서는 효도하고 밖에서는 나라에 충성을 다하니 이것은 노나라 사구의 취지이다. 모든 일을 거리낌 없이 처리하고 말하지 않고 실행하는 것은 주나라 주사의 종지였으며, 모든 악한 일을 하지 않고 선만 행하는 것은 축건태자의 교화 그대로이다.

참고 사료

어떤 이가 화왕(모란)에게 말하였다. "두 명(장미와 할미꽃)이 왔는데 어느 쪽을 취하고 어느 쪽을 버리시겠습니까" 화왕이 말하였다. "장부(할미꽃)의 말도 일리가 있지만 어여쁜 여자(장미)는 얻기가 어려운 것이니 이 일을 어떻게 할까" 장부가 다가서서 말하였다. "저는 대왕이 총명하여 사리를 잘 알 줄 알고 왔더니 지금 보니 그렇지 않군요. 무릇 임금된 사람치고 간사한 자를 가까이 하지 않고 정직한 자를 멀리하지 않는 이가 적습니다. …" 화왕이 대답하였다. "내가 잘못했노라." 이에 왕(신문왕)이 얼굴빛을 바로 하며 말하였다. "그대의 우화는 진실로 깊은 뜻이 담겨 있도다. 기록해 두어 왕자(王者)의 경계로 삼게 하기 바란다."

– 삼국사기 –

기출 지문 Check

1 임신서기석을 통해 신라에서 청년들이 유교 경전을 공부하였다는 것을 알 수 있다.
23년 지방9급 O | X

2 고흥이 『서기』를 편찬한 국왕 시기 백제는 동진으로부터 불교를 받아들여 공인하였다.
23년 지방9급 O | X

3 거칠부가 『국사』를 편찬한 국왕 시기 신라는 화랑도를 국가적 조직으로 개편하였다.
23년 지방9급 O | X

4 ◆ 강수는 외교 문서 작성에 큰 공을 세웠으며, 왕에게 풍간의 뜻을 담은 화왕계(花王戒)를 지어 바쳤다. 08년 지방9급

5 최치원은 신라 하대 도당 유학생을 대표하는 지식인으로 『계원필경』, 『제왕연대력』과 같은 저술을 남겼다. 08년 지방9급 O | X

6 유학자 최치원은 도교와 불교에도 조예가 깊어 삼교를 회통한 사상가로 추앙받았다.
13년 국가7급 O | X

7 ◆ 최치원은 사산비명의 하나인 고선사 서당화상비문을 지었다. 16년 국가7급 O | X

8 신라 말 3최는 당나라에 유학하여 빈공과(賓貢科)에 급제하였다. 17년 지방9급 O | X

9 백제에서 제작하여 왜에 보낸 칠지도는 강철로 만들고 금으로 글씨를 상감해 새겨 넣었다. 16년 사회복지9급 O | X

10 ◆ 불국사 다보탑에서 발견된 무구정광대다라니경은 현존하는 목판 인쇄물로 세계에서 가장 오래된 것이다. 14년 서울7급 O | X

문쌤의 분석

최치원이 작성한 난랑비 서문의 일부이다. 최치원의 대표적인 사료이면서 지문으로도 출제(삼교 회통)되는 내용이다. 최치원은 4산비명(지진낭승)을 작성하기도 했는데 서당화상비는 4산비명에 포함되지 않는 것에 주의해야 한다(최치원이 작성X).

설총이 지은 『화왕계』의 내용이다. 설총뿐만 아니라 신문왕 문제에서도 사용할 수 있는 사료이기 때문에 활용도가 높다. 설총은 공무원 시험에서는 단독 문제로 출제되지 않았지만 한능검(고급 34회)에서는 단독 문제로 출제된 적이 있다. 키워드(화왕과 모란)를 다른 단어로 대체할 수 있어 전체적인 내용을 파악해두어야 한다.

출제경향

· 최치원의 인물사 문제를 제외하면 출제빈도나 난도가 낮은 단원.
· 삼국 역사서는 편찬 시기와 관련 왕대사를 묻기도 해 시기를 알아두어야 함.
· 최치원은 매우 지엽적인 내용까지 출제.

정답 및 해설
1 O 2 X 3 O 4 X 5 O 6 O 7 X 8 O 9 O 10 X

2 X 고흥이 『서기』를 편찬한 것은 근초고왕 대의 사건이며, 불교를 받아들여 공인한 것은 침류왕이다.
4 X 설총은 신문왕에게 '화왕계'라는 글을 바쳐 임금도 향락을 멀리하고 도덕을 엄격히 지킬 것을 강조하였다.
7 X 고선사 서당화상탑비는 신라 애장왕 때 원효를 추모하기 위해 건립한 비로, 비문을 지은 사람과 쓴 사람의 이름을 전하지 않는다. 최치원이 지은 4산 비명은 숭복사비, 쌍계사 진감선사비, 성주사 낭혜화상비, 봉암사 지증대사비이다.
10 X 무구정광대다라니경은 불국사 3층 석탑(석가탑)에서 발견되었다.

02 고대 사회의 발전

T12 고대의 문화(고분)

사료 Check

15년 기상직 7급

(가)　　　(나)　　　(다)

19년 계리직

공주는 우리 <u>대흥보력효감금륜성법대왕(발해 문왕)의 넷째 딸</u>이다. 공주는 대흥 56년 (792) 여름 6월 9일 임진일에 궁궐 밖에서 사망하니, 나이는 36세였다. 이 해 겨울 11월 28일 기묘일에 염곡의 서쪽 언덕에 매장하였으니 이것은 예의에 맞는 것이다.

문쌤의 분석

(가)는 굴식돌방무덤, (나)는 벽돌무덤(무령왕릉), (다)는 돌무지덧널무덤을 나타낸 것이다. 고대 고분은 공무원 시험 문제 중 특이하게 사진 자료가 많이 출제되는 단원이다. 주로 법원직에서 사진 문제가 출제되며 돌무지덧널무덤의 출제 비중이 높다.

정효공주묘지 내용이다. 정혜공주묘지와 정효공주묘지는 대부분의 문장이 동일해서 문왕의 몇째 딸인지로 구분한다. 고분뿐만 아니라 문왕 관련 내용으로 출제할 수 있는 사료이다.

기출 지문 Check

1. 돌무지무덤은 백제 건국 세력이 고구려와 관계있음을 보여 주는 무덤 양식이다. 15년 법원9급 O | X
2. 굴식 돌방무덤은 내부에 무용도, 수렵도, 사신도와 같은 벽화가 남아 있다. 15년 법원9급 O | X
3. 삼국시대 고분 중 호우총, 무용총, 각저총에는 고분 벽화가 남아 있다. 22년 계리직 O | X
4. 무령왕릉은 중국 남조의 영향을 받은 벽돌무덤이다. 23년 서울9급 1차 O | X
5. 무령왕릉은 내부에 사신도 벽화가 그려져 있다. 13년 서울9급 O | X
◆ 6. 백제 무령왕릉과 발해 정효공주묘의 천장은 각을 줄여 쌓는 평행 고임 구조로 되어 있다. 19년 국가7급 O | X
7. 돌무지덧널무덤은 도굴이 어려워 껴묻거리가 많이 발견되었다. 22년 소방간부 O | X
◆ 8. 돌무지덧널무덤 양식의 고분에는 천마도가 벽화로 그려져 있었다. 19년 법원9급 O | X
9. 발해의 정효공주 무덤은 모줄임천장 구조를 하고 있다. 14년 서울7급 O | X
10. 정효공주 묘지(墓誌)는 변려체로 작성되어 한문 사용이 능숙했음을 알 수 있다. 16년 기상9급 O | X
11. 정효공주 무덤은 중국 용두산(龍頭山) 고분군에서 발굴되었다. 16년 경찰간부 O | X
◆ 12. 중국 훈춘 지역에서는 정혜공주 무덤을 찾아 고구려 무덤과의 계승성을 탐구할 수 있다. 21년 국가9급 O | X

출제경향

- 출제빈도는 높지만 전형적인 내용 중심(난도↓).
- 고분 중 무령왕릉은 자세한 내용이 출제(벽화가 없다는 점이나 일본산 금송 사용 등 주요 특징을 암기할 필요가 있음).
- 기존에는 무덤 양식을 중심으로 비교 문제가 출제되었으나 최근 구체적인 고분(송산리 6호분, 정효공주묘 등) 비교 문제가 출제.
- 공무원 시험에서는 드물게 사진 자료가 출제되는 단원. 2021년 국가직 9급 시험에서는 발해 고분의 위치 관련 지도도 출제(고난도).

정답 및 해설
1 O　2 O　3 X　4 O　5 X　6 X　7 O　8 X　9 O　10 O　11 O　12 X

- 3　X 호우총은 신라의 돌무지덧널무덤으로, 벽화가 남아 있지 않다(호우명 그릇 발견).
- 5　X 무령왕릉에는 벽화가 없다. 공주 송산리 6호분(벽돌무덤)에 일월도와 사신도 등의 벽화가 있다.
- 6　X 평행 고임 구조는 고구려 고분에서 나타나는 특징이다. 정효공주묘에서도 이와 같은 특징이 나타나지만 무령왕릉에서는 나타나지 않는다.
- 8　X 신라의 돌무지덧널무덤인 천마총에서 발견된 천마도는 자작나무 껍질을 겹쳐서 만든 말의 배 가리개에 천마를 그린 것으로 벽화가 아니다.
- 12　X 정혜공주 묘는 돈화현 육정산 고분군에 위치하고 있다.

T12 고대의 문화(건축·공예·일본 문화 전파 등)

📝 사료 Check

17년 지방직 9급 추가 채용

신인(神人)이 말하기를, "**황룡사**의 호법룡은 나의 아들로서 범왕(梵王)의 명을 받아 그 절을 보호하고 있으니, **본국에 돌아가 그 절에 탑을 세우시오**. 그렇게 하면 이웃 나라가 항복하고 구한(九韓)이 와서 조공하여 왕업이 길이 태평할 것이오."라고 하였다. …… 백제에서 **아비지(阿非知)**라는 공장을 초빙하여 이 탑을 건축하고 용춘이 이를 감독했다.

— 삼국유사 —

🔍 문쌤의 분석

밑줄 친 탑은 황룡사 9층 목탑이다. 자장 관련 내용으로도 자주 출제되는 사료이다. **황룡사 9층 목탑의 경우 축조(선덕여왕)나 소실 시기(몽골 침입) 관련 내용이 자주 출제되는 것이 특징이다.**

24년 국가직 9급

우리 왕후께서는 좌평 사택적덕의 따님으로 지극히 오랜 세월에 선인(善因)을 심어 이번 생에 뛰어난 과보를 받아 만민을 어루만져 기르시고 삼보(三寶)의 동량(棟梁)이 되셨기에 능히 가람을 세우시고, 기해년 정월 29일에 사리를 받들어 맞이하셨다. 원하옵나니, 영원토록 공양하고 다함이 없이 이 선(善)의 근원을 배양하여, 대왕 폐하의 수명은 산악과 같이 견고하고 치세는 천지와 함께 영구하며, 위로는 정법을 넓히고 아래로는 창생을 교화하게 하소서.

🔍 문쌤의 분석

밑줄 친 '가람'은 백제 미륵사이다. 미륵사지 석탑 사리봉안기의 내용으로, 백제 무왕의 비가 사택적덕의 딸로 기록되어 있다. **무왕이 선화공주와 결혼했다는 『삼국유사』의 내용과 차이**가 있다.

✏️ 기출 지문 Check

1. 익산 미륵사지 석탑은 현존 최고(最古)의 석탑이다. 19년 경찰간부 O | X
2. 미륵사에는 목탑의 양식을 간직한 석탑이 있다. 24년 국가9급 O | X
◆ 3. 신라의 황룡사 9층탑은 돌을 벽돌 모양으로 다듬어 쌓았다. 17년 지방9급(하) O | X
◆ 4. 발해의 수도 상경(上京)은 당나라 도성을 본떠 조방(條坊)을 나누었다.
   17년 국가7급 O | X
5. 가야 출신의 우륵에 의해 가야금이 신라에 전파되었다. 19년 지방9급 O | X
6. 가야의 토기는 일본 스에키 토기에 영향을 주었다. 15년 법원9급 O | X
7. 삼국의 문화는 일본 야마토 조정과 아스카 문화의 성립에 기여하였다.
   19년 경찰간부 O | X
8. 다카마쓰 무덤에서 발견된 벽화를 통해 가야 문화가 일본에 영향을 미쳤음을 알 수 있다.
   18년 서울7급 2차 O | X
9. 고구려의 승려 혜자는 쇼토쿠 태자의 스승이 되었다. 18년 서울7급 2차 O | X
10. 담징은 종이와 먹의 제조술을 일본에 전파하였다. 08년 국가9급 O | X
11. 백제의 아직기는 일본에 불교를 전파하였다. 18년 서울7급 2차 O | X
12. 백제의 왕인은 일본에 건너가 천자문과 논어를 전하고 가르쳤다. 15년 경찰1차 O | X
13. 신라인들은 배를 만드는 조선술과 제방을 만드는 축제술을 일본에 전해 주었다.
    18년 서울7급 2차 O | X

📕 출제경향

- 문화재나 고대 문화의 일본 전파 등은 백제 관련 내용 출제 비중이 높음.
- 문화 전파는 왕대사(무왕, 성왕 등)와 관련해 출제되기도 함.
- 인물이나 유적과 국가를 잘못 연결하는 방식으로 함정 지문을 자주 구성하기 때문에 국가별 내용을 정확하게 정리해두어야 함.

🔎 정답 및 해설
1 O 2 O 3 X 4 O 5 O 6 O 7 O 8 X 9 O 10 O 11 X 12 O 13 O

3 X 분황사 모전 석탑에 대한 설명이다.
8 X 다카마쓰 고분 벽화는 고구려 문화(수산리 고분 벽화)의 영향을 받았다.
11 X 노리사치계에 대한 설명이다.

2026
문동균 한국사
판서노트 1/2 특강

PART 03

중세 사회의 발전

T13	후삼국의 성립과 민족의 재통일	T19	무신 정권의 성립
T14	고려 초기 왕들의 업적	T20	몽골과의 항쟁과 원 간섭기의 정치
T15	고려의 중앙 통치 조직	T21	공민왕의 개혁 정치와 홍건적·왜구의 침입
T16	고려의 지방 행정과 군사 조직	T22	고려의 사회
T17	고려 전기의 대외 관계	T23	고려의 경제
T18	문벌 귀족 사회의 성립과 모순	T24	고려의 문화

T13-14 후삼국의 성립과 민족의 재통일 ~ 고려 초기 왕들의 업적(태조)

📝 사료 Check

14년 경찰간부후보

머리를 깎고 승려가 되어 스스로 선종(善宗)이라고 이름하였다. 신라 말에 정치가 잘못되고 백성이 흩어져 지방의 주현들이 반란 세력에 따라 붙는 자가 거의 반에 이르고 먼 곳과 가까운 곳에서 도적들이 벌떼처럼 일어나 그 아래에 백성이 개미처럼 모여드는 것을 보고 이런 혼란기를 틈타 무리를 모으면 자신의 뜻을 이룰 수 있다고 생각하여 대순 2년 신해년에 죽주의 도적 괴수 기훤에게 의탁하였다. 기훤이 얕보고 거만하게 대하자, 경복 원년 임자년에 북원의 도적 양길에게 의탁하니, 양길이 잘 대우하여 일을 맡기고 드디어 병사를 나누어 주어 동쪽으로 땅을 점령하도록 하였다.

🧑‍🏫 문쌤의 분석

밑줄 친 '선종' 해당하는 인물은 궁예이다. 신라 말 승려가 되었다는 내용과 '양길에게 의탁(궁예는 양길의 부하였다)'했다는 내용이 포인트이다. 궁예는 사료의 포인트(승려, 미륵신앙, 신라에 대한 적대감 등)가 명확해 견훤에 비해 단독 문제 출제 비중이 높다.

19년 지방직 9급

- 모든 사원은 도선이 세울 곳을 정해 개창하였으니 함부로 더 짓지 마라.
- 연등회와 팔관회를 가감하지 말고 시행하라.
- 우리 동방은 옛날부터 중국의 풍속을 흠모하여 문물과 예악이 모두 그 제도를 따랐으나, 지역이 다르고 인성도 각기 다르므로 꼭 같게 할 필요는 없다. 거란은 짐승과 같은 나라로 풍속이 같지 않고 말도 다르니 의관제도를 삼가 본받지 말라.

21년 지방직 9급

나는 삼한(三韓) 산천의 음덕을 입어 대업을 이루었다. (가) 는/은 수덕(水德)이 순조로워 우리나라 지맥의 뿌리가 되니 대업을 만대에 전할 땅이다. 왕은 춘하추동 네 계절의 중간달에 그곳에 가 100일 이상 머물러서 나라를 안녕케 하라.
- 고려사 -

고려 태조가 남긴 『훈요 10조』이다. 태조 관련 대표적인 사료이며, 21년 지방직 9급 시험에서는 서경(가)의 지역사 문제에 사료로 출제되기도 했다. 태조의 업적 문제뿐만 아니라 지역사(서경), 연등회, 거란과의 대외 관계 등 다양한 문제의 사료로 사용될 수 있어 전문을 익혀두는 것이 좋다.

📝 기출 지문 Check

1. 견훤은 후당, 오월과도 통교하는 등 대중국 외교에 적극적이었다. 12년 지방9급 O|X
2. 견훤은 스스로 미륵불이라고 칭하면서 통치를 정당화하였다. 23년 계리직 O|X
3. 궁예는 부석사에 있는 신라 왕의 화상을 칼로 훼손하면서 반신라적 감정을 드러냈다. 15년 경찰간부 O|X
4. 순서: 왕건은 고구려 계승을 내세워 국호를 고려라 하고 송악으로 도읍을 옮겼다. → 발해가 거란에 의하여 멸망하였다. → 신라의 경순왕이 왕건에게 항복하였다. → 왕건이 후백제를 정벌하여 후삼국을 통일하였다. 16년 경찰1차 O|X
5. 태조는 귀순한 호족에게 성(姓)을 내려주어 포섭하였다. 22년 서울9급 1차 O|X
6. 고려 태조는 기인제도를 시행하였다. 25년 지방9급 O|X
7. 고려 태조는 발해 유민을 받아들였다. 25년 지방9급 O|X
8. 고려 태조는 훈요 10조를 남겼다. 25년 지방9급 O|X
9. 고려 태조는 광군사를 설치하고 광군 30만 명을 조직하여 거란의 침입에 대비하였다. 25년 서울9급 1차 O|X
10. 고려 태조는 『정계』와 『계백료서』를 지어 관리가 지켜야 할 규범을 제시하였다. 25년 서울9급 1차 O|X
♦ 11. 태조 때에는 청천강에서 영흥에 이르는 국경선을 확보하였다. 13년 법원9급 O|X

📕 출제경향

- 후삼국 통일 과정 관련해 순서 문제가 출제됨 (매우 지엽적인 내용까지 출제).
- 일부 직렬에서 견훤 관련 고난도 사료가 출제 but 지문은 후백제 건국, 대중국 외교 등 전형적인 내용이 출제
- 궁예는 인물사보다 태봉의 관제에 대한 출제 비중이 높아지고 있음.
- 태조는 광종, 성종에 비해 출제 비중이 낮았으나 최근 출제 비중과 난도가 높아지고 있음(청동인물상, 녹읍 사료 등).

🔍 정답 및 해설

1 O 2 X 3 O 4 O 5 O 6 O 7 O 8 O 9 X 10 O 11 O

2 X 스스로 미륵불이라 칭하면서 통치를 정당화한 인물은 후고구려를 건국한 궁예이다.
9 X 고려 정종 때 거란의 침입에 대비해 광군을 창설하였다.

T14 고려 초기 왕들의 업적(혜종~현종)

📝 사료 Check

22년 지방직 9급

- 평농서사 권신(權信)이 대상(大相) 준홍(俊弘)과 좌승(佐丞) 왕동(王同) 등이 반역을 꾀한다고 참소하자 왕이 이들을 내쫓았다.
- 왕이 쌍기의 건의를 받아 처음으로 과거를 실시하였다. 시(詩)·부(賦)·송(頌) 및 시무책을 시험하여 진사를 뽑았으며, 더불어 명경업·의업·복업 등도 뽑았다.

21년 국가직 9급

석교(釋敎)를 행하는 것은 수신(修身)의 근본이요, 유교를 행하는 것은 이국(理國)의 근원입니다. 수신은 내생의 자(資)요, 이국은 금일의 요무(要務)로서, 금일은 지극히 가깝고 내생은 지극히 먼 것인데도 가까움을 버리고 먼 것을 구함은 또한 잘못이 아니겠습니까.

24년 국가직 9급

강조의 군사들이 궁문으로 마구 들어오자, 목종이 모면할 수 없음을 깨닫고 태후와 함께 목 놓아 울며 법왕사로 옮겼다. 잠시 후 황보유의 등이 [(가)]을/를 받들어 왕위에 올렸다. 강조가 목종을 폐위하여 양국공으로 삼고, 군사를 보내 김치양 부자와 유행간 등 7인을 죽였다.

🔍 문쌤의 분석

광종의 호족 숙청과 과거제 시행에 대한 사료이다. 과거제 시행을 건의한 '쌍기'는 광종 사료의 키워드로 자주 출제되는 인물이다. 과거제는 노비안검법 실시와 함께 광종 관련 문제에서 출제 비중이 매우 높은 내용이다.

최승로가 건의한 『시무 28조』의 내용이다. 출제 빈도가 높은 사료지만 표현을 바꿔서(불교 → 석교) 출제할 수 있어 주의가 필요하다.

자료는 강조의 정변(1009)에 대한 사료로, (가)에 해당하는 인물은 이를 통해 왕위에 오른 현종이다. 강조의 정변은 현종 사료뿐만 아니라 강조 인물사 문제의 지문으로도 출제되었다.

📝 기출 지문 Check

1. 광종은 백관의 사색 공복을 정했다. 22년 계리직 ○ | X
2. 광종은 국자감을 정비하고, 지방에 경학박사와 의학박사를 파견하여 유학 교육의 진흥에 노력하였다. 15년 경찰3차 ○ | X
3. 광종은 노비안검법을 제정하였다. 22년 지방9급 ○ | X
4. 광종은 광덕, 준풍 등의 연호를 사용하였다. 20년 지방9급 ○ | X
5. 광종 재위 시기에 강감찬이 귀주에서 거란군을 크게 격파하였다. 23년 지역인재9급 ○ | X
6. 성종은 12목을 설치하고 지방관을 파견하였으며, 지방 중소 호족을 향리로 편입하여 통제하였다. 13년 경찰1차 ○ | X
7. 성종은 양경과 12목에 상평창을 설치하였다. 21년 국가9급 ○ | X
8. 성종은 균여를 귀법사 주지로 삼아 불교를 정비하였다. 21년 국가9급 ○ | X
9. 성종은 전지와 시지를 함께 주는 전시과를 처음 시행하였다. 23년 국회9급 ○ | X
10. 현종 대에는 불교 경전을 집대성한 초조대장경 조판이 시작되었다. 24년 국가9급 ○ | X
11. 현종은 지방관이 없는 속군에 감무를 파견하였다. 17년 지방9급(하) ○ | X

📕 출제경향

- 광종 출제 지문은 주현공거법, 송 연호 사용 등 착각하기 쉬운 지문이 있어 주의 필요.
- 성종의 업적은 점차 출제 범위가 넓어지고 있어 향리직제, 서희의 외교 담판 등 출제비중이 낮았던 사건들도 주목할 필요가 있음.
- 광종과 성종은 전형적인 사료의 일부 문장을 변형해 출제하는 경우(21년 국가9급 시무 28조)도 있어 다양한 표현을 알아둘 필요가 있음.
- 현종의 출제 비중이 높아짐(강조의 정변과 연계한 문제가 주로 출제).

🔍 정답 및 해설
1 ○ 2 X 3 ○ 4 ○ 5 X 6 ○ 7 ○ 8 X 9 X 10 ○ 11 X

- 2 X 국자감을 정비하고, 지방에 경학박사와 의학박사를 파견하여 유학 교육의 진흥에 노력한 왕은 성종이다.
- 5 X 고려 현종 때의 사건이다.
- 8 X 귀법사를 창건하고 균여를 주지로 삼은 것은 고려 광종이다.
- 9 X 고려 경종 때(976) 처음으로 전시과 제도가 마련되었다(시정전시과).
- 11 X 감무 파견은 예종 때의 사실이다.

T15-16 고려의 중앙 통치 조직 ~ 고려의 지방 행정과 군사 조직

사료 Check

16년 국가직 7급

국초에 ( )을(를) 설치하여 시중·평장사·참지정사·정당문학·지문하성사로 판사(判事)를 삼고, 판추밀 이하로 사(使)를 삼아 일이 있을 때 모였으므로 합좌(合坐)라는 이름이 붙게 되었다. 그런데 한 해에 한 번 모이기도 하고 여러 해 동안 모이지 않기도 하였다.
- 역옹패설 -

문쌤의 분석

괄호에 들어갈 기구는 도병마사이다. 사료 내용만으로는 식목도감과 구분이 어렵다(식목도감도 판사, 사 등이 존재). 식목도감 내용이 보기로 출제되지 않아서 체감난도는 높지 않았다.

17년 교육행정 9급

예종 3년에 왕이 명하기를, "구리, 철, 자기, 종이, 먹 등을 만드는 (가) 에서 공물을 지나치게 많이 거두어 주민들이 어려움을 이기지 못해 도망하고 있다. 이제 해당 관청에서는 그 공물의 양을 다시 정하여 보고하도록 하라."라고 하였다.

(가)는 '소'이다. 자기, 종이 등 수공업 제품을 만들었던 것이 포인트이다. 향, 부곡, 소는 지역 주민들의 특징(일반 군현민에 비해 차별)을 묻는 문제가 자주 출제된다.

기출 지문 Check

1. 고려의 정치 제도는 당과 송의 제도를 참고하여 2성 6부제로 정비하였다. 16년 서울9급   O | X
2. 원 간섭기에 중서문하성과 중추원을 합쳐 첨의부로 하고, 6부는 4사로 통폐합되었다. 16년 경찰1차   O | X
3. 중서문하성과 중추원의 고관인 재추들이 모여 국가의 중대사를 협의·결정하는 기구가 도병마사와 식목도감이었다. 11년 지방9급   O | X
4. 도병마사는 고려 후기에 이르러 국가의 모든 정무를 관장하는 최고 기구로 발전하였다. 11년 지방9급   O | X
5. 중서문하성과 추밀원의 합좌 기구인 식목도감은 국가의 재정회계를 관장하였다. 22년 서울9급 2차   O | X
6. 고려 시대의 대간은 어사대의 관원과 중서문하성의 낭사를 말하며, 이들은 간쟁·봉박·서경권을 가지고 있어 정국 운영에서 견제와 균형을 도모하였다. 13년 경찰2차   O | X
7. 어사대는 발해의 중정대와 같은 기능을 하였다. 11년 법원9급   O | X
8. 고려 시대에는 촌락 지배 방식으로 면리제가 확립되었다. 18년 국가9급   O | X
9. 고려 시대에는 주현이 속현보다 적었다. 23년 법원9급   O | X
10. 소(所)는 일반 군현에 비해 세금 부담이 컸다. 25년 법원9급   O | X
11. 전국을 8도로 구획하여 안찰사를 파견하였다. 25년 서울9급 1차   O | X
12. 향·부곡·소는 향리가 행정 업무를 담당하였다. 24년 서울9급 2차   O | X
13. 향·소·부곡은 모두 농업에 종사하는 천민들이 거주하던 곳이다. 18년 국회9급   O | X
14. 6위(六衛) 중의 감문위는 궁성과 성문 수비를 맡았다. 19년 서울9급   O | X

출제경향

- 기존 출제 지문이 반복되는 경향이 강한 단원 but 주의할 내용들이 존재.
  - 2성 6부제는 당과 송의 제도를 참고했다는 표현도 사용.
  - 고려 관제의 일부(예: 중추원)는 조선 초까지 유지되어 '고려와 조선에서는'이라는 표현이 등장하는 경우가 있음(일반적으로는 고려에 한정해 출제).
- 지방 행정 조직은 주로 조선 내용이 오답 지문으로 출제(특히 안찰사).
- 향·부곡·소의 경우 주민의 특징이 사회사 내용으로 출제됨.
- 2군 6위 중 6위의 역할이 출제되는 경우가 있음 (특히 감문위).

정답 및 해설
1 O 2 X 3 O 4 O 5 X 6 O 7 O 8 X 9 O 10 O 11 X 12 O 13 X 14 O

2. X 원 간섭기에는 중서문하성과 상서성을 합쳐 첨의부로 하고, 6부는 4사로 통폐합되었으며, 중추원은 밀직사로 격하되었다.
5. X 식목도감은 대내적인 법의 제정이나 각종 시행 규정을 담당하였다.
8. X 면리제는 조선 시대에 확립되었다.
11. X 고려 시대에는 전국을 5도, 양계, 경기로 구획하고 5도에 안찰사를 파견하였다. 전국을 8도로 구획한 것은 조선 시대(관찰사 파견)이다.
13. X 향·소·부곡은 양인 거주 지역이었으며, 소는 주로 수공업에 종사했다.

T17 고려 전기의 대외 관계

사료 Check

23년 국가직 9급

우리나라가 곧 고구려의 옛 땅이다. 그리고 압록강의 안팎 또한 우리의 지역인데 지금 여진이 그 사이에 몰래 점거하여 저항하고 교활하게 대처하고 있어서 …(중략)… 만일 여진을 내쫓고 우리 옛 땅을 되찾아서 성보(城堡)를 쌓고 도로를 통하도록 하면 우리가 어찌 사신을 보내지 않겠는가?

- 『고려사』 -

22년 지방직 9급

군대를 이끌고 **통주성** 남쪽으로 나가 진을 친 (가) 은/는 거란군에게 여러 번 승리를 거두었다. 하지만 자만하게 된 그는 결국 패해 거란군의 포로가 되었다. **거란의 임금이** 그의 결박을 풀어 주며 "**내 신하가 되겠느냐?**"라고 물으니, (가) 은/는 "**나는 고려 사람인데 어찌 너의 신하가 되겠느냐?**"라고 대답하였다. 재차 물었으나 같은 대답이었으며, 칼로 살을 도려내며 물어도 대답은 같았다. 거란은 마침내 그를 처형하였다.

21년 소방간부후보

(가) 사람은 **예전에 왕에게 신하로 복속**하면서, 바닷가 모퉁이에 모여 살던 보잘것없는 종족이었다. 하늘을 배반하고 신(神)을 거역하여 **거란을 멸망시키더니**, 드디어 중국을 모욕하고 간사함과 횡포가 더욱 심해지고 있다. … (중략) … 장차 천하의 군사를 일으켜 작고 형편없는 족속들의 죄를 묻고자 하니, 왕은 군사를 통솔하고 우리 군대와 힘을 합쳐 적에게 천벌을 내리도록 하라.

- 고려사 -

기출 지문 Check

1. 거란의 침입에 대비하여 광군을 조직하기도 하였다. 09년 국가9급 O | X
2. 서희가 거란의 소손녕과 외교 담판을 벌인 국왕 대에는 중앙 관제를 2성 6부로 정비하였다. 23년 법원9급 O | X
3. 거란의 3차 침입 때 강감찬이 이끄는 고려군이 귀주에서 크게 승리하였다. 15년 경찰간부 O | X
4. 강조는 목종을 폐위하고 현종을 옹립하였다. 22년 지방9급 O | X
5. 거란은 강조의 정변을 구실로 고려를 침략하였다. 21년 지방9급 O | X
6. ◆ 여진(금)의 사신인 서긍은 『고려도경』에서 고려청자의 우수함을 서술하였다. 20년 지방7급 O | X
7. 고려는 여진의 침입에 대응하여 초조대장경을 제작하였다. 21년 소방간부 O | X
8. ◆ 은병을 만들어 화폐로 사용한 국왕의 재위 기간에는 여진 정벌을 위해 윤관이 건의한 별무반을 설치하였다. 16년 지방9급 O | X
9. 순서: 송이 건국되자, 고려가 사신을 보내 외교 관계를 맺었다. → 거란의 3차 침입 때 강감찬이 이끄는 고려군이 귀주에서 크게 승리하였다. → 윤관이 여진을 정벌하고 9성을 설치하였다. → 금이 건국된 뒤, 고려가 금을 사대하기로 결정하였다. 16년 경찰간부 O | X
10. 강감찬의 흥화진 전투와 별무반 창설 사이 시기에 압록강에서 도련포에 이르는 천리장성을 축조하였다. 21년 소방직 O | X

문쌤의 분석

거란의 1차 침입(993) 당시 소손녕과 서희의 외교 담판 내용이다. 서희 인물사, 외교 담판의 결과(강동 6주 확보), 거란과 여진 관련 문제 등에 다양하게 사용된다. 서희의 외교 담판은 왕대사(성종) 문제에서도 활용되기 때문에 함께 알아두어야 한다.

(가)는 강조로, 거란의 2차 침입 당시 강조의 죽음과 관련된 사료이다. 강조의 정변과 현종의 업적을 묻는 식의 문제가 주로 출제되었으나 강조가 단독 문제로 출제되었다. 강조의 죽음에 대한 내용을 알고 있지 않으면 인물을 특정하기 어려운 고난도 사료였다.

(가)에 해당하는 나라는 여진(금)이다. 예전에는 우리를 섬겼으나 거란을 멸망시킬 정도로 성장한 것이 키워드이다. 여진은 군신 관계 요구나 별무반 창설과 관련된 사료가 주로 출제되었는데 여진의 특징을 서술한 사료가 출제된 것이 특징이다.

출제경향

- 전체적으로 출제 비중이나 난도가 낮은 단원이었으나 최근 출제 사료가 다양해지고 있음(강조 인물사 문제 등 고난도 문제도 출제).
- 서희의 외교 담판(성종), 거란의 2차 침입(현종), 별무반 창설 시기(숙종) 등을 왕대사와 연결해 출제하기도 함.
- 거란 관련 내용은 지역사(의주)와 관련해 출제됨.
- 지도로 출제되는 경우가 있기 때문에 각 국가(송, 거란, 여진)의 대략적인 위치를 파악하고 있어야 함.

정답 및 해설 1 O 2 O 3 O 4 O 5 O 6 X 7 X 8 O 9 O 10 O

6 X 『고려도경』은 1123년(인종 1) 송나라 사절의 한 사람으로 고려에 왔던 서긍이 고려에서 보고 들은 것을 모아 지은 책으로 여기서 고려 청자의 우수함을 서술하였다.

7 X 고려는 거란 침입에 대응해 현종 때 초조대장경을 조판하기 시작했다.

03 중세 사회의 발전 033

T18 문벌 귀족 사회의 성립과 모순

사료 Check

17년 국가직 7급

그는 스스로 국공(國公)에 올라 왕태자와 동등한 예우를 받았으며 자신의 생일을 인수절(仁壽節)이라 칭하였다. 그는 남의 토지를 빼앗고 공공연히 뇌물을 받아 집에는 썩는 고기가 항상 수만 근이나 되었다.

문쌤의 분석

밑줄 친 '그'는 이자겸이다. 내용만으로는 세도 가문 등 다른 인물과 착각할 수 있는 사료이다. 이자겸은 단독 문제 비중이 높지 않지만 고난도 지문이 출제될 수 있는 인물이다.

21년 소방직

왕에게 건의하기를, "저희가 보니 서경 임원역의 땅은 음양가들이 말하는 대화세(大華勢)입니다. 만약 이곳에 궁궐을 세우고 수도를 옮기면 …… 금이 공물을 바치고 스스로 항복할 것이며, 36개 나라가 모두 신하가 될 것입니다."라고 하였다. …… 국호를 대위(大爲), 연호를 천개(天開), 그 군대를 천견충의군(天遣忠義軍)이라고 불렀다. - 고려사 -

묘청의 난에 대한 사료이다. 묘청 등 서경파의 주장 내용 외에 이에 반대하는 개경파의 주장 내용(서경 대화궁에 벼락이 떨어졌다)이 함께 출제되기도 한다.

16년 지방직 9급

  ㉠ (의) 천도 운동에 대하여 역사가들은 단지 왕의 군대가 반란한 적을 친 것으로 알았을 뿐인데, 이는 근시안적인 관찰이다. 그 실상은 낭가와 불교 양가 대 유교의 싸움이며, 국풍파 대 한학파의 싸움이며, 독립당 대 사대당의 싸움이며, 진취 사상 대 보수 사상의 싸움이니, ㉠ 은(는) 전자의 대표요 ㉡ 은(는) 후자의 대표였던 것이다.

㉠은 묘청, ㉡은 김부식이다. 신채호의 묘청의 서경 천도 운동에 대한 평가(일천년래 제일대사건) 내용으로, 서경 천도 운동뿐만 아니라 신채호 인물사 문제의 사료로도 출제된다.

기출 지문 Check

1. 예종 대에는 양현고를 설치하여 관학을 진흥시키고자 하였다. 22년 법원9급 O | X
2. 예종 대에는 의천 등의 건의를 받아들여 주전도감을 설치하였다. 22년 법원9급 O | X
3. 이자겸은 문벌 귀족들의 세력을 억누르기 위해 지덕쇠왕설을 내세워 서경 천도를 주장하였다. 17년 국가7급 O | X
4. 묘청은 국호를 대위, 연호를 천개로 정하고 반란을 일으켰다. 17년 서울9급 O | X
5. 인종은 김부식으로 하여금 『삼국사기』를 편찬토록 하였다. 23년 국회9급 O | X
6. 인종 때에는 서경에 대화궁을 짓게 하고 칭제건원을 주장하였다. 19년 국가9급 O | X
7. 묘청의 난은 김부식이 이끄는 관군에게 진압당하였다. 21년 소방직
8. 인종은 관학 진흥을 위해 국자감에 7재를 처음 설치하고 양현고를 두었다. 16년 지방7급 O | X
9. 인종은 경사 6학을 정비하고 지방의 주현에 향학을 증설하여 유교 교육을 확산시켰다. 16년 지방7급 O | X

출제경향

- 문종·예종·인종은 유학 교육 관련 내용이 지문으로 자주 출제.
- 이자겸, 김부식, 묘청 등 인물사 관련 내용 자주 출제.
- 송나라 사신 서긍의 고려도경은 고려 시대나 청자뿐만 아니라 인종 관련 사료로 출제되는 경우가 있음.

정답 및 해설 1 O 2 X 3 X 4 O 5 O 6 O 7 O 8 X 9 O

2 X 고려 숙종 때 대각국사 의천의 건의로 주전도감을 설치하고 화폐를 주조하였다.
3 X 묘청에 대한 설명이다.
8 X 예종에 대한 설명이다.

T19 무신 정권의 성립

📝 사료 Check

18년 경찰 3차

적신 이의민은 성품이 사납고 잔인하여 윗사람을 업신여기고 아랫사람을 능멸하여 주상의 자리를 흔들고자 하니 신(臣) ㉠ 등이 폐하의 위엄에 힘입어 일거에 소탕하였습니다. 원컨대 폐하께서는 새로운 정치를 도모하시어 태조의 바른 법을 따라 빛나게 중흥을 여소서. 삼가 열 가지 일을 조목으로 나누어 아룁니다.
- 고려사 -

25년 법원직 9급

(가) 이/가 정방(政房)을 자기 집에 설치하고 학문하는 선비들을 선발하여 여기에 소속시켰다. 그가 벼슬자리에 올릴 사람을 결정하여 의견을 달아 올리면, 왕은 그 명단에 다만 점을 찍어 임명할 뿐이었다.

20년 국가직 9급

그가 북산에서 나무하다가 공, 사노비를 불러 모아 모의하기를, "나라에서 경인, 계사년 이후로 높은 벼슬이 천한 노비에게서 많이 나왔으니, 장수와 재상이 어찌 씨가 따로 있으랴. 때가 오면 누구나 할 수 있는데, 우리들이 어찌 고생만 하면서 채찍 밑에 곤욕을 당해야 하겠는가?"라고 하니, 여러 노비들이 모두 그렇게 여겼다.
- 고려사 -

📖 문쌤의 분석

㉠에 해당하는 인물은 최충헌이다. 이의민을 소탕했다는 내용이 포인트(이의민을 제거하고 집권에 성공)이다. 최충헌은 이외에도 여러 명의 왕을 세운 것과 봉사 10조가 사료로 자주 출제된다(출제 빈도가 높은 인물).

(가)에 해당하는 인물은 최우이다. 최우는 출제할 수 있는 사료가 제한적이고, 키워드(정방, 강화 천도, 야별초)가 명확한 것이 특징이다.

밑줄 친 '그'는 만적이다. 신분 해방을 주장한 것(장수와 재상이 어찌 씨가 따로 있으랴)이 포인트이다. 사건이 일어난 시기(최충헌 집권기)나 봉기의 성격(신분 해방)을 묻는 문제가 자주 출제된다.

📝 기출 지문 Check

1. 이의민은 개혁안 봉사 10조를 올렸다. 24년 법원9급 O | X
2. 최충헌은 교정도감을 설치하여 국정을 장악하였다. 24년 법원9급 O | X
3. 최충헌은 몽골 침략으로 소실된 초조대장경을 대신하여 재조대장경(팔만대장경)을 조판하였다. 15년 경찰2차 O | X
4. 최충헌은 순천의 수선사 결사 운동을 지원하였다. 14년 국가7급 O | X
◆ 5. 김보당과 조위총은 최충헌의 집권에 항거하여 군사를 일으켰다. 19년 사회복지직 O | X
6. 최충헌은 자기 집에 정방을 설치하여 인사권을 장악하였다. 20년 국가9급 O | X
7. 최우는 삼별초를 설치하여 군사적 기반으로 삼았다. 24년 지역인재9급 O | X
8. 최우는 몽골과의 항전에 대비하여 강화도로 천도하였다. 24년 지역인재9급 O | X
9. 최우 집권기에는 금속 활자로 『상정고금예문』을 인쇄하였다. 16년 지방9급 O | X
◆ 10. 조위총은 백제 부흥을 위해 봉기하였다. 18년 서울9급 O | X
11. 순서: 망이·망소이의 난 → 전주 관노의 난 → 김사미의 난 → 만적의 난 → 이연년의 난 16년 경찰2차 O | X
12. 최우 집권 시기에 이연년 형제가 난을 일으켰다. 25년 법원9급 O | X
◆ 13. 고려 고종 대에는 전라도 지휘사 김경손이 초적 이연년을 쳐서 평정하였다. 19년 국가7급 O | X

📕 출제경향

- 집권자별 주요 사건 출제 비중 높음 → 최근 시험에서 집권자뿐만 아니라 왕대(고종)의 사건을 묻는 문제가 출제.
- 농민 봉기의 경우 과거에는 만적의 난과 망이·망소이의 난 중심으로 출제 → 최근에는 다변화되고 있음(특히 최우 집권기에 일어난 이연년의 난에 주의).
- 무신 집권기에 일어난 반란들이 지역사와 연계해 출제되는 경우가 많음(서경 - 조위총의 난, 공주 - 망이·망소이의 난 등).

🔍 정답 및 해설   1 X 2 O 3 X 4 O 5 X 6 X 7 O 8 O 9 O 10 X 11 O 12 O 13 O

1. X 최충헌에 대한 내용이다.
3. X 최우에 대한 설명이다.
5. X 김보당의 난(1173)과 조위총의 난(1174)은 최충헌이 아니라 정중부 집권기에 일어난 사건이다.
6. X 최우에 대한 설명이다.
10. X 이연년 형제의 난(담양, 1237)에 대한 내용이다.

T20 몽골과의 항쟁과 원 간섭기의 정치

📝 사료 Check

20년 소방간부후보

김윤후가 충주산성 방호별감으로 있을 때 ㉠ 이/가 쳐들어와 충주성을 70여 일 동안 포위하자 비축해 둔 군량이 바닥나버렸다. 김윤후가 군사들에게 "만약 힘을 다해 싸워 준다면 귀천을 불문하고 모두 관작을 줄 것이니 너희들은 나를 믿으라"고 설득한 뒤 관노(官奴) 문서를 가져다 불살라 버리고 노획한 마소를 나누어 주었다. 이에 사람들이 모두 죽음을 무릅쓰고 적에게로 돌진하니 ㉠ 은/는 조금씩 기세가 꺾여 더 이상 남쪽으로 나아가지 못했다.
- 고려사 -

21년 경찰 2차

김방경이 몽골 원수(元帥) 등과 더불어 삼군(三軍)을 거느리고 적(敵)을 격파하니, …… 적의 장수 김통정이 남은 무리를 이끌고 탐라에 들어가 숨었다.
- 고려사 -

17년 경찰 2차

… 선왕의 맏아들이며 어머니는 제국대장공주(齊國大長公主)이다. 을해년 9월 정유일에 출생하였다. 성품이 총명하고 굳세며 결단력이 있었다. 이로운 것을 일으키고 폐단을 제거하여 시정에 그런대로 볼 만한 것이 있었으나 부자(父子) 사이는 실로 부끄러운 일이 많았다. 오랫동안 상국(上國)에 있었는데, 스스로 귀양 가는 욕을 당하였다. 왕위에 있은 지 5년이며, 수(壽)는 51세였다.
- 고려사절요 -

🔎 문쌤의 분석

㉠에 해당하는 이민족은 몽골이다. 김윤후(처인성과 충주성)가 활약한 내용이 포인트이다. 몽골 침입 사료는 난도가 높지 않은 편이지만, **1차 침입**은 충주 부사 우종주, 노군·잡류만이 남아 적과 싸운 것 등 포인트가 적은 고난도 사료가 출제되기도 했다.

밑줄 친 '적'은 삼별초이다. 삼별초는 단독 출제 확률이 높지 않지만 **지엽적인 함정 지문**이 출제되기도 해서 항쟁 지역 및 시기별 지도자를 정확하게 암기해야 한다.

충선왕에 대한 사료이다. 원 간섭기 국왕들은 가족 관계(부인이나 어머니)가 사료의 키워드로 출제되기 때문에 **왕비의 명칭**(충렬왕-제국, 충선왕-계국)을 암기해두어야 한다.

✏️ 기출 지문 Check

1 몽골과의 전쟁으로 황룡사 9층 목탑과 초조대장경이 불에 탔다. 17년 지방7급　　O | X
2 삼별초는 도적을 잡기 위해 설치한 야별초에서 시작되었다. 23년 지방9급　　O | X
3 원 간섭기에는 첨의부와 4사 체제가 운영되었다. 18년 교행9급　　O | X
◆ 4 원 간섭기에는 요세가 법화 신앙에 기반하여 백련 결사 운동을 전개하였다.
　　18년 교행9급　　O | X
5 무신정권 몰락과 공민왕 즉위 사이 시기에는 정동행성이 설치되었다.
　　22년 국가9급　　O | X
6 무신정권 몰락과 공민왕 즉위 사이 시기에는 『제왕운기』가 저술되었다.
　　22년 국가9급　　O | X
7 충렬왕은 정치도감을 두어 부원 세력을 척결하고 권세가들이 빼앗은 토지와 노비의 문제를 해결하였다. 13년 지방7급　　O | X
8 충선왕은 원의 수도에 만권당을 설치하였다. 24년 국회9급　　O | X
◆ 9 원 간섭기 친원 세력은 고려를 원의 행성(行省)으로 만들고자 시도하였다.
　　24년 서울9급 1차　　O | X
10 충선왕은 도병마사를 도평의사사로 개편하여 국정을 총괄하게 하였다. 16년 국가9급　　O | X
11 충선왕은 정방을 폐지하고 사림원을 설치하여 개혁 정치를 수행하였다. 11년 국가7급　　O | X

📕 출제경향

- 몽골 침입 관련 지엽적인 순서 출제(세조구제, 쌍성총관부 설치 시기 등).
- 원 간섭기 국왕 중에는 충렬왕과 충선왕이 단독 문제로 출제되며 특히 충선왕의 출제 비중이 높음.
- 정동행성의 승상은 몽골의 다루가치가 아닌 고려 국왕이 겸임한 것 주의

🔍 정답 및 해설
1 ○　2 ○　3 ○　4 X　5 ○　6 ○　7 X　8 ○　9 ○　10 X　11 ○

4　X 백련 결사 운동은 무신 정권 시기에 전개되었다.
7　X 정치도감은 충목왕 때 설치되었다.
10　X 충렬왕에 대한 설명이다.

T21 공민왕의 개혁 정치와 홍건적·왜구의 침입

📝 사료 Check

24년 지역인재 9급

왕이 원나라 연호의 사용을 중지하고, 교서를 내리기를 "근래 나라의 풍속이 일변하여 오직 권세만을 추구하게 되었으니, 기철 등이 군주의 위세를 빙자하여 나라의 법도를 뒤흔드는 일이 벌어졌다. 자신의 기쁨과 분노에 따라 관리의 선발과 승진을 조절하니, 정부의 명령이 이로 인해 늘거나 줄었다. 다른 사람이 토지를 가지고 있으면 이를 멋대로 차지하고, 타인이 노비를 가지고 있으면 빼앗아 차지했다."
— 『고려사』 —

19년 지방직 7급

자칭 평장인 반성·사유·관선생·주원수 등이 십만여 명이나 되는 무리를 이끌고 압록강을 건너 삭주를 노략질하였다. …(중략)… 왕이 복주에 이르렀다. 정세운은 성품이 충성스럽고 청렴하였는데, 왕의 파천(播遷) 이래 밤낮으로 근심하고 분하게 여겨서 홍건적을 물리치고 개경을 회복하는 것을 자신의 임무로 여겼다. … (중략) … 마침내 정세운을 총병관으로 임명하였다.
— 고려사절요 —

22년 지방직 9급

왕의 어릴 때 이름은 모니노이며, 신돈의 여종 반야의 소생이었다. 어떤 사람은 "반야가 낳은 아이가 죽어서 다른 아이를 훔쳐서 길렀는데, 공민왕이 자신의 아들이라고 칭하였다."라고 하였다. 왕은 공민왕이 죽은 뒤 이인임의 추대로 왕위에 올랐다. 이후 이인임, 염흥방, 임견미 등이 권력을 잡아 극심하게 횡포를 부렸다.

🔍 문쌤의 분석

밑줄 친 '왕'은 공민왕이다. 반원자주 정책(원의 연호 사용 중지와 기철 일파 숙청)을 보여주는 사료로, 성균관 정비 사료와 함께 공민왕 문제에서 자주 출제되는 사료이다.

밑줄 친 '왕'은 공민왕으로, 홍건적의 침입과 관련된 사료이다. 복주는 지금의 안동으로, 놋다리밟기와 같은 지역사 문제와도 연계해 출제할 수 있는 사료이다.

밑줄 친 '왕'은 우왕이다. 우왕은 화통도감 설치 등 재위 시기의 사건이 사료로 출제되었는데 개인 이력이 사료로 출제되었다. 최근에는 관련 일화를 알고 있지 않으면 인물을 특정하기 어려운 사료들이 출제되고 있어 출제 확률이 높은 인물들은 관련 일화까지 학습하는 것이 필요하다.

✏️ 기출 지문 Check

1 전민변정도감은 불법적으로 점유된 토지와 노비를 조사하였다. 23년 국가9급 O│X
2 전민변정도감은 시전의 물가를 감독하는 임무를 담당하였다. 23년 국가9급 O│X
3 공민왕은 쌍성총관부를 공격하였다. 25년 지역인재9급 O│X
4 공민왕은 전민변정도감을 설치하였다. 25년 지역인재9급 O│X
5 공민왕은 정동행성 이문소를 폐지하였다. 25년 국가9급 O│X
6 공민왕은 성균관을 부흥시켜 유학 교육을 강화하였다. 12년 국가9급 O│X
7 공민왕 대에는 수도가 함락되어 왕이 복주 지역으로 피신하였다. 22년 소방간부 O│X
8 공민왕 대에는 과전법이 전격적으로 실시되었다. 22년 소방간부 O│X
9 우왕 대에는 명의 철령위 설치 요구로 인해 요동 정벌을 단행하였다. 12년 국가9급 O│X
10 우왕은 화약 무기의 필요성을 절감하고, 화통도감을 설치하여 각종 화약 무기를 제조하였다. 10년 지방9급 O│X
◆ 11 우왕은 복원궁을 건립하여 도교를 부흥시켰다. 17년 국가9급 O│X
12 우왕 대에는 흥덕사에서 『직지심체요절』을 간행하였다. 17년 국가9급 O│X
13 우왕 대에는 요동 정벌을 위해 출병한 이성계가 위화도에서 회군하였다. 22년 지방9급 O│X

📖 출제경향

- 공민왕 대의 사건 중 흥왕사의 변, 자제위 설치 등 지엽적인 내용의 출제 비중↑
- 과거 공민왕 대 사건 위주로 출제 → 최근 우왕 대 사건 출제 비중↑
- 주요 사건의 순서 또는 두 사건 사이에 일어난 사건을 묻는 문제의 출제 확률↑ (주요 사건들을 시기별로 구분해 암기해야 함)
- 외적 침입 관련 사건(진포 해전 등)의 출제 비중 높음. 공민왕 사료에서도 홍건적 침입 사료 출제 비중이 높아짐.

🔍 정답 및 해설
1 O 2 X 3 O 4 O 5 O 6 O 7 O 8 X 9 O 10 O 11 X 12 O 13 O

2 X 고려 시대에는 경시서를 설치해 시전의 상행위를 감독하였다.
8 X 과전법은 공양왕 때인 1391년 실시되었다.
11 X 복원궁은 고려 예종 때 건립된 우리나라 최초의 도교 사원이다.

T22 고려의 사회

📝 사료 Check

22년 법원직 9급

이들의 첫 벼슬은 후단사이며, 두 번째 오르면 병사(兵史)·창사(倉史)가 되고, 세 번째 오르면 주·부·군·현의 사(史)가 되며, 네 번째 오르면 부병정(副兵正)·부창정(副倉正)이 되며, 다섯 번째 오르면 부호정(副戶正)이 되고, 여섯 번째 오르면 호정이 되며, 일곱 번째 오르면 병정·창정이 되고, 여덟 번째 오르면 <u>부호장</u>이 되고, 아홉 번째 오르면 <u>호장(戶長)</u>이 된다. - 고려사 -

문쌤의 분석

밑줄 친 '이들'은 고려 시대의 향리이다. 호장, 부호장 등의 직급과 자료 출처(고려사)를 통해 이를 알 수 있다. 고려 시대 향리는 조선 시대 향리와의 차이점을 중심으로 문제가 출제된다.

20년 국가직 9급

5월에 조서를 내리기를 "개경 내의 사람들이 역질에 걸렸으니 마땅히 (가) 을/를 설치하여 이들을 치료하고, 또한 시신과 유골은 거두어 묻어서 비바람에 드러나지 않게 할 것이며, 신하를 보내어 동북도와 서남도의 굶주린 백성을 진휼하라."라고 하였다. - 고려사 -

(가)는 구제도감이다. 구제도감은 18년 지방직7급 시험에서 오답 지문으로 출제된 적이 있었다. 과거 지문으로 출제된 내용이 사료로 출제되는 경우가 있어 기출 지문의 사료 내용을 파악할 필요가 있다.

24년 지역인재 9급

지금은 결혼하면 남자가 부인의 집으로 가 모든 것을 처가에 의지하니 장모와 장인의 은혜가 친부모와 같습니다. 애 장인이시여. 저를 돈독하게 대우하시고 필요한 것을 마련해 주셨는데, 저를 두고 돌아가시니 앞으로 누구에게 의지하겠습니까? 명산 기슭에 무덤을 쓰고 영원히 이별합니다. 혼령이시여! 저의 소박한 제사를 흠향하십시오. - 『동국이상국집』 -

고려 시대의 사회 모습을 나타낸 사료이다. 결혼 후 남자가 처가에 의지한 것과 사료 출처인 『동국이상국집』(이규보의 시문집)을 통해 알 수 있다.

📝 기출 지문 Check

1. 중류층인 남반은 중앙 관청의 말단에서 행정 실무를 관장하였다. 12년 지방7급 O│X
2. ◆ 부호장 이하의 향리는 사심관의 감독을 받았다. 21년 국가9급 O│X
3. 상층 향리는 과거로 중앙 관직에 진출할 수 있었다. 21년 국가9급 O│X
4. ◆ 상층 향리인 호장은 중앙의 상서성에서 임명하였다. 19년 경찰간부 O│X
5. 향·소·부곡의 주민은 과거를 통해 하급 관료가 될 수 있었다. 22년 소방직 O│X
6. 백정은 법제상 과거에 응시할 수 있었다. 23년 서울9급 2차 O│X
7. 권문세족은 첨의부 등의 고위 관직을 독점하면서 도당의 구성원으로서 권력을 장악하였다. 19년 국가7급 O│X
8. 신진사대부는 주로 음서를 통하여 관직에 진출하였다. 21년 법원9급 O│X
9. ◆ 향도는 고려 후기에 이르러 자신들의 이익을 위하여 조직되는 향도에서 점차 신앙적인 향도로 변모되었다. 17년 경찰차 O│X
10. 행정과 사법이 명확히 분리독립되어 있었다. 14년 국가9급 O│X
11. 죄를 지어 관직에 나갈 수 없는 자들을 귀향시키는 형벌이 있었다. 12년 국가7급 O│X
12. 결혼 후 신랑이 신부 집에 머무르는 '서류부가혼'의 혼속이 있었다. 16년 지방7급 O│X
13. 여성도 자신의 재산을 소유할 수 있었다. 24년 지역인재9급 O│X
14. 여성이 호주가 될 수 있었다. 23년 서울9급 2차 O│X
15. ◆ 팔관회는 정월 보름에 개최되었다. 18년 국가9급 O│X

📕 출제경향

- 빈민구제기관(구제도감)이 사료로 출제 → 사료에서 다른 기구들과 혼동할 수 있는 내용이 있어 포인트(시신 매장)를 정확하게 암기할 필요가 있음.
- 19년 국가직 7급에서 권문세족에 대해 지엽적인 내용(부재지주) 출제.
- 최근 가족 제도 관련 내용이 자세하게 출제 but 사회사 관련 지엽적인 지문은 검정교과서 내용 안에서 출제되는 경우가 많음(예: 고려 말 재혼 규제 움직임, 조선 시대 신분에 따른 형벌 차이).
- 중류층 출제 비중↑ (고난도 지문도 늘어남 → 호장은 상서성에서 임명하는 것에 주의).
- 팔관회 단독 출제(법원직과 국가직). 최근 연등회도 유네스코 인류무형문화유산에 등재되어 단독 문제 출제 가능성이 높아짐.

🔍 **정답 및 해설** 1 X 2 O 3 O 4 O 5 X 6 O 7 O 8 X 9 X 10 X 11 O 12 O 13 O 14 O 15 X

1. X 남반은 고려 시대 궁궐에서 숙직하고 국왕을 시중들며 왕명을 받들던 일을 담당하였다. 중앙 관청의 실무는 서리(잡류)가 담당하였다.
5. X 향·소·부곡의 주민은 과거 응시 자격이 없었다.
8. X 신진사대부는 주로 과거를 통해 관직에 진출하였다.
9. X 향도는 불교 신앙 조직에서 자신들의 이익을 위한 조직으로 변모되었다.
10. X 전근대 사회에서는 행정과 사법이 명확히 분리되어 있지 않았다.
15. X 팔관회는 11월 15일(개경)과 10월 15일(서경)에 개최되었다. 정월 보름에 열린 것은 연등회이다.

T23 고려의 경제

📝 사료 Check

19년 국가직 9급

비로소 직관(職官)·산관(散官) 각 품(品)의 **(가)** 을/를 제정하였는데, **관품의 높고 낮은 것은 논하지 않고 다만 인품만 가지고 그 등급을 결정**하였다.
― 고려사 ―

19년 기상직 9급

"시중 한언공이 상소하기를, '사람을 편안하게 하고 물건으로 이익을 보려고 하면 모름지기 옛 제도에 따라 일관성이 있어야 합니다. 지금 선왕을 계승하여 철전을 사용하게 하고 추포 사용을 금지함으로써 풍속을 소란스럽게 하였으니, 나라의 이익이 되지 못하고 오히려 민의 원망만을 일으킵니다.'라고 하였다. …… 이에 **철전을 사용하던 것을 쓰임에 따라 중단하고자 한다.** 차와 술, 음식 등 여러 점포에서 교역할 때는 전과 같이 철전을 쓰도록 하고, 이외에 **백성 등이 사사로이 서로 교역할 때는 토산물을 임의로 사용하게 하라.**"

🔎 문쌤의 분석

(가)에 해당하는 것은 전시과(시정 전시과)이다. **시정 전시과의 실제 토지 분급 기준(관품+인품)과 사료의 내용(인품만 가지고)이 달라 주의가 필요한 사료이다.**

고려 시대의 경제 모습을 보여주는 사료이다. 철전(건원중보)과 토산물을 함께 사용하도록 한 것이 특징이다. **건원중보는 철전 뿐만 아니라 동전도 존재했던 것****서울시 복수정답 인정 지문에 주의해야 한다.** 22년 경찰간부후보 시험에서는 동일한 사료를 이용해 선왕(건원중보를 주조한 성종)의 업적을 묻는 문제를 출제하기도 했다.

📝 기출 지문 Check

1 중앙과 지방의 각 관청에는 내장전이 지급되어 경비를 충당하게 하였다.
　　15년 경찰3차　O | X

2 고려 전시과 제도에서는 개정을 거듭하면서 등급별 지급 액수가 조금씩 늘어났다.
　　24년 국회9급　O | X

3 시정 전시과는 관품과 인품이 병용된 다원적 기준이 적용되었다. 15년 지방9급　O | X

4 목종 원년의 개정 전시과는 18과로 나누어 직·산관을 대상으로 지급하고, 한외과(限外科)가 없어졌다. 16년 경찰간부　O | X

5 개정전시과는 산관이 지급 대상에서 완전히 제외되었다. 25년 서울9급 1차　O | X

6 경정전시과는 개정전시과보다 무반에 대한 대우가 상승하였다. 25년 서울9급 1차　O | X

◆ 7 경정 전시과는 4색 공복을 기준으로 등급을 나누었다. 16년 국가9급　O | X

◆ 8 경정 전시과는 지급액이 전체적으로 감소하였지만 18등급의 현직 관료 모두에게 전지와 시지를 지급하였다. 17년 국회9급　O | X

9 고려 시대에는 재정을 운영하는 관청으로 삼사를 두었다. 22년 국가9급　O | X

10 고려 말에는 남부 일부 지방에 모내기법이 보급되었다. 19년 서울7급(2차)　O | X

11 건원중보가 발행되었으나 널리 이용되지 못하였다. 24년 국가9급　O | X

◆ 12 원 간섭기에는 원의 지폐인 보초가 들어와 유통되기도 하였다. 18년 서울9급　O | X

13 책, 차 등을 파는 관영 상점을 두었다. 17년 국가9급　O | X

14 예성강 어귀의 벽란도는 대외 무역의 발전과 함께 국제 무역항으로 번성하였다.
　　15년 지방7급　O | X

📕 출제경향

· 전시과 관련 지엽적인 지문의 출제 비중↑(각 시기의 최대 결수, 양반공음전시법 제정 시기 등).
· 수취 체제 관련 고난도 문제 출제(좌창과 우창의 역할, 양전 실시 주기 등).
· 화폐 관련 내용 출제 비중↑(고난도 지문도 증가).

🔍 정답 및 해설
1 X 2 X 3 O 4 X 5 X 6 O 7 X 8 X 9 O 10 O 11 O 12 O 13 O 14 O

1 X 중앙과 지방의 각 관청에는 공해전을 지급하여 경비를 충당하게 하였다. 내장전은 왕실의 경비를 충당하기 위한 것이다.
2 X 전시과 제도에서의 등급별 전시 지급 액수는 시정전시과에서 개정전시과, 경정전시과로 갈수록 계속해서 감소되었다.
4 X 한외과가 없어진 것은 경정 전시과이다.
5 X 산관(전직 관료)이 지급 대상에서 제외된 것은 경정전시과이다.
7 X 시정 전시과에 대한 설명이다.
8 X 18등급의 관료 모두에게 전지를 지급했으나 시지는 14과까지만 지급되었다.

T24 고려의 문화(유학 발달·역사서 편찬·교육·관리 등용 제도)

사료 Check

21년 지방직 9급

왕께서는 "우리나라 사람들은 유교 경전과 중국 역사에 대해서는 자세히 말하는 사람이 있으나 우리나라의 사실에 이르러서는 잘 알지 못하니 매우 유감이다. 중국 역사서에 우리 삼국의 열전이 있지만 상세하게 실리지 않았다. 또한, 삼국의 고기(古記)는 문체가 거칠고 졸렬하며 빠진 부분이 많으므로, 이런 까닭에 임금의 선과 악, 신하의 충과 사악, 국가의 안위 등에 관한 것을 다 드러내어 그로써 후세에 권계(勸戒)를 보이지 못했다. 마땅히 일관된 역사를 완성하고 만대에 물려주어 해와 별처럼 빛나도록 해야 하겠다." 라고 하셨습니다.

문쌤의 분석

김부식이 저술한 『삼국사기』의 일부이다. 김부식의 이름이나 기전체 형식과 관련된 내용이 키워드로 제시되는 경우가 많은데 다른 역사서와 혼동하기 쉬운 사료가 출제되어 체감난도가 높았다. '거칠고 졸렬', '해와 별처럼 빛나도록' 등 사료에서 쓰이는 표현을 키워드로 잡는 것이 좋은 사료이다. 키워드가 거의 동일한 사료가 22년 국가직 9급 시험에 출제되기도 했다.

19년 국가직 9급

제왕이 장차 일어날 때는 하늘의 명령과 상서로운 기운을 받아서 반드시 보통 사람과는 다른 점이 있으니, 그런 뒤에야 능히 큰 변화를 타서 제왕의 지위를 얻고 대업을 이루었다. …(중략)… 삼국의 시조들이 모두 신이(神異)한 일로 탄생했음이 어찌 괴이하겠는가. 이것이 책 첫머리에 『기이(紀異)』편이 실린 까닭이며, 그 의도도 여기에 있는 것이다.

일연의 『삼국유사』의 일부이다. 『삼국유사』는 민간설화를 수록한 것이 특징이다. 왕력, 기이, 흥법 등으로 구성되어 있는데 이 내용이 지문으로 출제되기도 했다. 주로 『삼국사기』의 내용이 오답 지문으로 출제된다.

기출 지문 Check

1. 안향은 원 간섭기에 성리학을 국내로 소개하였다. 21년 국가9급 ○ | X
2. 이제현은 국학 진흥을 위해 섬학전을 설치하였다. 22년 국회9급 ○ | X
3. 『삼국사기』는 고구려 계승 의식을 강조하였다. 16년 국가9급 ○ | X
4. 『삼국사기』는 유교적인 합리주의 사관에 따라 기전체로 서술되었다. 21년 지방9급 ○ | X
5. 이규보는 단군부터 고려 충렬왕 때까지의 역사를 서사시로 기록하였다. ○ | X
6. 이규보는 김부식의 『삼국사기』에 동명왕의 신이한 사적이 생략되어 있다고 평하였다. 23년 지방9급 ○ | X
7. 『동명왕편』은 동명왕의 건국 설화를 5언시체로 재구성하여 서술하였다. 14년 국가7급 ○ | X
8. 『삼국유사』는 현존하는 가장 오래된 역사서이다. 22년 법원9급 ○ | X
9. 『삼국유사』는 불교 중심의 고대 민간 설화를 수록하였다. 19년 국가9급 ○ | X
10. 『제왕운기』는 우리 역사를 중국사와 대등하게 파악하였다. 15년 사회복지9급 ○ | X
11. 『제왕운기』는 민족 시조인 단군을 강조하고 발해에 대한 내용을 서술하였다. 14년 국가9급 ○ | X
12. ◆ 『제왕운기』는 왕명으로 단군조선에서 고려 말까지의 역사를 노래 형식으로 정리하였다. 20년 국가9급 ○ | X
13. 최충의 9재 학당은 9경과 3사를 중심으로 교육하였다. 15년 지방9급 ○ | X
14. 숙종 대에 서적포라는 국립 출판사를 두어 책을 간행하였다. 22년 서울9급 2차 ○ | X
15. 예종 때에는 7재에 무학재를 두었다. 17년 국가7급(하) ○ | X

출제경향

- 기존에도 출제 빈도가 높았던 주제지만 최근 주제가 다양해지면서 문제 난도도 상승함.
- 역사서는 주로 『삼국사기』와 『삼국유사』를 중심으로 출제 but 최근 『제왕운기』 출제 비중 증가(제왕운기는 단독 문제 출제).
- 이규보 관련 출제 비중 증가.
- 최근 역사서의 편찬 순서 관련 문제가 자주 출제.

정답 및 해설
1 ○ 2 X 3 X 4 ○ 5 X 6 ○ 7 ○ 8 X 9 ○ 10 ○ 11 ○ 12 X 13 ○ 14 ○ 15 ○

2 X 고려 충렬왕 때 안향의 건의에 따라 양현고의 부실을 보충하기 위해 섬학전을 설치하였다.
3 X 『삼국사기』에는 신라 계승 의식이 더 많이 반영된 것으로 여겨지고 있다.
5 X 이승휴의 『제왕운기』에 대한 설명이다.
8 X 현존하는 가장 오래된 우리나라의 역사서는 『삼국사기』이다.
12 X 조선 세종 때 권제 등이 편찬한 『동국세년가』에 대한 설명이다.

T24 고려의 문화(불교)

📝 사료 Check

17년 지방직 9급

<u>(가)</u>는 "<u>교(敎)를 배우는 이</u>는 대개 안의 마음을 버리고 외면에서 구하고, <u>선(禪)을 익히는 이</u>는 인연을 잊고 안의 마음을 밝히기를 좋아하니, <u>모두 한쪽에 치우친 것으로 두 극단에 모두 막힌 것이다.</u>"라고 주장하였다.

24년 서울시 9급 1차

이 모임이 파한 연후에 마땅히 <u>명예와 이익을 버리고</u> 산림에 은둔하여 <u>동사(同社)를 결성</u>하고 항상 선정을 익히고 지혜를 고르게 하기에 힘쓰고 예불과 독경을 하고 나아가서는 <u>노동하기에도 힘쓰자</u>. 각기 소임에 따라 경영하고 인연에 따라 심성을 수양하여 한평생 자유롭게 지내며, 멀리 달사와 진인의 고행을 좇는다면 어찌 기쁘지 않으리오.

22년 국회직 9급

무자년 여름 5월 유생 여러 명이 개경에서 내려와 뵈니 대사가 제자로 받아들여 머리를 깎고 『묘법연화경』을 가르쳐 통달하게 하였다. <u>임진년 4월 8일 대사가 처음 보현도량</u>을 결성하고 <u>법화삼매</u>를 수행하여, 극락정토에 왕생하기를 구하였는데, 모두 천태삼매의(天台三昧儀)를 그대로 따랐다. 오랫동안 <u>법화참(法華懺)</u>을 수행하고 전후에 권하여 발심(發心)시켜 이 경을 외우도록 하여 외운 자가 1천여 명이나 되었다.

🔍 문쌤의 분석

(가)에 해당하는 인물은 의천으로, 그의 주장인 교관겸수에 대한 내용이다. <u>의천은 출제 사료가 다양한 인물로 왕자 출신인 것과 속장경 편찬 등이 사료로 자주 출제된다.</u>

지눌의 정혜결사문의 내용이다. 지눌은 정혜결사문이 사료로 자주 출제되지만 그 외에도 <u>정혜쌍수, 돈오점수</u> 등의 내용을 풀어서 서술한 내용이 사료로 출제되기 때문에 의미까지 숙지하고 있어야 한다.

밑줄 친 '대사'는 고려 무신집권기 때 활약한 승려 요세이다. 요세는 '보현도량', '법화' 등이 사료의 키워드로 출제된다. <u>고려 시대 승려는 의천과 지눌의 출제 비중이 가장 높지만 균여, 요세, 혜심도 단독 문제로 출제된다.</u>

✏️ 기출 지문 Check

◆ 1 균여는 화엄 사상의 입장에서 법상종 세력을 흡수하여 성상융회 사상을 표방하였다.
　　18년 국가7급　O | X

2 균여는 향가를 지음으로써 국문학 사상 큰 업적을 남겼다. 17년 서울7급　O | X

3 의천은 이론적인 교리 공부와 실천적인 수행을 아우를 것을 주장하였다.
　　23년 지방9급　O | X

4 의천은 백련사를 결성하여 극락왕생을 기원하는 참회와 염불 수행을 강조하였다.
　　23년 지방9급　O | X

5 의천은 유·불 일치설을 주장하였다. 25년 국가9급　O | X

6 의천은 『신편제종교장총록』을 편찬하였다. 25년 국가9급　O | X

7 의천은 국청사에서 해동천태종을 창시했다. 22년 경찰간부　O | X

8 의천은 선종의 일파인 임제종을 들여와 전파하였다. 17년 지방9급(하)　O | X

◆ 9 의천은 우리나라 천태교학의 전통을 원효에게서 찾았다. 17년 지방9급(하)　O | X

10 지눌은 교종의 입장에서 선종을 통합하려 하였다. 25년 지방9급　O | X

11 지눌은 돈오점수와 정혜쌍수를 바탕으로 결사운동을 전개하였다. 24년 서울9급 1차　O | X

12 요세는 귀법사의 초대 주지를 역임하였다. 22년 국회9급　O | X

📖 출제경향

- 과거 의천과 지눌 중심으로 출제 → 최근 균여나 요세 출제 비중 높아짐(오답 지문으로도 자주 출제).
- 의천, 지눌 관련 문제의 난도↑(의천의 균여 비판, 지눌의 목우자수심결 등)
- 선문염송, 목우자수심결 등 고려 시대 승려들의 저서 출제↑

🔍 정답 및 해설
1 O 2 O 3 O 4 X 5 X 6 O 7 O 8 X 9 O 10 X 11 O 12 X

4 X 고려 무신집권기에 활약한 요세에 대한 설명이다.
5 X 고려 무신집권기 때의 승려인 혜심에 대한 설명이다.
8 X 고려 말 보우에 대한 설명이다.
10 X 지눌은 선종을 중심으로 교종을 포용하고자 했다. 교종 입장에서 선종을 통합하려 한 인물은 의천이다.
12 X 균여에 대한 설명이다.

T24 고려의 문화(대장경 간행·과학 기술의 발달)

📝 사료 Check

19년 계리직

심하도다. (가) 달단이 환란을 일으킴이여! 그 잔인하고 흉포한 성품은 이미 말로 다할 수 없고, 심지어 어리석음은 또한 짐승보다 심하니, 어찌 천하에서 공경하는 바를 알겠으며, 이른바 불법(佛法)이란 것이 있겠습니까? 이 때문에 그들이 경유하는 곳마다 불상과 범서를 마구 불태워 버렸습니다. … (중략) … 옛날 (나) 현종 2년에 거란주(契丹主)가 크게 군사를 일으켜 와서 정벌하자 현종은 남쪽으로 피난하고, 거란 군사는 송악성에 주둔하고 물러가지 않았습니다. 이에 현종은 여러 신하들과 함께 더할 수 없는 큰 서원을 발하여 『대장경』 판본을 판각했습니다. 그러자 거란 군사가 스스로 물러갔습니다. 그렇다면 『대장경』도 한가지고, 전후 판각한 것도 한가지고, 군신이 함께 서원한 것도 한가지인데, 어찌 그때에만 거란 군사가 스스로 물러가고 지금의 달단은 그렇지 않겠습니까? 다만 제불다천(諸佛多天)이 어느 정도 보살펴 주느냐에 달려 있을 뿐입니다.

- 동국이상국집 -

24년 지방직 9급

비로소 (가) 을 설치했다. 판사 **최무선**의 말을 따른 것이다. 이때에 원나라의 **염초** 장인 이원이 최무선과 같은 동네 사람이었다. 최무선이 몰래 그 기술을 물어서 집의 하인들에게 은밀하게 배워서 시험하게 하고 조정에 건의했다.

- 『고려사절요』 -

👨‍🏫 문쌤의 분석

재조대장경 판각 관련 사료로, (가)는 몽골(달단) 침입, (나)는 거란 침입을 의미한다. 재조대장경 판각 외에 거란 침입이나 초조대장경 판각 관련해서도 문제를 출제할 수 있는 사료이다.(2016 경찰 1차 시험에서 동일 사료로 그와 같은 형식의 문제 출제).

(가)에 해당하는 기구는 화통도감이다. 최무선의 인물사 문제나 화통도감이 설치된 우왕 대의 왕대사 문제에도 출제될 수 있는 사료이기 때문에 화통도감의 설치 시기 등을 정확하게 파악하고 있어야 한다.

📝 기출 지문 Check

1 초조대장경은 교장도감에서 제작한 경판이다. 16년 교행9급　　O│X
2 ◆ 의천은 송과 금의 대장경 주석서를 모아 속장경을 편찬하였다. 16년 서울9급　　O│X
3 팔만대장경은 몽골 침략으로 소실된 초조대장경을 대신하여 다시 만들었다.
　　14년 경찰간부　　O│X
4 팔만대장경은 유네스코 세계 기록 유산으로 등재되었다. 16년 교행9급　　O│X
5 풍수지리 사상은 고려 시대에 국가와 왕실의 안녕과 번영을 기원하는 초제로 행하여졌다.
　　17년 국가9급　　O│X
6 고려 문종 때 복원궁이라는 도교 사원을 세우고 본격적으로 도교를 보급하였다.
　　13년 국가7급　　O│X
7 고려 숙종은 남경을 건설하였다. 23년 계리직　　O│X
8 ◆ 충선왕 때에는 원의 선명력을 채용하고 그 이론과 계산법을 충분히 소화하였다.
　　17년 경찰1차　　O│X
9 고려 시대에 편찬된 의학 서적으로는 『의방유취』, 『향약구급방』, 『향약집성방』, 『동의수세보원』이 있다. 20년 지방7급　　O│X
10 고려는 세계 최초로 금속 활자를 발명하였다. 18년 서울9급　　O│X
11 『직지심체요절』은 현존하는 금속활자본 중에서 가장 오래된 것이다. 24년 지방9급　　O│X

🔍 출제경향

- 대장경 출제 비중 및 난도↑(지엽적인 지문도 출제).
- 풍수지리설과 토속 신앙 관련 지엽적인 내용이 출제된 적이 있음(다시 출제될 확률은 낮음).
- 과학 기술은 인쇄술 관련 내용을 제외하면 출제 빈도가 매우 낮음

🔍 정답 및 해설　1 X　2 X　3 O　4 O　5 X　6 X　7 O　8 X　9 X　10 O　11 O

1　X 속장경(교장)에 대한 내용이다.
2　X 의천은 고려는 물론이고 송과 요의 대장경에 대한 주석서를 모아 교장을 편찬하였다. 금나라는 의천(1055~1101)이 죽은 후 1115년에 건국되었다.
5　X 도교와 관련된 내용이다.
6　X 복원궁은 예종 때 설립되었다.
8　X 충선왕 때는 원의 수시력을 채용했다. 선명력은 당의 역법이다.
9　X 『의방유취』와 『향약집성방』은 조선 세종, 『동의수세보원』은 조선 고종 때 편찬되었다.

T24 고려의 문화(건축과 조각·그림·문학 등)

사료 Check

16년 기상직 9급

(가)　　　　(나)　　　　(다)　　　　(라)

24년 국가직 9급

송나라 사신 서긍은 그의 저술에서 이 나라 자기의 빛깔과 모양에 대해, "도자기의 빛깔이 푸른 것을 사람들은 비색이라고 부른다. 근래에 와서 만드는 솜씨가 교묘하고 빛깔도 더욱 예뻐졌다. 술그릇의 모양은 오이와 같은데, 위에 작은 뚜껑이 있고 연꽃이나 엎드린 오리 모양을 하고 있다. 또, 주발, 접시, 사발, 꽃병 등도 있었다."라고 하였다.

문쌤의 분석

(가)는 광주 춘궁리 철불(하남 하사창동 철조 석가여래좌상), (나)는 부석사 소조 여래좌상, (다)는 관촉사 석조미륵보살 입상, (라)는 파주 용미리 마애이불 입상이다. 불상의 사진 자료가 출제될 확률은 높지 않지만 신라 양식 계승 불상(가, 나)과 고려의 독창적 형태(다, 라) 정도는 구분할 필요가 있다.

서긍이 저술한 『고려도경』의 내용으로, 밑줄 친 '이 나라'는 고려이다. 고려 시대 문제뿐만 아니라 인종 왕대사 문제나 고려청자 관련 문제에서도 사료로 출제될 수 있다.

기출 지문 Check

1. 초기에는 광주 춘궁리 철불 같은 대형 철불이 많이 조성되었다. 12년 지방9급　O|X
2. 통일신라 불상의 양식이 계승되기도 하였지만 논산 관촉사 석조 미륵보살 입상, 안동 이천동 석불, 파주 용미리 석불 입상과 같은 거대 석불도 조성되었다. 19년 경찰1차　O|X
3. 고려 시대의 문화유산으로는 안동 봉정사 극락전, 구례 화엄사 각황전이 있다. 24년 국가9급　O|X
4. 영주 부석사 무량수전은 주심포식 목조 건물이다. 19년 국가9급　O|X
5. 안동 봉정사 극락전은 1972년 보수 공사 중에 공민왕 때 중창하였다는 상량문이 나와 우리나라에서 가장 오래된 목조 건물로 보고 있다. 22년 국가9급　O|X
◆ 6. 팔작지붕인 봉정사 극락전은 주심포 양식의 건축물로 장엄하고 화려하다. 16년 국가7급　O|X
7. 개성 경천사지 10층 석탑은 서울 원각사지 10층 석탑 제작에 영향을 주었다. 24년 지역인재9급　O|X
8. 월정사 팔각 9층 석탑은 원의 석탑을 모방하여 제작하였다. 23년 국가9급　O|X
◆ 9. 팔각원당형의 승탑이 많이 만들어졌는데, 그 대표적인 예로 법천사 지광국사 현묘탑을 들 수 있다. 12년 지방9급　O|X
10. 여주 고달사지 승탑은 통일 신라의 팔각원당형 양식을 계승하였다. 23년 국가9급　O|X
11. 고려청자는 송나라 사신 서긍이 그 아름다움을 극찬하였다. 14년 국가7급　O|X
12. 자기 제작에 상감기법이 개발되어 무늬를 내는 데 활용되었으나 원 간섭기 이후에는 퇴조하였다. 20년 경찰1차　O|X
13. 원 간섭기에 송설체라는 새로운 글씨체가 도입되었다. 12년 경찰간부　O|X
14. 고려 후기에는 불화가 많이 그려졌는데 혜허의 관음보살도가 유명하다. 20년 경찰1차　O|X

출제경향

- 건축에서 공포 양식뿐만 아니라 지붕 양식도 출제.
- 불상과 건축물의 출제 비중이 높고 고난도 문제들도 집중.
- 문학이나 그림, 공예도 출제되기는 하지만 출제 빈도는 매우 낮음.

정답 및 해설
1 O 2 O 3 X 4 O 5 O 6 X 7 O 8 X 9 X 10 O 11 O 12 O 13 O 14 O

3 X 구례 화엄사 각황전은 조선 후기인 17세기 건축물이다.
6 X 봉정사 극락전은 맞배지붕 형태이다.
8 X 월정사 팔각 9층 석탑은 고려 전기의 석탑으로 원의 영향이 아니라 송의 영향을 받았다.
9 X 법천사 지광국사 현묘탑은 팔각원당형이 아닌 평면 사각형의 특이한 형태의 승탑이다.

2026
문동균 한국사
판서노트 1/2 특강

PART 04

근세 사회의 발전

T25 고려의 멸망과 조선의 건국	**T31** 사림의 대두와 4대 사화
T26 조선 초기 국왕의 업적(통치 체제의 정비)	**T32** 붕당의 출현 및 양난의 발발
T27 조선의 중앙 정치 조직	**T33** 붕당 정치의 전개
T28 조선의 지방 통치 조직	**T34** 조선 전기의 사회
T29 조선의 군사 제도	**T35** 조선 전기의 경제
T30 조선 초기의 대외 관계	**T36** 조선 전기의 문화

T25 고려의 멸망과 조선의 건국

📝 사료 Check

20년 소방간부후보

"과인이 요동을 공격하고자 하니 경 등은 마땅히 힘을 다하라." 하니, (가) 이/가 아뢰기를, "지금에 출사하는 일은 네 가지의 옳지 못한 점이 있습니다. 작은 나라로서 큰 나라에 거역하는 것이 한 가지 옳지 못함이요, 여름철에 군사를 동원하는 것이 두 가지 옳지 못함이요, 온 나라 군사를 동원하여 멀리 정벌하면, 왜적이 그 허술한 틈을 탈 것이니 세 가지 옳지 못함이요, 지금 한창 장마철이므로 활은 아교가 풀어지고, 많은 군사들은 역병을 앓을 것이니 네 가지 옳지 못합니다."라고 하였다.

19년 지방직 9급

그와 남은이 임금을 뵈옵고 요동을 공격하기를 요청하였고, 그리하여 급하게 「진도(陣圖)」를 익히게 하였다. 이보다 먼저 좌정승 조준이 휴가를 받아 집에 있을 때, 그와 남은이 조준을 방문하여, "요동을 공격하는 일은 지금 이미 결정되었으니 공(公)은 다시 말하지 마십시오."라고 말하였다.

23년 국회직 9급

임금의 자질에는 어리석은 자질도 있고 현명한 자질도 있으며, 강력한 자질도 있고 유약한 자질도 있어서 한결같지 아니하다. 임금의 아름다운 점은 따르고 나쁜 점은 바로 잡으며, 옳은 일은 받들고 옳지 않은 것은 막아서, 임금이 가장 올바른 경지에 들어가게 해야 한다.
- 『조선경국전』 -

📖 문쌤의 분석

(가)는 조선 태조 이성계로, 요동 정벌에 대해 반대한 4불가론의 내용이다. 태조는 단독으로 출제할 내용이 많지 않은 인물로, 국왕으로서의 업적보다는 고려 말 왜구 격퇴 내용이 출제 확률이 더 높다.

밑줄 친 '그'는 정도전이다. 요동 정벌 주장과 '진도(진법서)'가 포인트이다. 조선 초 관련 내용 중에는 태조보다 정도전의 출제 비중이 더 높다(사료도 더 다양함).

정도전이 저술한 『조선경국전』의 내용으로, 재상(신권) 중심의 정치와 왕권 견제를 강조하고 있다. 『조선경국전』이나 재상 중심 정치 강조는 정도전 관련 지문으로도 자주 출제되는 내용이다.

✏️ 기출 지문 Check

1. 여말 선초 사건 순서: 위화도 회군 → 공양왕 폐위 → 과전법 실시 → 정몽주 암살
   17년 서울7급 O | X
2. 위화도 회군 이후 황산 대첩에서 왜구를 토벌하였다. 24년 국가9급 O | X
3. 위화도 회군 이후 한양으로 도읍을 이전하였다. 24년 국가9급 O | X
♦ 4. 태조 이성계는 요동 정벌을 추진하였고 정도전과 남은은 군사 훈련을 강화하였다.
   16년 서울9급 O | X
5. 태조는 한양으로 천도하고 한성부로 이름을 바꾸었다. 18년 국가7급 O | X
6. 정도전은 궁궐의 전당과 도성의 성문에 유교적 윤리 덕목과 오행 사상이 담긴 이름을 지었다. 17년 경찰간부 O | X
7. 정도전은 불교 비판서인 『불씨잡변』을 남겼다. 15년 사회복지9급 O | X
8. 정도전은 국왕 중심의 정치 운영 체제를 지향하였다. 18년 경찰간부 O | X
9. 정도전은 조준 등과 함께 급진적인 전제 개혁을 추진하였으며 고려 왕조를 부정하는 역성혁명을 주장하였다. 14년 서울7급 O | X
10. 정도전은 『경제문감』을 저술하여 재상 중심의 정치를 주장하였다. 19년 지방9급 O | X
♦ 11. 정도전은 맹자의 역성혁명론을 조선 건국에 적용하였다. 19년 지방9급 O | X

📕 출제경향

- 태조보다는 정도전 관련 내용이 자주 출제(정도전 관련 지문은 난도가 점차 높아지고 있는 추세).
- 조선 건국 순서나 건국 전후의 주요 사건 출제(무인정사, 박포의 난처럼 사건 이름이 다양하게 불리기 때문에 주의할 필요가 있음).

🔍 **정답 및 해설** 1 X 2 X 3 O 4 O 5 O 6 O 7 O 8 X 9 O 10 O 11 O

1. X 위화도 회군 → 과전법 실시 → 정몽주 암살 → 공양왕 폐위 순으로 발생하였다.
2. X 위화도 회군은 1388년, 황산 대첩은 우왕 때인 1380년의 일이다.
8. X 정도전은 재상 중심의 정치를 추구했다.

T26 조선 초기 국왕의 업적(통치 체제의 정비)

사료 Check

19년 법원직

(가) 의정부의 여러 일을 나누어 6조에 귀속시켰다. …… 처음에 왕은 의정부의 권한이 막중함을 염려하여 이를 없앨 생각이 있었지만, 신중히 여겨 서둘지 않았다가 이때에 이르러 단행하였다. 의정부가 관장한 일은 사대 문서와 중죄수의 심의에 관한 것뿐이었다.

(나) 상왕이 나이가 어려 무릇 조치하는 바는 모두 대신에게 맡겨 논의 시행하였다. 지금 내가 명을 받아 왕통을 물려받아 군국 서무를 아울러 자세히 듣고 헤아려 다 조종의 옛 제도를 되살린다. 지금부터 형조의 사형수를 뺀 모든 서무는 6조가 저마다 직무를 맡아 직계한다.

15년 기상직 9급

육조직계제를 시행한 이후, 일에 대소경중(大小輕重)이 없고 모두 육조로 돌아가 의정부와 관련을 맺지 않고 의정부 관여 사항은 오직 사형수를 논결하는 일뿐이므로 옛날부터 재상을 임명한 뜻에 어긋난다. … 육조는 저마다 모든 직무를 먼저 의정부에 알리고, 의정부는 가부를 헤아린 뒤에 계문하고 전지를 받아 육조에 내려 보내 시행토록 한다.

문쌤의 분석

(가)는 태종, (나)는 세조의 6조 직계제 사료이다. 6조 직계제의 내용보다는 디테일한 표현을 통해 구분해야 하는 사료이다. 세조는 상왕의 나이가 어리다(단종)는 내용이나 옛 제도를 되살린다(복구)는 내용 등 장해 태종과 구분이 가능하다.

세종 대의 의정부서사제 실시에 관한 사료이다. 육조직계제와 대비되는 내용 때문에 함께 사료로 출제되는 경우가 많다. 육조직계제와 구분되는 포인트를 정확하게 파악하고 있어야 한다.

기출 지문 Check

1. 태종은 언론 기관인 사간원을 독립시켜 대신을 견제하게 하였다. 11년 국가7급 O│X
2. 태종은 호패법을 실시하였다. 24년 지역인재9급 O│X
3. 태종은 사병을 혁파하여 왕권을 강화하였다. 25년 서울9급 1차 O│X
4. 세종은 안정된 왕권과 경제력을 바탕으로 의정부 서사제를 시행하여 왕권과 신권의 조화를 추구하였다. 15년 서울9급 O│X
5. 세종은 『경국대전』을 완성하였다. 22년 지방9급 O│X
6. 세종 재위 시기에는 '전분6등법을 처음 시행하기 위해 찬반 의견을 묻는 관료'를 볼 수 있었다. 25년 국가9급 O│X
7. 세종은 『삼강행실도』를 편찬하였다. 25년 지방9급 O│X
8. 세종은 『동국여지승람』을 편찬하였다. 25년 지방9급 O│X
9. 세조는 계미자를 제작하였다. 23년 지역인재9급 O│X
10. 세조 대에는 집현전을 폐지하였다. 24년 국가9급 O│X
11. 세조 때는 길주 지방의 토호 세력이었던 이시애의 난이 발생하였다. 17년 서울7급 O│X
12. 세조는 6조 직계제를 실시하여 국왕 중심의 정치체제를 구축하였다. 21년 국가9급 O│X
◆ 13. 세조는 한양으로 다시 천도하면서 이궁인 창덕궁을 창건하였다. 21년 국가9급 O│X
14. 성종 대에는 집현전을 계승한 홍문관을 설치하고 경연을 활성화하였다. 22년 국회9급 O│X
15. 성종 대에는 역대 시와 산문의 정수를 모은 『동문선』을 편찬하였다. 12년 국가7급 O│X
16. 성종은 서울의 원각사 안에 대리석 10층탑을 건립하였다. 12년 지방9급 O│X

출제경향

- 세종의 출제 비중이 가장 높지만 그 외의 국왕들도 단독 출제 비중이 높은 단원.
- 최근 궁궐 건립 시기 관련 지문이 출제
- 국왕의 업적 관련해서 문화사 지문의 출제 비중↑ (편찬 서적 중심)
- 사료 난도가 점차 높아지고 있는 단원(특히 세조 관련 사료가 다양해지고 있음).

정답 및 해설
1 O 2 O 3 O 4 O 5 X 6 O 7 O 8 X 9 X 10 O 11 O 12 O 13 X 14 O 15 O 16 X

- 5 X 『경국대전』은 조선 성종 때 완성되었다.
- 8 X 조선 성종 때에는 『동국여지승람』이 편찬되었는데, 여기에는 군현의 연혁, 지세, 인물, 풍속, 산물, 교통 등이 자세히 수록되어 있다.
- 9 X 태종은 활자 주조를 담당하는 주자소를 설치하고 구리로 계미자를 주조하였다.
- 13 X 경복궁의 이궁인 창덕궁은 태종 때 건립되었다.
- 16 X 세조 때 원각사지 10층탑이 세워졌다.

T27 조선의 중앙 정치 조직

사료 Check

16년 기상직 9급

이것은 마땅히 명망이 우선되어야 하고 탄핵은 뒤에 해야 한다. … 천하의 득실과 백성을 이해하고 사직의 모든 일을 간섭하고 일정한 직책에 매이지 않는 것은 홀로 재상만이 행할 수 있으며 간관만이 말할 수 있을 뿐이니, 간관의 지위는 비록 낮지만 직무는 재상과 대등하다.

- 삼봉집 -

문쌤의 분석

밑줄 친 '이것'은 대관(사헌부)이다. 정도전이 대간의 역할을 강조한 사료로, 대간의 경우 역할뿐만 아니라 다른 시대(고려)와의 비교도 중요하다.

21년 지방직 9급

- 무릇 관직을 받은 자의 고신(임명장)은 5품 이하일 때는 (가) 과/와 사간원의 서경(署經)을 고려하여 발급한다.
- (가) 는/은 시정(時政)을 논하고, 모든 관원을 규찰하며, 풍속을 바르게 하는 등의 일을 맡는다.

- 경국대전 -

(가)는 사헌부이다. 조선의 중앙 정치 기구는 사료와 함께 출제되는 경우가 많지 않다. 두 번째 사료로 인해 정답 유추가 어렵지 않았지만 서경권이 사간원과 사헌부의 권한이기 때문에 첫 번째 사료만으로도 문제 출제가 가능하다.

기출 지문 Check

1. 조선에서 국왕 다음의 최고 권력 기관은 의정부로서 중국에는 없었던 조선 독자의 관청이다. 13년 서울7급 O | X
2. 6조 가운데 이조·병조의 정랑·좌랑은 각각 문관과 무관의 인사권을 행사하였다. 13년 서울7급 O | X
3. 이조전랑은 삼사의 관리를 추천하는 권한이 있었다. 19년 국가9급 O | X
4. 의금부와 승정원은 왕권을 강화하는 데 기여하였다. 16년 경찰2차 O | X
5. 승정원은 왕명의 출납을 담당하고, 도승지 이하 6승지가 6조를 분담했다. 10년 법원9급 O | X
6. 삼사는 권력의 독점과 부정을 방지하는 데 기여하였다. 15년 국가9급 O | X
7. 삼사는 '맑고 중요한 자리'라 하여 청요직(淸要職)이라 불렸다. 11년 지방7급 O | X
8. 사간원은 국왕에게 간쟁하고 봉박, 서경권을 행사하였다. 25년 서울9급 1차 O | X
9. 홍문관은 경연을 주관하며 왕의 자문을 담당하였다. 25년 서울9급 1차 O | X
10. 홍문관은 집현전을 계승하여 설치하였으며 옥당으로 일컬어졌다. 15년 법원9급 O | X
11. 사헌부와 사간원, 홍문관은 서경권을 가지고 있었다. 19년 경찰1차 O | X
12. 홍문관은 서적 출판 및 간행의 업무를 전담하였다. 19년 국가9급 O | X
13. 교서관은 국왕의 교서를 작성하는 역할을 하였다. 16년 경찰2차 O | X
14. 춘추관은 외교문서를 작성하였다. 22년 국가9급 O | X

출제경향

- 난도가 일정하지 않은 단원(매우 쉽거나 매우 어려운 내용이 출제) but 함정 지문이 규칙적인 편(예: 교서관의 교서 작성).
- 중앙 부처의 다른 이름(남궁, 백부, 옥당 등)이 출제되는 경우가 있음.
- 다른 시기의 기관 중 같은 역할을 가진 기관들을 중심으로 공통점과 차이점을 알아둘 필요가 있음(특히 고려 시대).
- 출제 빈도가 높지 않은 주제였으나 2018년 출제 빈도가 높았음.

정답 및 해설
1 O 2 O 3 O 4 O 5 O 6 O 7 O 8 O 9 O 10 O 11 X 12 X 13 X 14 X

11 X 조선 시대 사헌부와 사간원을 합쳐 양사(대간)라 부르는데, 양사는 5품 이하의 관리를 임명할 때 동의하는 서경권을 행사하였다(홍문관 제외).
12 X 서적 출판 및 간행의 업무를 맡은 기관은 교서관이다.
13 X 교서관은 궁중의 서적을 간행하는 기관이다. 국왕의 교서를 작성한 곳은 예문관이다.
14 X 춘추관은 역사서 편찬과 보관을 담당하였다. 외교 문서 작성은 승문원에서 담당하였다.

T28 조선의 지방 통치 조직

사료 Check

17년 지방직 7급

임금께서 말하기를, "칠사(七事)라는 것은 무엇인가?" 하니, 변징원이 대답하기를, "농상(농사와 양잠)을 성하게 하는 일, 학교를 일으키는 일, 소송을 간략하게 하는 일, 간활(간사하고 교활함)을 없애는 일, 군정(軍政)을 닦는 일, 호구를 늘리는 일, 부역을 고르게 하는 일이 바로 칠사입니다."라고 하였다.

- 성종실록 -

22년 소방간부후보

주부군현(州府郡縣)에는 대부분 지역 토착민 가운데 같은 성씨를 가진 유력 집단인 토성이 있습니다. 토성 출신 가운데 도성에 살면서 관직에 있는 자들의 모임이 있습니다. 이곳에서는 자신의 고향에 거주하는 토성 중에서 강직하고 명석한 자들을 선택하여 (가) 에 두고 간사한 관리의 범법 행위를 조사하고 살피는 등 풍속을 바로 잡았는데, 그 유래가 이미 오래되었다고 합니다.

문쌤의 분석

수령의 임무를 나타내는 수령 7사의 내용이다. 공무원 시험에서는 2017년에 처음 출제되었지만 한능검에서는 몇 차례 출제된 내용이다. 최근 소방직, 국가직 9급, 법원직 9급 시험에서도 수령 7사를 응용한 형식의 문제가 출제되었다.

(가)에 해당하는 기구는 유향소이다. 경재소(토성 출신 가운데 도성에 살면서 관직에 있는 자들의 모임)에서 유향소를 통제하는 내용이 키워드인 사료로, 22년 법원직에서는 좌수와 별감이 키워드로 문제가 출제되었다.

기출 지문 Check

1. 모든 군현에 수령을 파견하고 전국 8도에 관찰사를 파견하였다. 13년 경찰2차 ○ | X
2. 지역 양반은 유향소를 구성하여 향리를 규찰하고 향촌 질서를 바로잡았다. 18년 서울9급(기술직) ○ | X
3. 향리는 6방으로 나누어 실무를 맡았다. 22년 서울9급 1차 ○ | X
4. 유향소는 경재소를 통해 중앙의 통제를 받았다. 22년 법원9급 ○ | X
5. 유향소는 수령을 보좌하고 향리를 감찰하는 역할을 하였다. 22년 법원9급 ○ | X
6. 유향소는 전통적 공동 조직에 유교 윤리를 가미하여 만들었다. 22년 법원9급 ○ | X
7. 유향소는 좌수와 별감을 중심으로 운영되었다. 22년 소방간부 ○ | X
8. ◆ 원악향리처벌법을 제정하여 향리(鄕吏) 세력을 억압하였다. 08년 지방7급 ○ | X
9. 군현 밑에는 면·리·통을 두고 다섯 집을 1통으로 편제하였다. 18년 서울7급 2차 ○ | X
10. 지방관은 일정한 임기 동안 지방을 다스리되 출신 지역에 임명될 수 없었다. 16년 경찰간부 ○ | X
11. ◆ 수령 7사에는 '유학에 힘쓰게 한다.', '도적이 없게 한다.', '호적을 정리하고 군역과 요역을 감독한다.', '중앙의 명령을 전달한다.' 등의 내용이 포함된다. 17년 지방 7급 ○ | X

출제경향

- 최근 시험에서 수령 7사 관련 문제나 지문의 출제 비중이 높아지고 있어서 이를 정확하게 암기해야 함.
- 일부 직렬에서 유향소 단독 문제 출제(향약이나 경재소 등 다른 조직과 혼동하기 쉬운 내용들이 있어 주의가 필요함).

정답 및 해설 1 ○ 2 ○ 3 ○ 4 ○ 5 ○ 6 X 7 ○ 8 ○ 9 ○ 10 ○ 11 X

6 X 향약에 대한 설명이다.
11 X 유학에 힘쓰게 한다는 내용만 해당한다. 수령 7사에는 농상(농사와 양잠)을 성하게 하는 일, 유학을 일으키는 일, 소송을 간략하게 하는 일, 간활(간사하고 교활함)을 없애는 일, 군정(軍政)을 닦는 일, 호구를 늘리는 일, 부역을 고르게 하는 일이 포함된다.

T29-30 조선의 군사 제도와 초기 대외 관계

📝 사료 Check

21년 경찰 2차

전하께서 신에게 명하여 해동 여러 나라와 조빙(朝聘)으로 왕래한 고사(故事), 관곡(館穀)을 주어 예우한 전례를 찬술해 가지고 오라 하셨다. 나는 삼가 옛 문적을 상고하고, 보고 들은 것을 덧붙여서, 지도를 그리고 간략히 세계(世系)의 본말과 풍토를 서술하고, 우리나라에서 접대하던 절차에 이르기까지 수집해 모아 책을 만들어 올렸다.

 문쌤의 분석

세종 때 일본에 다녀온 신숙주가 성종 때인 1471년에 왕명을 받아 편찬한 『해동제국기』의 서문 내용이다. 편찬 시기(조선 성종)와 관련된 문제의 사료로 출제되었다. 지문으로도 자주 출제되는 내용이기 때문에 인물과 시기를 중심으로 암기해두어야 한다.

📝 기출 지문 Check

1. 조선 전기의 중앙군은 궁궐과 서울을 수비하는 5위로 구성되어 있었다.
   08년 지방7급 ○│X
2. 잡색군에는 서리, 잡학인, 신량역천인 등이 소속되어 유사시에 동원되었다.
   12년 국가7급 ○│X
◆ 3. 이성계가 이인임의 아들이었다는 중국 측 기록을 둘러싸고 조선과 명 사이에 갈등이 있었다. 12년 지방9급   ○│X
◆ 4. 해외 견문 기록 편찬 순서: 『표해록』 → 『해동제국기』 → 『열하일기』 → 『서유견문』
   18년 국가9급 ○│X
5. 조선 전기에는 화이관(華夷觀)이라는 세계관에 바탕을 두고 사대교린(事大交隣)을 기본정책으로 삼았다. 19년 사회복지직   ○│X
6. 김종서는 세종의 명으로 두만강 유역의 여진족을 몰아내고 6진을 개척하였다.
   16년 사회복지9급 ○│X
◆ 7. 조선 초 대마도주가 무역을 요청해 오자 벼슬을 내려 조선의 신하로 삼고, 부산·인천·원산 3포를 열어 무역을 허용하였다. 18년 서울7급 2차   ○│X
8. 세조 대에 계해약조를 체결하였다. 23년 지역인재9급   ○│X
9. 유구와 교류하여 불경·유교 경전·범종 등을 전해 주었다. 19년 지방7급   ○│X

📕 출제경향

· 군사 제도 관련 문제의 출제 비중 및 난도↑
· 방위 체제 변화 시기와 관련된 내용(진관, 수성윤음, 유수부 등)이 출제.
· 대외 관계 문제 중 지엽적인 내용의 빈도↑
· 대외 관계와 서적 편찬 시기를 연계해 출제하는 경우가 있음.

🔍 **정답 및 해설** 1 ○ 2 ○ 3 ○ 4 X 5 ○ 6 ○ 7 X 8 X 9 ○

4 X 『해동제국기』(1471, 성종 2) → 『표해록』(1488, 성종 19) → 『열하일기』(정조) → 『서유견문』(1889년 완성, 1895년 출간)
7 X 3포는 부산포, 제포(진해), 염포(울산)를 말한다.
8 X 계해약조(1443)는 세종 대에 체결되었다(세견선 50척, 세사미두 200석으로 제한).

T31 사림의 대두와 4대 사화

📝 사료 Check

_{18년 지방직 7급}

'조룡(祖龍)이 어금니와 뿔을 휘두른다'고 한 것은 세조를 가리켜 시황제에 비긴 것이요, '회왕을 찾아내어 민망(民望)에 따랐다'고 한 것은 **노산군을 가리켜 의제(義帝)에 비긴 것**이고, '그 인의를 볼 수 있다'고 한 것은 노산을 가리킨 것이니 **의제의 마음에 비추어 말한 것**이다.

_{21년 소방간부후보}

정암은 타고난 자질이 참으로 아름다웠으나 학문이 충실하지 못하여 시행한 것에 지나침이 있었기 때문에 결국 실패하고 말았다. … (중략) … 요순시대의 임금과 백성같이 되게 하는 것이 아무리 군자의 뜻이라 하더라도 때와 역량을 헤아리지 못한다면 안 되는 것이다. **기묘(己卯)의 실패**는 여기에 있었다.

_{21년 국가직 9급}

(가) 이/가 올립니다. "지방의 경우에는 관찰사와 수령, 서울의 경우에는 홍문관과 육경(六卿), 그리고 대간(臺諫)들이 모두 **능력 있는 사람을 천거**하게 하십시오. 그 후 대궐에 모아 놓고 친히 여러 정책과 관련된 대책 시험을 치르게 한다면 인물을 많이 얻을 수 있을 것입니다. 이는 역대 선왕께서 하지 않으셨던 일이요, 한나라의 **현량과**와 방정과의 뜻을 이은 것입니다. 덕행은 여러 사람이 천거하는 바이므로 반드시 헛되거나 그릇되는 일이 없을 것입니다."

📖 문쌤의 분석

김종직이 저술한 '조의제문'에 대한 비판 내용이다. 주로 '조의제문'의 내용이 출제되는 것과 달리 그에 대한 해석이 출제된 것이 특징이다. 사료의 노산군은 단종을 의미한다.

두 사료는 모두 조광조와 관련된 사료이다. 조광조의 호(정암)와 추진 정책(현량과)이 사료로 출제되었는데 특히 첫 번째 사료의 출제 비중이 높다. 과거에는 단순히 사화의 순서를 나열하는 문제의 비중이 높았으나 최근에는 김종직과 조광조 인물사 문제나 중종·명종 대의 왕대사 문제의 출제 비중이 높아지고 있는 것이 특징이다.

✏️ 기출 지문 Check

◆ 1 훈구파는 성리학 이외의 사상, 학문을 배격하였다. _{10년 법원9급}　O X
　2 훈구파는 문장을 중시하여 뛰어난 문학 작품이 많이 나왔다. _{15년 경찰간부}　O X
　3 사림은 향촌 자치를 내세우며, 도덕과 의리를 바탕으로 한 왕도 정치를 강조하였다. _{13년 국가9급}　O X
　4 사림은 도덕과 의례의 기본 서적인 『소학』을 보급하였다. _{15년 국가9급}　O X
　5 김종직이 세조의 즉위를 비판하여 지은 「조의제문」이 무오사화를 불러 일으켰다. _{14년 서울7급}　O X
◆ 6 김종직은 길재의 학통을 잇고 세조 대에 정계에 나아갔다. _{14년 국가7급}　O X
　7 갑자사화는 왕의 모후인 폐비 윤씨의 사망에 대한 책임을 물어 당시 관련자들을 처벌한 사건이다. _{13년 서울7급}　O X
　8 중종 대에는 『이륜행실도』가 간행되었다. _{13년 경찰2차}　O X
　9 조광조는 관리들에게 '신언패(愼言牌)'를 차고 다니게 하였다. _{11년 국가9급}　O X
　10 조광조는 위훈(僞勳) 삭제와 소격서 폐지를 주장하였다. _{21년 소방간부}　O X
　11 명종 대에는 불교의 선교 양종을 부활하고 선과를 다시 설치하였다. _{19년 국가7급}　O X
◆ 12 명종 대에는 삼포에서 4~5천 명의 일본인이 난을 일으켰다. _{20년 지방9급}　O X

📕 출제경향

· 훈구와 사림 비교 문제는 출제 빈도나 난도가 낮음(전형적인 지문 위주로 출제).
· 사화 관련해서는 사화의 순서 나열 문제와 조광조 인물사 문제의 출제 비중이 높음.
· 명종 왕대사 문제는 공무원 시험뿐만 아니라 한능검에서도 출제 빈도가 높기 때문에 주의 필요 (양재역 벽서 사건 등 심화 내용도 출제)

🔍 **정답 및 해설**　1 X　2 O　3 O　4 O　5 O　6 O　7 O　8 O　9 X　10 O　11 O　12 X

1　X 성리학에만 국한하지 않고 한·당 유학, 불교, 도교, 풍수지리 사상, 민간 신앙 등을 포용했다.
9　X 신언패는 연산군이 관리들에게 말을 삼가하도록 하기 위해 차게 한 패이다.
12　X 삼포왜란은 중종 때인 1510년(중종 5) 부산포·내이포(제포)·염포 등 삼포에서 거주하고 있던 왜인들이 난을 일으킨 사건이다.

T32 붕당의 출현 및 양난의 발발

📝 사료 Check

24년 지방직 9급

당초에 **강홍립** 등이 압록강을 건너게 된 것은 **왕**이 명 조정의 지원군 요청을 거부하기 어려워 출사시킨 것이었다. 우리나라는 애초부터 그들을 원수로 대하지 않아 싸울 뜻이 없었다. 그래서 왕이 **강홍립에게 비밀리에 명령을 내려 오랑캐와 몰래 통하게 하였던 것** 이다.

24년 국가직 9급

홍서봉 등이 한(汗)의 글을 받아 되돌아왔는데, 그 글에, "**대청국의 황제**는 조선의 관리와 백성들에게 알린다. **짐이 이번에 정벌하러 온 것**은 원래 죽이기를 좋아하고 얻기를 탐해서가 아니다. 본래는 늘 서로 화친하려고 했는데, 그대 나라의 군신이 먼저 불화의 단서를 야기시켰다."라고 하였다.

문쌤의 분석

밑줄 친 '왕'은 광해군이다. 명과 후금 사이의 중립외교와 관련된 사료로, 강홍립 관련 내용은 인목대비의 광해군 폐위 교서와 함께 광해군 문제에서 출제 비중이 높은 사료이다.

병자호란 관련 사료로, 대청국 황제가 조선을 정벌하러 왔다는 내용이 키워드이다. 키워드(대청국)가 명확하고 짧은 사료였지만 기존에 출제된 적이 없는 사료라 수험생의 체감난도가 높았다. 한능검에서는 다양한 사료가 출제된 주제지만 아직 공무원 시험에서는 출제 빈도나 사료의 다양성이 떨어지는 편이다.

📝 기출 지문 Check

1. 김효원과 심의겸이 이조전랑직을 두고 대립하면서 사림을 중심으로 정치적, 학문적 견해 차이에 따른 붕당정치가 나타났다. 15년 서울9급 O | X

2. ♦ 첨사 정발은 부산포에서, 도순변사 신립은 상주에서 일본군과 맞서 싸웠지만 패배하였다. 17년 지방9급 O | X

3. 순서: 이순신 장군이 한산도 앞바다에서 왜의 수군을 격퇴하고 제해권을 장악하였다. → 진주목사 김시민이 왜의 대군을 맞아 격전 끝에 진주성을 지켜냈다. → 조선과 명나라 군대가 합세하여 평양성을 탈환하였다. → 권율 장군이 행주산성에서 왜군을 크게 무찔렀다. 16년 국가9급 O | X

4. 임진왜란의 영향으로 일본의 도자기 문화가 발달하였다. 22년 법원9급 O | X

5. ♦ 광해군 재위 시기에는 전국에 대동법을 실시하였다. 24년 지방9급 O | X

6. 광해군 재위 시기에는 허준이 『동의보감』을 편찬하였다. 24년 지방9급 O | X

7. 광해군 재위 시기에 일본과 제한된 범위의 무역을 허용하는 기유약조를 맺었다. 25년 국가9급 O | X

8. 광해군 재위 시기에 삼수병으로 구성된 훈련도감을 설치하였다. 25년 국가9급 O | X

9. 임진왜란과 병자호란 사이에는 영창대군이 사망하였다. 23년 지방9급 O | X

10. 병자호란의 결과 삼전도비가 세워졌다. 24년 국가9급 O | X

11. 병자호란 때 인조는 강화도로 피난하였다. 24년 국가9급 O | X

12. 병자호란 때 정봉수는 용골산성에서 항전하였다. 24년 국가9급 O | X

13. 소현 세자는 서양인 신부 아담 샬과 교류하면서 서양 문물을 들여왔다. 23년 계리직 O | X

14. 효종은 남한산성을 복구하고 어영청을 확대하였다. 18년 지방9급 O | X

출제경향

- 임진왜란은 순서 나열 문제의 출제 비중이 높음 (최근 자세한 사건까지 출제되면서 난도가 높아지고 있는 추세).
- 광해군의 출제 비중↑
- 최근 호란 관련 문제의 출제 비중↑ (난도도 상승)
- 공무원 시험에서 출제 빈도가 낮았던 의병장(곽재우) 관련 내용 출제. 임진왜란과 병자호란 당시 활약한 인물들 중 검정교과서나 한능검에서 중요하게 다루는 인물들을 체크할 필요가 있음.

🔍 정답 및 해설
1 O 2 X 3 O 4 O 5 X 6 O 7 O 8 X 9 O 10 O 11 X 12 X 13 O 14 O

2. X 상주에서 분전한 인물은 이일이다. 신립은 충주 탄금대 전투에서 패전하였다.
5. X 광해군은 1608년에 경기도에서 대동법을 처음 실시하였다(전국 실시는 숙종 때).
8. X 삼수병으로 구성된 훈련도감이 설치된 것은 선조 때인 1593년의 일이다.
11. X 정묘호란 때 인조가 강화도로 피난하였고, 병자호란 때에는 소현세자와 함께 남한산성으로 들어가 항전하였다.
12. X 정묘호란 때 정봉수와 이립 등이 의병을 일으켜 관군과 합세하여 싸웠다.

T33 붕당 정치의 전개

📝 사료 Check

18년 국가직 7급

예조가 아뢰기를, "자의 왕대비께서 선왕의 상에 입어야 할 복제를 결정해야 하는데, **어떤 사람은 삼년복을 입어야 한다고 하고 어떤 사람은 기년복(期年服)을 입어야 한다고 하니** 어떻게 결정해야 할지 모르겠습니다."라고 하였다. 이에 국왕은 여러 대신에게 의견을 물은 다음 **기년복으로 결정하였다.**
- 조선왕조실록 -

23년 국가직 9급

상소하여 아뢰기를, "신이 좌참찬 **송준길**이 올린 차자를 보았는데, **상복(喪服) 절차**에 대하여 논한 것이 신과는 큰 차이가 있었습니다. 장자를 위하여 3년을 입는 까닭은 위로 '**정체(正體)**'가 되기 때문이고 또 전중(傳重: 조상의 제사나 가문의 법통을 전함)하기 때문입니다. …(중략)… 무엇보다 중요한 것은 할아버지와 아버지의 뒤를 이은 '정체'이지, 꼭 첫째이기 때문에 참최 3년복을 입는 것은 아닙니다."라고 하였다. - 『현종실록』 -

🔍 문쌤의 분석

기해예송 관련 사료이다. 선왕(효종)의 상에 입어야 할 복제를 둘러싸고 삼년복과 기년복(1년복)의 의견이 대립했다는 것을 통해 이를 알 수 있다.

현종 때 발생한 기해예송(1659) 당시 남인의 주장 내용이다. 기존에는 3년설이나 기년복 등 포인트가 명확한 사료가 출제되었으나 최근에는 **상대편 주장(체이부정)에 대한 반박**이나 주요 인물(송준길) 등을 키워드로 하는 고난도 사료가 출제되고 있다.

✏️ 기출 지문 Check

1. 남인은 이이와 성혼의 문인을 중심으로 형성되었다. 23년 국가9급 O | X
2. 광해군 대에는 북인이 집권하였다. 23년 지방9급 O | X
3. 서인은 인조반정으로 몰락하였다. 24년 법원9급 O | X
◆ 4. 노론은 윤증을 중심으로 결집하여 실리를 중시하는 한편 적극적인 북방 개척을 주장하는 경향을 보였다. 15년 경찰3차 O | X
5. 남인의 주장은 1차, 2차 예송에서 모두 채택되었다. 17년 법원9급 O | X
6. 예송 당시 서인(西人)은 국왕의 예(禮)에 적용되는 원리가 일반인과 다르다고 주장하였다. 08년 지방7급 O | X
7. 기해예송 논쟁의 결과 3년복이 채택되어 남인이 권력에서 물러났다. 10년 법원9급 O | X
◆ 8. 기해예송 당시 윤휴는 왕통을 이었으면 적장자로 보아야 하므로 3년복을 입어야 한다고 주장하였다. 18년 국가7급 O | X
◆ 9. 기해예송 당시 송시열은 '체이부정(體而不正)'을 내세워 기년복을 입어야 한다고 주장하였다. 18년 국가7급 O | X
10. 기해예송 때는 『국조오례의』의 상복 규정에 따라 기년복으로 결정되었다. 18년 국가7급 O | X
11. 갑인예송에서 남인은 조대비가 9개월복의 상복을 입어야 한다고 주장하였다. 14년 지방9급 O | X

📕 출제경향

- 최근 시험에서 대표적인 인물(정철, 윤선도 등)과 연계해서 붕당의 특징 출제(대표적 인물 암기 필요).
- 예송은 공무원 시험 단골 출제 내용(최근에도 출제 빈도 높음).
- 예송에서 각 붕당의 근거(체이부정 등)가 매우 자세하게 출제.

🔎 정답 및 해설   1 X 2 O 3 X 4 X 5 X 6 X 7 X 8 O 9 O 10 X 11 X

1. X 서인이 이이와 성혼의 문인을 중심으로 형성되었다. 남인은 이황의 학통을 계승하였다.
3. X 인조반정으로 몰락한 것은 북인이다.
4. X 노론이 아니라 소론에 대한 설명이다.
5. X 1차 예송(기해예송)에서는 서인의 주장(1년상)이 채택되었다.
6. X 남인은 국왕의 예(禮)에 적용되는 원리가 일반인과 다르다는 왕자례부동사서를 주장하며 왕권의 강화를 추구하였고, 서인은 왕과 사대부는 동일한 예가 적용되어야 한다는 천하동례를 주장하며 신권을 강조하였다.
7. X 기해예송(1659, 1차 예송)에서는 서인의 1년설(기년설)이 받아들여졌다.
10. X 『주자가례』를 근거로 기년설이 받아들여졌다(『국조오례의』를 근거로 삼은 것은 남인의 3년설).
11. X 2차 예송인 갑인예송(1674)에서는 서인은 자의대비(조대비)가 9개월 동안 상복을 입어야 한다고 주장하였고, 남인은 1년 동안 상복을 입어야 한다고 주장하였다.

T34 조선 전기의 사회

📝 사료 Check

20년 경찰간부후보

가입하기를 원하는 자에게는 반드시 먼저 규약문을 보여주고, 몇 달 동안 실행할 수 있는가를 스스로 헤아려 본 뒤에 가입하기를 청하게 한다. 가입을 청하는 자는 반드시 단자에 참가하기를 원하는 뜻을 자세히 적어 모임이 있을 때에 진술하고, 사람을 시켜 **약정(約正)에게 바치면** 약정은 여러 사람에게 물어서 좋다고 한 다음에야 글로 답하고, 다음 모임에 참여하게 한다.

- 율곡전서 -

19년 국가직 9급

주세붕이 비로소 (가) 을/를 창건할 적에 세상에서 자못 의심했으나, 그의 뜻은 더욱 독실해져 무리들의 비웃음을 무릅쓰고 비방을 극복하여 전례 없던 장한 일을 이루었습니다. …(중략)… 최충, 우탁, 정몽주, 길재, 김종직, 김굉필 같은 이가 살던 곳에 **(가) 을/를** 건립하게 될 것입니다.

- 율곡전서 -

🧑‍🏫 문쌤의 분석

향약에 대한 사료이다. '약정'은 향약의 간부직이다. 향약은 단독 출제 비중이나 난도가 높지 않다. 고려 시대의 향도 내용이 오답으로 출제되기 때문에 구분해서 암기해야 한다.

(가)는 서원이다. 최근에는 단순하게 서원의 기능이나 특징을 묻는 문제에서 대표적인 인물이 배향된 서원을 묻는 문제가 출제되고 있다. 돈암서원에 배향된 김장생(한능검 고급 44회), 자운서원에 배향된 이이(20년 소방)가 출제되어 대표적인 인물들은 배향 서원까지 암기할 필요가 있다.

📝 기출 지문 Check

1. 조선 시대의 신분은 법제상 양인과 천민으로 구분되었다. 08년 국가7급 ○ | X
2. 중앙과 지방에 있는 관청의 서리와 향리 및 기술관은 직역을 세습하고, 같은 신분 안에서 혼인하였으며, 관청에서 가까운 곳에 거주하였다. 17년 경찰1차 ○ | X
3. 서얼은 『경국대전』에 의해 문과 응시가 가능했지만 실제로는 제약을 받았다. 13년 국가7급 ○ | X
4. ◆ 조선시대 사노비는 주인이 마음대로 매매·양도·상속할 수 있었을 뿐 아니라, 주인이 사노비를 함부로 죽이거나 사형(私刑)을 가하는 게 법으로 허용되었다. 19년 서울7급 1차 ○ | X
5. 중앙 관청에 소속된 공노비는 하급 기술관직에 임용되기도 하였다. 22년 계리직 ○ | X
6. 소송은 원칙적으로 신분에 관계없이 제기할 수 있었다. 18년 경찰3차 ○ | X
7. ◆ 동일한 범죄에 대해서는 신분에 관계없이 동일한 처벌이 따랐다. 18년 경찰3차 ○ | X
8. 조선 초기의 족보는 친손과 외손을 구별하지 않고 모두 수록하였다. 17년 지방9급 ○ | X
9. 현존하는 가장 오래된 족보는 성종 7년에 간행된 『문화 류씨 가정보』이다. 17년 지방9급 ○ | X
10. 주세붕은 최초의 서원인 백운동 서원을 세웠다. 13년 법원9급 ○ | X
11. 서원은 선현에 대해 제사 지내고 인재 교육, 향음주례 등의 역할을 담당하였다. 13년 서울9급 ○ | X
12. ◆ 향약은 어려운 일이 생겼을 때에 서로 돕는 역할을 하였고, 상두꾼도 이 조직에서 유래하였다. 13년 국가9급 ○ | X
13. 향약은 덕업상권, 과실상규, 예속상교, 환난상휼 등을 주요 강령으로 하였다. 15년 지방7급 ○ | X
14. 향약은 향촌 사회의 질서를 유지하고 치안을 담당하는 향촌의 자치 기능을 맡았다. 13년 국가9급 ○ | X

📕 출제경향

- 일부 직렬에서 노비 관련 문제가 지엽적인 내용까지 자세하게 출제(국회직과 서울시).
- 서원은 기능 중심으로 출제되었으나 최근에는 배향된 인물과 연계해 출제하는 경우가 있음.
- 향약은 출제 빈도가 높지 않고 전형적인 지문이 출제됨.

🔍 정답 및 해설 1 ○ 2 ○ 3 X 4 X 5 ○ 6 ○ 7 X 8 ○ 9 X 10 ○ 11 ○ 12 X 13 ○ 14 ○

- 3 X 서얼은 문과에 응시하는 것이 금지되었다.
- 4 X 노비를 관청에 고하지 않고 마음대로 죽이거나 노비에게 참혹한 형벌을 가하는 것을 금하고 이를 어긴 노비 소유주는 처벌하도록 되어 있었다.
- 7 X 조선 시대 형법에서는 신분에 따라 법의 적용에 차등을 두어 동일한 범죄라도 가해자와 피해자의 신분에 따라 형량이 큰 차이를 보였다.
- 9 X 현존하는 가장 오래된 족보는 『안동 권씨 성화보』이다. 『문화 류씨 가정보』는 『안동 권씨 성화보』가 발견되기 전까지 현존 최고(最古)의 족보로 알려졌었다.
- 12 X 상여를 메는 사람인 상두꾼은 향도에서 유래되었다.

T35 조선 전기의 경제

사료 Check

13년 지방직 9급

경기는 사방의 근본이니 마땅히 과전을 설치하여 사대부를 우대한다. 무릇 경성에 거주하여 왕실을 시위(侍衛)하는 자는 직위의 고하에 따라 과전을 받는다. 토지를 받은 자가 죽은 후, 그의 아내가 자식이 있고 수신하는 자는 남편의 과전을 모두 물려받고, 자식이 없이 수신하는 자의 경우는 반을 물려받는다. 부모가 모두 사망하고 그 자손이 유약한 자는 휼양전으로 아버지의 과전을 전부 물려받고, 20세가 되면 본인의 과에 따라 받는다.

— 고려사 —

17년 지방직 9급

국왕이 말했다. "나는 일찍부터 이 제도를 시행해 여러 해의 평균을 파악하고 답험(踏驗)의 폐단을 영원히 없애려고 해왔다. 신하들부터 백성까지 두루 물어보니 반대하는 사람은 적고 찬성하는 사람이 많았으므로 백성의 뜻도 알 수 있다."

문쌤의 분석

과전법 실시에 관한 사료이다. 경기의 토지를 과전으로 지급한 것과 수신전, 휼양전 등이 키워드이다.
과전법은 고려 전시과에 비해 출제 비중이 낮지만 고난도 지문(과전 지급 시기 등)이 출제된 적이 있어 주의해야 한다.

공법의 시행 배경(답험의 폐단)을 보여주는 사료이다. 공법은 정확하게는 풍흉에 따라 조세를 달리 한 것이지만 비옥도에 따라 차등 징수했다는 표현도 옳은 지문으로 출제된 적이 있다.

기출 지문 Check

1. 과전법에서는 토지를 받은 자가 죽거나 반역을 하면 국가에 반납하도록 정해져 있었다. 15년 서울7급 O | X
2. 과전은 성종 대까지 경기도에 한정되었다. 19년 사회복지직 O | X
3. 과전법은 전직 관리와 현직 관리에게 모두 수조권을 지급하였다. 19년 사회복지직 O | X
4. 조선에서는 경군이 복무하는 데에 드는 비용을 보조하기 위해 군인전을 지급하였다. 10년 국가7급 O | X
5. 관수관급제로 관료의 직접적인 수조권 행사를 금지하고 관청에서 수조권 행사를 대행하였다. 18년 지방7급 O | X
6. 관수관급제가 실시되어 국가의 토지 지배권이 한층 강화되었다. 12년 지방9급 O | X
7. 직전법 폐지로 인해 자영농의 숫자가 급속히 늘어나게 되었다. 12년 지방7급 O | X
8. 평안도와 함경도에서 거두는 조세는 경창으로 수송하지 않고 그곳의 군사비와 사신 접대비로 쓰게 하였다. 08년 국가9급 O | X
9. 공법은 답험손실의 폐단을 줄이려는 제도로, 백성들의 여론 조사까지 거쳤다. 15년 서울9급 O | X
10. 조선 세종 때에는 토지의 비옥도에 따라 6등급으로, 풍흉의 정도에 따라 9등급으로 나누어 조세를 부과하였다. 12년 지방7급 O | X
11. 조선 전기 밭농사는 조, 보리, 콩의 2년 3작이 널리 행해졌으며, 일부 남부 지방에서는 모내기가 보급되어 벼와 보리의 이모작이 가능해 생산량을 증가시킬 수 있었다. 17년 경찰1차 O | X
12. 조선 전기에는 정부가 조선통보를 유통시킴으로써 동전 화폐 유통이 활발해졌다. 13년 국가9급 O | X

출제경향

- 조선 전기 경제는 토지 제도 중심으로 출제, 최근 과전법 관련 지엽적인 지문의 출제 비중 증가 (난도↑)
- 공법의 출제 비중 증가(단독 문제 / 세종 관련 사료 / 지문 출제 비중 모두 증가)
- 고려 시대의 조운 제도가 출제되어 조선 시대의 조운 제도 내용도 주의할 필요가 있음.
- 시기별 농업 발달 모습은 7차 국정 또는 검정교과서 내용으로 한정해 출제하기 때문에 교과서의 표현을 중심으로 암기할 필요가 있음.
- 농서는 대체로 내용을 바꿔서 지문을 구성하지 않아 저자와 저서, 저술 시기를 중심으로 암기해야 함(농가집성이 조선 후기 농서인 것에 주의).

정답 및 해설   1 O 2 X 3 O 4 X 5 O 6 O 7 X 8 O 9 O 10 O 11 O 12 X

- 2 X 1417년(태종 17)에 과전의 3분의 1을 하삼도(충청도, 전라도, 경상도)에 옮겨 나누어 주었고, 1431년(세종 13)에는 이것을 경기도로 환급하였다.
- 4 X 군인전을 지급한 것은 고려 시대이다.
- 7 X 직전법이 폐지되자 관리들은 오직 녹봉만을 받게 되었으며 수조권에 입각한 토지 지배 관계가 소멸하고 소유권에 바탕을 둔 지주 전호제가 강화되었다. 이에 대부분의 농민은 토지를 잃고 소작농으로 전락하였다.
- 12 X 화폐 유통이 활발해진 것은 조선 후기의 모습이다.

T36 조선 전기의 문화(교육과 과거제도)

사료 Check

18년 교육행정 9급

우리 태조께서 즉위하시고 **국학(國學)**을 동북쪽에 설립하였는데, 그 규모와 제도가 완전하지 않은 것이 없었다. 건물을 지어 스승과 제자가 강학하는 장소로 삼고, 이를 **명륜당**이라고 하였다. 학관(學官)은 **대사성** 이하 몇 사람을 두는데, 아침에 북을 울리어 학생을 뜰 아래 도열시키고, 한 번 읍한 다음에 명륜당에 올라 경(經)을 가지고 논쟁 하며, 군신, 부자, 장유, 부부, 붕우의 도를 강론하였다.

18년 서울시 7급 2차

" (가) 를 **역을 피하는 곳**으로 삼거니와, 어쩌다 글을 아는 자가 있어도 도리어 (가) 에 이름을 두는 것을 부끄럽게 여겨 온갖 방법으로 교묘히 피하므로, **훈도·교수**가 되는 자가 초동(樵童)·목수(牧豎)의 나머지를 몰아다가 그 부족한 수를 채워 살아갈 길을 도모하고 있습니다."

- 중종실록 -

문쌤의 분석

성균관에 대한 사료이다. 국학(최고 교육 기관), 대사성(성균관 전임관) 등의 내용을 통해 다른 교육 기관과 구분할 수 있다. **명륜당과 대성전은 향교에도 있다는 점에 주의해야 한다.**

(가)는 향교이다. 서원이나 성균관과 착각할 수 있는 요소가 있어서 훈도·교수로 구분한다. 최근 교육 기관 관련 문제의 출제 빈도가 증가하고 있어 포인트를 정확하게 파악하고 있어야 한다.

기출 지문 Check

1. 성균관에는 생원이나 진사만 입학할 수 있었다. 17년 사회복지9급 O | X
2. 향교에는 천민도 입학이 허가되었다. 18년 서울7급 2차 O | X
3. 향교는 군현의 인구 비례로 정원을 배정하였다. 18년 서울7급 2차 O | X
4. 향교의 교생 가운데 시험 성적이 나쁜 사람은 군역에 충정되기도 하였다. 17년 사회복지9급 O | X
5. 향교에서 성적이 우수한 자는 문과(대과) 복시에 바로 응시할 수 있었다. 18년 서울7급 2차 O | X
6. 기술교육은 잡학이라 불렀는데 해당 관서에서 가르쳤다. 23년 계리직 O | X
7. 문과의 소과에는 경학에 뛰어난 인재를 선발하는 진사과와 문학적 재능이 뛰어난 인재를 선발하는 생원과가 있었다. 16년 서울7급 O | X
8. 문과 합격자에게는 합격 증서에 해당하는 백패를 수여했다. 18년 서울7급 1차 O | X
9. 『경국대전』에서는 탐관오리의 자식, 재가한 여자의 아들과 손자, 서얼의 문과 응시를 제한하고 있다. 18년 서울7급 1차 O | X
10. 생원과나 진사과의 초시에는 지역별 할당 인원을 정했지만, 문과의 경우는 지역 할당 없이 초시, 복시 모두 시험 성적순으로 뽑았다. 18년 서울7급 1차 O | X
11. 무과는 문과처럼 대과와 소과의 구별은 없었으나, 초시·복시·전시를 치르는 것은 문과와 마찬가지였다. 18년 경찰1차 O | X
12. 『경국대전』에 따르면 문과 시험 업무는 이조에서 주관하고, 정기 시험인 식년시는 3년마다 실시하는 것이 원칙이었다. 23년 지방9급 O | X

출제경향

- 최근 서원, 향교 등 교육 기관 출제 비중 증가(특히 향교).
- 문과 시험 주관 기관, 시강원, 기술관의 승진 한도 등 지엽적인 내용 출제.
- 함정 지문이 대체로 비슷하기 때문에 자주 출제되는 지문을 알아둘 필요가 있음.
- 혼용하는 표현들이 있어 지문을 상대적으로 볼 필요가 있음(예: 문과와 대과, 선현과 성현).

정답 및 해설   1 X 2 X 3 O 4 O 5 X 6 O 7 X 8 X 9 O 10 X 11 O 12 X

1. X 생원과 진사 외에도 관리 중 입학을 원하는 자나 사학생도, 공신과 3품 이상 관리의 적자 등도 입학할 수 있었다.
2. X 일반 평민은 입학할 수 있었으나 천민은 입학할 수 없었다.
5. X 성균관에 해당되는 내용이다(향교는 성적 우수자의 소과 초시 면제).
7. X 경학에 뛰어난 인재를 선발하는 것이 생원과이고, 문학적 재능이 뛰어난 인재를 선발하는 시험이 진사과이다.
8. X 문과(대과) 복시 합격자에게는 홍패가 수여되었다.
10. X 문과(대과)의 초시는 각 도의 인구 비율에 따라 선발되었다.
12. X 식년시는 3년마다 실시되었지만 문과 시험은 이조가 아닌 예조에서 주관하였다.

T36 조선 전기의 문화(편찬 사업)

사료 Check

19년 계리직

범례는 한결같이 『자치통감』에 의거하였고, 『강목』의 필삭한 취지에 따라 번다하고 쓸 모없는 것은 삭제해서 요령만 남겨 두려고 힘썼습니다. 삼국이 함께 대치하였을 때는 삼국기(三國紀)라 칭하였고, 신라가 통합하였을 때는 신라기(新羅紀)라 칭하였으며, 고려시대는 고려기(高麗紀)라 칭하였고, 삼한 이상은 외기(外紀)라 칭하였습니다.
- (가) 서문 -

20년 소방간부후보

천하는 아주 넓다. 안으로 중국에서부터 밖으로 사해(四海)에 이르기까지 그 거리가 몇천 몇만 리인지 알 길이 없다. 이를 줄여 몇 자(尺)의 화폭에 천하를 그리려 하다 보니 상세히 만들기가 어려운 것이다. …(중략)… 이번에 이회가 특별히 우리나라의 지도를 보강하고 확대하였으며, 일본의 지도를 덧붙여 새로운 지도를 완성하였다. 반듯하고 칭찬할 만한 것이니 문밖에 나서지 않고도 세상을 알 수 있다.

문쌤의 분석

(가)에 해당하는 역사서는 『동국통감』이다. 기존에 출제되지 않았던 사료지만 다른 직렬에서 지문으로 출제된 내용(삼한 이상은 외기로 구분)들이 포함되어 있어 키워드를 찾기는 힘들지 않았다. 2019년 계리직 시험은 매우 난도가 높았는데 이와 같이 다른 직렬의 기출 지문을 사료로 변형하거나 기출 사료를 지문으로 출제한 문제들이 많았다.

밑줄 친 '새로운 지도'는 『혼일강리역대국도지도』이다. 주로 사진 자료로 출제되는 지도인데 사료가 출제된 것이 특징이다. 『혼일강리역대국도지도』는 이전 검정교과서 일부에서 매우 자세하게 내용을 다루고 있어서 기존 출제 내용보다 고난도 문제가 출제될 수 있다.

기출 지문 Check

1. 서적 편찬 순서 : 『신찬팔도지리지』→ 『고려사절요』→ 『동국통감』→ 『신증동국여지승람』 18년 경찰3차   O | X
2. 성종 재위 시기에는 『동국여지승람』이 편찬되었다. 24년 국가9급   O | X
3. ♦ 『동국통감』은 단군 조선에서 삼한까지의 역사를 외기(外記)로 구분하여 서술하였다. 15년 국가7급   O | X
4. 『동국통감』은 역대 국왕의 사적(事績) 가운데 후세의 귀감이 될 만한 내용만을 뽑아 편년체로 편찬하였다. 15년 국가7급   O | X
5. 한글을 보급하기 위해서 왕실 조상의 덕을 찬양하는 『용비어천가』를 편찬하였다. 14년 경찰2차   O | X
6. 성종 때 완성된 『경국대전』은 이·호·예·병·형·공의 6전으로 구성된 조선의 기본 법전이다. 18년 국회9급   O | X
7. 정조 때 조선 시대 마지막 법전인 『대전통편』을 편찬하였다. 19년 경찰간부   O | X
8. 『혼일강리역대국도지도』는 중국에서 들여온 곤여만국전도를 참고하였다. 23년 국가9급   O | X
9. 『혼일강리역대국도지도』는 지도의 중심에 중국이 위치하였고, 중국과 한국을 실제보다 크게 그렸다. 18년 서울7급 1차   O | X
10. ♦ 『혼일강리역대국도지도』는 우리나라에 해당하는 부분에 백리척을 사용하여 과학화에 기여하였다. 18년 국가9급   O | X
11. 『혼일강리역대국도지도』는 현존하는 동양 최고(最古)의 세계 지도이다. 20년 소방간부   O | X

출제경향

- 여러 직렬에서 법전 편찬 관련 내용의 출제 비중↑
- 『동국통감』의 출제 빈도 및 난도↑
- 『혼일강리역대국도지도』의 단독 문제 출제 비중이 높음(지도 사진이 자료로 출제).
- 오답 지문으로 『동국세년가』와 『동국지도』 내용이 출제

정답 및 해설
1 O 2 O 3 O 4 X 5 O 6 O 7 X 8 X 9 O 10 X 11 O

4 X 『국조보감』에 대한 설명이다.
7 X 조선 시대 마지막 통일 법전은 흥선 대원군 집권기에 편찬된 『대전회통』이다.
8 X 혼일강리역대국도 지도 제작(조선 전기 태종 때) 이후에 곤여만국전도가 전래되었다(선조 때 이광정이 들여옴).
10 X 백리척은 조선 후기 정상기가 제작한 『동국지도』에서 처음 사용되었다.

T36 조선 전기의 문화(성리학의 발달)

 사료 Check

 문쌤의 분석

17년 서울시 7급

이 사람은 1501년에 출생하여 1572년에 타계한 경상우도를 대표하는 유학자이다. 그의 학문사상 지표는 경(敬)과 의(義)이다. 마음이 밝은 것을 '경(敬)'이라 하고 밖으로 과단성 있는 것을 '의(義)'라고 하였다. 이러한 그의 주장은 바로 '경'으로써 마음을 곧게 하여 수양하는 기본으로 삼고 '의'로써 외부 생활을 처리하여 나간다는 생활 철학을 표방한 것이었다.

조식에 대한 묘사 내용이다. 2017년에는 조식 관련 출제 빈도가 매우 높았다. 특히 '경'과 '의'를 강조하는 내용이 사료와 지문 모두에 출제되었다. 최근 시험에서는 이황과 이이 중심에서 벗어나 조식과 서경덕의 출제 비중이 높아지고 있는 추세이다.

20년 경찰간부후보

이제 이 도(圖)와 해설을 만들어 겨우 열 폭밖에 되지 않는 종이에 풀어 놓았습니다만, 이것을 생각하고 익혀서 평소에 조용히 혼자 계실 때에 공부하소서. 도(道)가 이룩되고, 성인이 되는 요체와 근본을 바로잡아 나라를 다스리는 근원이 모두 여기에 갖추어져 있사오니, 오직 전하께서는 이에 유의하시어 여러 번 반복하여 공부하소서.

이황의 『성학십도』의 내용이다. 이이의 『성학집요』에 비해 포인트[도(圖)]가 명확한 것이 특징이다. 최근에는 성리학 이론보다는 편찬 서적 내용이 사료로 제시되는 경우가 많다.

19년 서울시 7급 1차

명나라 사신 왕경민이 "항상 기자가 동쪽으로 온 사적에 대해 알 수 없는 것이 한스럽다. 조선에 기록된 것이 있으면 보고 싶다."라고 하니, ㉠ 이(가) 전에 본인이 저술한 기자실기를 주었다.

이이가 저술한 『기자실기』와 『성학집요』의 내용이다. 책의 내용(신하의 역할 강조)뿐만 아니라 구성(통설, 수기, 정가, 위정, 성현도통)도 키워드로 출제하기 때문에 이를 파악할 필요가 있다.

17년 서울시 9급

이 책은 왕과 사대부를 위해 왕도정치의 규범을 체계화한 것으로 통설, 수기, 정가, 위정, 성현도통 등으로 구성되어 있다. 이 책은 성리학의 정치 이론서인 〈대학연의〉를 보완함으로써 조선의 사상계에 널리 영향을 미쳤다.

18년 국회직

이(理)는 본래 하나이다. 그러나 형기를 초월하여 말하는 것이 있고, 기질로 인하여 이름 지은 것이 있고, 기질을 섞어 말한 것이 있다. 형기를 초월한 것으로 말하면, 곧 태극이라는 명칭이 이것으로, 만물의 이가 동일하다. 기질로 인하여 이름 지은 것으로 말하면, 곧 건순오상(健順五常)의 이름이 이것으로, 사람과 동물의 본성이 같지 않은 것이다. 기질이 섞여 있는 것으로 말한다면, 곧 선악의 성이 이것으로, 사람과 사람, 동물과 동물이 또한 같지 않은 것이다.
- 남당집 -

호락 논쟁 당시 호론의 주장 내용이다(남당집은 한원진의 시문집). 호론과 낙론의 주장은 포인트가 명확한 사료가 매우 한정적이기 때문에 알아둘 필요가 있다(대부분의 사료가 매우 길어서 공무원 시험에 출제하기에 부적절.).

참고 사료(금성 교과서 수록)

이간이 말하였다. "인의예지신과 같은 덕성(德性)은 짐승 역시 동등하게 받았습니다. 다만 차이가 있다면 인간은 덕성이 온전하고 짐승은 치우쳐 있다는 정도입니다." 한원진이 말하였다. "그것은 이(理)의 관점에서만 본 것입니다. 기(氣)의 관점에서 보면 어떨는지요? 만물은 제각각 다릅니다. 짐승이 어찌 인의예지신을 가지고 있다고 하겠습니까?"
- 이간, 『한산기행』 -

호락 논쟁과 관련된 사료로, 이간은 낙론, 한원진은 호론의 대표적인 인물이다. 비교적 분량이 적고 호론과 낙론의 견해가 모두 들어가 있는데다 포인트가 명확해 시험에 출제하기 좋은 사료이다. 검정 교과서 사료는 시험에 출제되는 경우가 많아 주의 깊게 볼 필요가 있다.

기출 지문 Check

1 서경덕은 만물의 근원을 기(氣)로 설명하는 성리 철학을 전개하였다. 14년 경찰간부 ○ | X
2 조식의 문인들은 주로 북인이 되었다. 17년 서울7급 ○ | X
3 조식의 문하에서 다수의 의병장이 배출되었다. 17년 기상7급 ○ | X
4 이황은 간략한 해석을 곁들인 10개의 도형으로 성리학의 핵심 내용을 집성하여 왕에게 바쳤다. 15년 국가7급 ○ | X
5 이황의 사상은 일본 성리학 발전에 영향을 끼쳤다. 14년 지방9급 ○ | X
6 이황은 기(氣)보다는 이(理)를 중시했고, 예안 향약을 만들었다. 18년 서울9급 ○ | X
7 이황의 학문은 김장생 등에게 이어져 기호학파가 형성되었다. 25년 지방9급 ○ | X
◆ 8 이황은 성리학을 중심에 두면서도 양명학의 심성론을 인정하였다. 14년 지방9급 ○ | X
9 이황은 아홉 차례의 과거 시험에 모두 장원하여 '구도장원공'이라는 별칭을 얻었다. 16년 국가9급 ○ | X
10 이황은 기대승과 8차례 편지를 통해 4단과 7정에 대한 논쟁을 벌였다. 17년 서울9급 ○ | X
11 이이는 신하가 성학을 군주에게 가르쳐 기질을 변화시켜야 한다고 하였다. 17년 사회복지9급 ○ | X
12 이이는 향약의 전국 시행, 수미법의 실시 등을 제시하였다. 17년 사회복지9급 ○ | X
13 이이는 사림이 추구하는 왕도 정치가 기자에서 시작되었다는 평가를 담은 『기자실기』를 저술하였다. 17년 서울9급 ○ | X
14 이이는 경과 의를 근본으로 하는 실천적 성리학풍을 강조하였다. 17년 서울9급 ○ | X
15 이이는 백운동서원에 소수서원이라는 편액을 하사받도록 하였다. 19년 서울7급 1차 ○ | X
◆ 16 이이는 일평생 처사로 지내며 독창적인 유기철학을 수립하였다. 19년 서울7급 1차 ○ | X
17 이이는 이(理)는 두루 통하고 기(氣)는 국한된다고 하였다. 20년 소방 ○ | X
18 이이는 『동호문답』을 저술하였다. 22년 지방9급 ○ | X
19 이이는 『가례집람』을 집필하였다. 22년 소방간부 ○ | X
20 낙론의 주장은 북학파의 과학 기술 존중과 이용후생 사상으로 이어졌다. 18년 경찰1차 ○ | X
21 호론은 한말 위정척사 사상으로 계승되었다. 18년 국회9급 ○ | X
22 호론은 강화 학파의 형성에 기여하였다. 18년 국회9급 ○ | X

출제경향
- 사료가 다변화되고 있는 단원(특히 이이 관련 사료 난도↑)
- 유학자는 배향 서원과 연계해 문제가 출제되기도 해 알아둘 필요가 있음.
- 최근 호락 논쟁 관련 출제 비중↑

정답 및 해설
1 ○ 2 ○ 3 ○ 4 ○ 5 ○ 6 ○ 7 X 8 X 9 X 10 ○ 11 ○ 12 ○ 13 ○ 14 X 15 X 16 X 17 ○ 18 ○ 19 X 20 ○ 21 ○ 22 X

7 X 이황의 학설은 김성일, 유성룡 등에 의해 계승되어 영남학파를 형성하였다. 기호 지방 유학자였던 성혼, 송익필, 김장생은 모두 서인으로 이이의 학설은 성혼, 송익필, 김장생 등의 기호 지방 학자들에게 주로 계승되었다.
8 X 이황은 『전습록변』에서 양명학을 비판하였다.
9 X 율곡 이이에 대한 설명이다.
14 X 실천적 성리학풍을 강조한 것은 '칼 찬 선비'라 불린 조식이다.
15 X 이황에 대한 설명이다.
16 X 서경덕에 대한 설명이다.
19 X 『가례집람』은 김장생의 저서이다.
22 X 강화학파 형성에 기여한 것은 소론이다.

T36 조선 전기의 문화(과학 기술의 발달과 건축·공예)

사료 Check

17년 국가직 9급 추가채용

지금 우리 왕께서도 밝은 가르침을 계승하시고 다스리는 도리를 도모하시어 더욱 백성들의 일에 뜻을 두셨다. 여러 지방의 풍토가 같지 않아 심고 가꾸는 방법이 지방에 따라서 차이가 있기 때문에 옛 글의 내용과 모두 같을 수가 없었다. 이에 각 도의 감사들에게 명령하시어, 주·현의 노농(老農)을 방문하여 그 땅에서 몸소 시험한 결과를 자세히 듣게 하시었다. 또 신 정초(鄭招)에게 명하시어 말의 순서를 보충케 하시고, 신 종부 소윤 변효문(卞孝文) 등이 검토해 살피고 참고하게 하여, 그 중복된 것은 버리고 절실하고 중요한 것은 취해서 한 편의 책을 만들었다.

문쌤의 분석

세종 때 편찬된 『농사직설』의 일부이다. 조선 전기의 편찬 서적들은 사료로 출제되는 경우가 많아 키워드를 정확하게 암기하고 있어야 한다. 특히 정초(세종), 서거정(성종) 등 특정 국왕 대에 주로 활동한 인물의 이름이 키워드인 경우가 많아 주요 인물들을 암기하고 있어야 한다.

기출 지문 Check

1 천상열차분야지도는 하늘을 여러 구역으로 나누고 별자리를 표시한 그림이다.
23년 국가9급 O | X

2 세종 대에는 역법서인 『칠정산』을 편찬하였다. 23년 지방9급 O | X

3 세종 대에는 간의를 만들어 천체를 관측하였다. 23년 지방9급 O | X

4 세종 대에는 『향약채취월령』과 『의방유취』 등을 편찬하였다. 23년 계리직 O | X

◆ 5 서적 편찬 순서: 『의방유취』 → 『향약구급방』 → 『동의보감』 → 『향약집성방』
19년 지방9급 O | X

6 세종 대에는 소리의 장단과 높낮이를 표현할 수 있는 정간보를 창안하였다.
13년 서울9급 O | X

◆ 7 세종 대에는 민간에 떠도는 한담을 모은 『필원잡기』가 편찬되었다. 19년 기상9급 O | X

8 조선 초기에는 무위사 극락전, 화엄사 각황전, 법주사 팔상전 등의 건축물이 만들어졌다.
15년 기상9급 O | X

9 경복궁의 동쪽에 사직이, 서쪽에 종묘가 각각 배치되었다. 17년 지방9급 O | X

10 강희안의 고사관수도는 무념무상에 빠져 선비의 모습을 그린 작품으로 간결하고 과감한 필치로 인물의 내면세계를 느낄 수 있게 표현하였다. 10년 국가9급 O | X

11 세종 때에 박연 등이 『악학궤범(樂學軌範)』을 편찬하였다. 13년 경찰간부 O | X

12 조선 전기에는 『동문선』이 편찬되어 우리 문학의 독자성을 강조하였다.
20년 국가9급 O | X

13 조선 전기에는 중인·서얼층이 결성한 시사(詩社)를 중심으로 위항문학(委巷文學)이 유행하였다. 21년 계리직 O | X

출제경향

- 과거에는 기상직의 출제 비중과 난도가 높았던 단원이었지만 최근에는 다른 직렬도 비중과 난도 상승
- 서적 편찬 순서 출제(특히 의학 분야).
- 『필원잡기』 등 문학 분야 출제 비중↑

정답 및 해설
1 O 2 O 3 O 4 O 5 X 6 O 7 X 8 X 9 X 10 O 11 X 12 O 13 X

5 X 『향약구급방』(1236, 고려 고종 23) → 『향약집성방』(1433, 세종 15) → 『의방유취』(1445, 세종 27) → 『동의보감』(1610, 광해군 2) 순으로 편찬되었다.
7 X 『필원잡기』는 조선 초기 성종 때 서거정이 역사에 누락된 사실과 민간의 한담(閑譚)을 소재로 서술한 수필집이다.
8 X 화엄사 각황전과 법주사 팔상전은 조선 후기의 건축물이다.
9 X 좌묘우사(左廟右社)의 원칙에 따라 경복궁의 동쪽에 종묘가, 서쪽에 사직이 각각 배치되었다.
11 X 성종 때 성현이 『악학궤범』을 편찬하였다.
13 X 위항문학은 조선 후기에 유행하였다.

MEMO

2026
문동균 한국사
판서노트 1/2 특강

PART 05

근대 사회의 태동

T37 조선 후기의 정치

T38 조선 후기의 사회

T39 조선 후기의 경제

T40 조선 후기의 문화

T37 조선 후기의 정치(제도 개편)

📝 사료 Check

19년 경찰 1차

재신(宰臣)으로서 이 일을 맡은 사람을 지변재상(知邊宰相)이라고 불렀습니다. 그러나 이것은 일시적인 전쟁 때문에 설치한 것으로 국가의 중요한 모든 일들을 참으로 다 맡긴 것은 아니었습니다. 오늘에 와서 큰 일이건 작은 일이건 중요한 것으로 취급되지 않는 것이 없는데, 정부는 한갓 헛이름만 지니고 육조는 모두 그 직임을 상실하였습니다. 명칭은 변방의 방비를 담당하는 것이라고 하면서 과거에 대한 판하(判下)나 비빈(妃嬪)을 간택하는 등의 일까지도 모두 여기를 경유하여 나옵니다.

— 효종실록 —

🧑‍🏫 문쌤의 분석

비변사에 대한 사료이다. 비변사는 특별한 사료나 지문이 출제되지 않고 대부분 기출 내용에서 출제되어 체감난도가 낮다(함정 지문도 정해진 내용 안에서 변형하는 경향이 있음). 간혹 지문에 등장하는 용어들이 어려운 경우가 있어 기출 지문 중심으로 내용을 파악해 둘 필요가 있다.

18년 법원직 9급

국왕의 행차가 서울로 돌아왔으나, …… 이때에 임금께서 도감을 설치하여 군사를 훈련시키라고 명하시고 나를 그 책임자로 삼으시므로, …… 얼마 안 되어 수천 명을 얻어 조총 쏘는 법과 창, 칼 쓰는 기술을 가르치게 하였다. 또 당번을 정하여 궁중을 숙직하게 하고, 국왕의 행차가 있을 때 이들로써 호위하게 하니 민심이 점차 안정되었다.

— 서애집 —

훈련도감에 대한 사료이다(서애집은 유성룡의 시문집). '도감', 군사 훈련 등 키워드가 명확해 체감 난도가 낮았다. 훈련도감은 최근 단독 출제 비중이 높아지고 있는데, 삼수미세가 사료로 출제된 적도 있어 주의가 필요하다.

📝 기출 지문 Check

1. 비변사는 임진왜란 중에 설치되었다. 21년 소방직 O | X
2. 비변사는 명종 때 삼포왜란을 계기로 상설기구가 되었다. 19년 기상9급 O | X
3. 🔶 비변사는 현직의 3정승이 우두머리인 도제조를 겸임하기도 하였다. 19년 기상9급 O | X
4. 비변사는 흥선대원군 집권 시기에 사실상 폐지되었다. 20년 국가7급 O | X
5. 비변사는 임진왜란을 계기로 군사 및 정무 전반을 관할하였다. 20년 국가7급 O | X
6. 훈련도감은 급료를 지급하는 상비군 제도였다. 19년 국회9급 O | X
7. 훈련도감은 한양의 내영과 수원 화성의 외영으로 구성되었다. 20년 소방간부 O | X
8. 훈련도감은 포수(砲手), 살수(殺手), 사수(射手)로 구성되었다. 19년 국회9급 O | X
9. 🔶 1652년 남한산성에 금위영을 두고 광주 및 그 부근의 제진을 경비케 하였다. 18년 경찰3차 O | X
10. 1626년 도성수비를 목적으로 기병과 훈련도감군의 일부를 주축으로 어영청을 설치함으로써 임란 중에 만들어진 훈련도감을 포함해서 5군영의 체제가 완성되었다. 18년 경찰3차 O | X

📕 출제경향

- 기존에 출제된 지문이 반복 출제되는 경향이 강함(난도는 낮음).
- 최근 5군영, 수성윤음 등 조선 후기 군사 제도 관련 출제 비중 ↑
- 비변사와 훈련도감은 단독 출제 비중이 높음.
- 훈련도감은 설치 시기 관련해 순서 문제나 함정 지문이 출제되기도 함.

🔍 정답 및 해설   1 X 2 X 3 O 4 O 5 O 6 O 7 X 8 O 9 X 10 X

1. X 비변사는 16세기 중종 초에 삼포왜란(1510)을 계기로 설치되었다.
2. X 비변사는 중종 때 삼포왜란(1510)을 계기로 임시 기구로 설치되었고, 명종 때 을묘왜변(1555)을 계기로 상설 기구화되었다.
7. X 정조 때 설치된 장용영에 대한 설명이다.
9. X 남한산성에 둔 것은 수어청이다(1626). 금위영은 궁궐과 한성 수비를 담당했다.
10. X 5군영의 체제는 1682년 금위영이 설치됨으로써 완성되었다.

T37 조선 후기의 정치(숙종)

사료 Check

22년 소방직

(가) 허적과 허견의 사가(私家)의 부가 왕실보다 많은 것은 백성의 피땀을 뽑아낸 물건이 아닌 것이 없으며, 복선군 이남은 집 재물이 허적과 허견보다 많으니, 지금 적몰한 뒤에는 모두 백성을 구호해주는 비용으로 돌리면 어찌 조정의 아름다운 뜻이 아니겠습니까.

(나) 송시열은 산림의 영수로서 나라의 형세가 고단하고 약하여 인심이 물결처럼 험난한 때에 감히 송의 철종을 끌어대어 오늘날 원자의 명호를 정한 것이 너무 이르다고 하였으니, 이런 것을 그대로 두면 무도한 무리들이 장차 연달아 일어날 것이니 당연히 멀리 내쫓아야 할 것이다.

문쌤의 분석

(가)는 숙종 때 일어난 경신환국(1680), (나)는 기사환국(1689)과 관련된 사료이다. 환국은 사료보다는 지문으로 출제되는 경우가 많으며, 사료로 출제될 경우 기사환국의 출제 비중이 높다. 허적(남인), 송시열(서인) 등 관련 인물의 이름이 키워드로 등장하기 때문에 이를 정확하게 암기하고 있어야 한다. 기사환국의 경우 '원자', '희빈 장씨' 등이 키워드로 등장하기도 한다.

기출 지문 Check

1. 상평통보를 발행하여 전국적으로 유통시켰다. 12년 지방7급 O | X
2. 실존 인물인 홍길동이 우두머리로 충청도에서 활동하였다. 17년 국가7급 O | X
3. ◆ 노산대군의 시호를 올리고 묘호를 단종이라 하였다. 18년 서울7급 2차 O | X
4. 청과의 국경을 표시한 백두산정계비가 세워졌다. 23년 지역인재9급 O | X
5. 안용복이 울릉도와 독도를 수호하는 활동을 펼쳤다. 23년 지역인재9급 O | X
6. ◆ 숙종 때 세워진 북관대첩비는 정문부가 임진왜란 때 왜군을 격퇴한 내용을 기록한 비로 러일 전쟁 때 일본군이 가져가 야스쿠니 신사 한구석에 세워 두었다. 한국의 요청에 따라 2005년 한국에 돌아왔고, 이듬해 원래 있었던 함경북도 길주로 옮겨졌다. 20년 소방간부 O | X
7. 괴산에 만동묘가 건립되었다. 21년 경찰2차 O | X
8. 경신환국으로 허적·윤휴 등 남인의 중심인물을 몰아내고 서인 정권이 수립되었다. 18년 경찰2차 O | X
9. 숙종 대에는 서인이 노론과 소론으로 갈라졌다. 23년 지방9급 O | X
10. 남인은 희빈 장씨 소생의 왕자를 세자로 책봉하는 것에 반대하였다. 18년 교행9급 O | X
11. 장희빈이 낳은 왕자를 원자로 정하는 과정에서 서인이 몰락하고 남인이 집권하였다. 25년 서울9급 1차 O | X
12. 폐위된 인현왕후 복위 과정에서 남인이 몰락하고 노론과 소론이 집권했다. 25년 서울9급 1차 O | X
13. ◆ 순서: 나선 정벌에 조총병 파견 → 윤휴를 중심으로 한 북벌 제기 → 안용복이 일본에 건너가 울릉도와 독도가 조선의 영토임을 확인받고 돌아옴. → 백두산정계비 건립 17년 서울7급 O | X

출제경향

- 최근 시험에서 출제 비중과 난도 모두↑
- 환국, 안용복, 백두산정계비 위주로 출제 but 이순신 사우, 폐사군 복설 등 심화 내용도 출제.
- 숙종 대의 사건은 순서 나열 문제도 출제되기 때문에 업적을 암기하는 것뿐만 아니라 전후 순서까지 알아둘 필요가 있음.

정답 및 해설
1 O 2 X 3 O 4 O 5 O 6 O 7 O 8 O 9 O 10 X 11 O 12 O 13 O

2 X 홍길동은 연산군 때 활동했다.
10 X 서인에 대한 설명이다.

T37 조선 후기의 정치(영조)

📝 사료 Check

 문쌤의 분석

25년 지방직 9급

국왕은 성균관 앞에 "두루 사귀되 편당을 짓지 않는 것이 군자의 공정한 마음이요, 편당을 짓고 두루 사귀지 않는 것은 소인의 사사로운 마음이다."라는 내용을 새긴 탕평비를 세웠다.

밑줄 친 '국왕'은 영조이다. 직접적으로 탕평비가 키워드로 제시되었지만 비문 내용만 사료로 출제된 적이 있어 문장을 눈에 익혀두는 것이 좋다.

22년 지방직 9급

팔순 동안 내가 한 일을 만약 나 자신에게 묻는다면
첫째는 탕평책인데, 스스로 '탕평'이란 두 글자가 부끄럽다.
둘째는 균역법인데, 그 효과가 승려에게까지 미쳤다.
셋째는 청계천 준설인데, 만세에 이어질 업적이다.
　　　　　　 … (하략) …

- 『어제문업(御製問業)』 -

밑줄 친 '나'는 영조이다. 영조가 팔순을 맞아 자신의 치적을 열거한 사료이다. 검정교과서에 수록된 사료로, 키워드가 명확해 한능검에서도 자주 출제되었다.

📝 기출 지문 Check

 출제경향

1. 이조전랑의 3사 관리 추천권을 없앴다. 21년 경찰간부　O I X
2. 재야 산림의 공론을 인정하지 않았다. 22년 국회9급　O I X
3. 창덕궁 안에 대보단을 설치하였다. 22년 국회9급　O I X
4. 서원을 붕당의 근거지로 인식하여 대폭 정리하였다. 22년 국가9급　O I X
5. 이인좌의 난을 진압하고 나서 탕평파를 육성하여 준론 탕평을 시행하였다.
　　　　　　　　　　　　　　　　　　　　　　　　　18년 경찰간부　O I X
6. 민의 상달을 위한 신문고 제도를 부활시켰다. 10년 법원9급　O I X
7. 양역의 군포를 1필로 통일하는 균역법을 시행하였고, 「수성윤음」을 반포하여 수도 방어 체제를 개편하였다. 13년 경찰1차　O I X
8. 논란을 빚어온 노비 신분 결정 방식을 종모법으로 확정하였다. 14년 경찰간부　O I X
9. 김육, 김상범의 노력으로 청나라를 통해 시헌력을 도입하였다. 16년 경찰1차　O I X
10. 청계천을 준설하여 실업 문제와 홍수문제를 해결하고자 하였다. 09년 국가9급　O I X
11. ◆ 흉년을 당해 걸식하거나 버려진 아이들을 구휼하기 위하여 『자휼전칙』을 반포하였다.
　　　　　　　　　　　　　　　　　　　　　　　　　18년 서울7급 2차　O I X
12. 『속대전』, 『속오례의』 등을 편찬하였다. 22년 간호직　O I X
13. 문물제도의 정비를 반영한 『탁지지』 등을 편찬하였다. 20년 경찰1차　O I X
14. 『동국문헌비고』를 편찬하였다. 22년 지방9급　O I X
15. 장용영을 설치하여 군사권을 장악하였다. 22년 법원9급　O I X

- 정조와 함께 전통적으로 출제 비중이 높은 단원.
- 편찬 사업 출제 비중이 높음(특히 동국문헌비고).
- 백성들에게 의견을 물어보는 것(세종의 공법 제정)이나 신문고 부활(태종의 신문고 설치) 등 다른 국왕과 혼동할 수 있는 사료가 있어 주의가 필요함.
- 2019 국회직에서 영조의 업적 순서와 관련된 고난도 문제 출제(이인좌의 난이 재위 초기 사건인 것에 주의).

🔍 정답 및 해설
1 O　2 O　3 X　4 O　5 X　6 O　7 O　8 O　9 X　10 O　11 X　12 O　13 X　14 O　15 X

- 3　X 대보단은 조선 후기 숙종 때 창덕궁 안에 설치되었다.
- 5　X 영조는 완론 탕평을 실시했다.
- 9　X 효종에 대한 내용이다.
- 11　X 『자휼전칙』은 정조 대에 반포되었다.
- 13　X 『탁지지』는 정조 때 호조의 사례를 정리하여 편찬한 책이다.
- 15　X 장용영을 설치해 군사권을 장악한 것은 정조이다.

T37 조선 후기의 정치(정조)

📝 사료 Check

_{18년 국가직 9급}

달은 하나이나 냇물의 갈래는 만 개가 된다. …(중략)… 나는 그 냇물이 세상 사람들이라는 것을 안다. 빛을 받아 비추어서 드러나는 것은 사람들의 상이다. **달이라는 것은 태극이요, 태극은 나이다.**

_{19년 경찰 1차}

채제공이 아뢰기를, "평시서로 하여금 30년 이내에 신설된 시전을 모두 혁파하게 하십시오. 형조와 한성부에 분부하여 **육의전 이외에는 금난전권을 행사하지 못하게 하십시오.**"라고 하니, **왕**이 허락하였다.

🧑‍🏫 문쌤의 분석

정조의 문집인 『홍재전서』의 일부이다. 정조는 자신을 만물을 비추는 달에 비유하고, 백성과 신하를 수많은 물에 비유하면서 초월적 군주를 자처하였다.

정조 대의 신해통공 사료이다. 금난전권을 행사하지 못하게 하는 것이 키워드이다. **정조의 업적 외에 이러한 조치의 결과(상업 발달)로도 출제될 수 있는 사료이다.**

📝 기출 지문 Check

1. 붕당의 주장이 옳은지 그른지를 명백히 가리는 적극적인 탕평책을 실시하였다. _{15년 경찰3차} O | X
2. 규장각을 설치하고 서얼 출신을 검서관으로 등용하였다. _{14년 경찰간부} O | X
3. 규장각은 창덕궁 후원에 설치되어 수만 권의 서적을 보관하였다. _{22년 계리직} O | X
4. ♦ 기존의 문체에 얽매이지 않는 신문체를 장려하였다. _{17년 지방9급(하)} O | X
5. ♦ 민간의 광산 개발 참여를 허용하는 설점수세제를 처음 실시하였다. _{18년 국가9급} O | X
6. 사도세자의 무덤을 옮기고 화성을 축조하였다. _{22년 국가9급} O | X
7. 『대전통편』을 편찬하였다. _{24년 지역인재9급} O | X
8. 성균관 앞에 탕평비를 세웠다. _{24년 지역인재9급} O | X
9. 명과 후금 사이에서 실리를 취하는 중립 외교를 펼쳤다. _{23년 지역인재9급} O | X
10. 초계문신제를 실시하여 문신들을 재교육하였다. _{23년 지역인재9급} O | X
11. 『속대전』과 『속오례의』 등을 편찬하여 문예 부흥의 기틀을 마련하였다. _{24년 서울9급 1차} O | X
12. 삼정의 문란을 개혁하기 위해 삼정이정청을 설치하였다. _{22년 법원9급} O | X
13. 정조 대에는 수령이 군현 단위의 향약을 직접 주관하였다. _{22년 소방간부} O | X
14. 『무예도보통지』를 간행하였다. _{24년 법원9급} O | X
15. 정조 재위 시기에는 신해통공이 시행되었다. _{21년 지방9급} O | X

📕 출제경향

- 정조는 숙종, 영조와 함께 단독 문제 출제 비중이 높은 국왕.
- 한구자, 해동농서 편찬 등 기존에 출제되지 않았던 내용들이 새롭게 출제(문화사 파트의 서적들 중 정조 대 편찬 서적은 따로 정조의 업적으로 언급되지 않더라도 주의 깊게 볼 필요가 있음).

🔍 **정답 및 해설** 1 O 2 O 3 O 4 X 5 X 6 O 7 O 8 X 9 X 10 O 11 X 12 X 13 O 14 O 15 O

4 X 문체반정을 통해 고문장을 모범으로 할 것을 강조했다.
5 X 설점수세제는 효종 때 처음 실시되었다.
8 X 영조 때 성균관 앞에 탕평비를 건립하였다.
9 X 명과 후금 사이에서 중립 외교를 펼친 국왕은 광해군이다.
11 X 『속대전』과 『속오례의』는 영조 때 편찬되었다.
12 X 삼정이정청은 철종 때 임술 농민 봉기를 계기로 설치하였다.

05 근대 사회의 태동

T37 조선 후기의 정치 (세도 정치 및 대외 관계의 변화)

📝 사료 Check

18년 경찰간부후보

박종경은 어떤 인물이기에 요직을 멋대로 주무르고 권력을 남용하여 재물을 탐하고, 사방에 심복을 심어 만사를 제 마음대로 하려 합니까? 외척의 지위를 이용하여 인사, 재정, 군사, 시장 운영의 권한은 물론, 비변사와 주교사의 권한까지 모두 장악하여 득의양양해 하며 왼손에 칼자루를 오른손에 저울대를 쥔 듯이 아무런 거리낌도 없습니다.

🧑‍🏫 문쌤의 분석

세도 정치 시기의 모습을 나타낸 사료이다. 박종경은 순조 대의 외척으로, 홍경래의 난 당시의 격문에도 등장하는 인물이다.

✏️ 기출 지문 Check

1. 세도 정치기에는 비변사가 핵심적인 정치 기구로 자리 잡았고, 유력 가문 출신의 몇몇이 실제 권력을 행사하였다. 10년 법원9급 O | X
2. 세도 정치기에는 왕에게 모든 권력이 집중되었다. 09년 지방9급 O | X
◆ 3. 세도 정치기 향촌에서는 수령의 역할이 배제되고 지방 사족이 영향력을 행사하며 농민을 수탈했다. 10년 법원9급 O | X
4. 세도 정치기에는 몇몇 유력 가문에 권력이 집중되었는데, 그중에는 안동 김씨, 풍양 조씨 등의 외척 가문이 있었다. 18년 경찰간부 O | X
5. 세도 정치기에는 인간주의, 평등주의를 부르짖은 동학이 농촌 사회를 중심으로 교세를 확장했다. 24년 서울9급 2차 O | X
6. 세도 정치기에는 지방민의 불만이 평안도와 삼남 지방에서 민중 봉기로 표출되었다. 24년 서울9급 2차 O | X
7. 조선 후기에는 북경에 사신으로 다녀온 인물들을 중심으로 북학이 전개되었다. 16년 지방7급 O | X
◆ 8. 조선 전기 명에 파견된 사신은 조천사, 조선 후기 청에 파견된 사신은 연행사로 불렸다. 16년 지방7급 O | X
◆ 9. 임진왜란 이후 일본으로 통신사를 매년 파견하여 교류하였다. 16년 지방7급 O | X
10. 통신사의 파견은 18세기 후반 일본에서 국학 운동이 일어나는 자극제가 되었다. 08년 국가9급 O | X

📕 출제경향

- 세도 정치 시기의 모습이나 홍경래의 난과 관련해 평안도 지역에 대해 자세하게 묻는 문제가 출제.
- 왕대사는 자세하게 출제되지 않는 편이지만 순조는 관련 사료나 주요 사건들이 있어 왕대사 출제 확률이 높음.
- 조선 후기 대외 관계 내용은 백두산정계비 건립을 제외하면 출제 빈도가 높지 않음. but 23년 지방직 9급 시험에서 중고등학교 교육 과정에서 중요하게 다루는 곽재우가 출제되어 통신사 내용에 주의할 필요가 있음(검정교과서에서 통신사를 비중 있게 다룸).

🔍 정답 및 해설 1 O 2 X 3 X 4 O 5 O 6 O 7 O 8 O 9 X 10 O

2 X 세도 정치기에는 왕권이 약화되고 안동 김씨나 풍양 조씨 같은 왕의 외척 세력이 권력을 행사하였다.
3 X 세도 정치기 향촌에서는 지방 사족을 배제한 채 수령이 절대권을 가지고 조세를 거두도록 하였기 때문에 수령과 향리의 부정을 막기 어려웠다.
9 X 통신사는 비정기적으로 파견되었다.

T38 조선 후기의 사회(사회 구조의 변동)

📝 사료 Check

<small>16년 지방직 9급</small>

옷차림은 신분의 귀천을 나타내는 것이다. 그런데 어찌된 까닭인지 근래 이것이 문란해져 상민·천민들이 갓을 쓰고 도포를 입는 것을 마치 조정의 관리나 선비와 같이 한다. 진실로 한심스럽기 짝이 없다. 심지어 시전 상인들이나 군역을 지는 상민들까지도 서로 양반이라 부른다.

<small>20년 국가직 9급</small>

오래도록 막혀 있으면 반드시 터놓아야 하고, 원한은 쌓이면 반드시 풀어야 하는 것이 하늘의 이치다. (가) 와과 (나) 에게 벼슬길이 막히게 된 것은 우리나라의 편벽된 일로 이제 몇백 년이 되었다. (가) 은/는 다행히 조정의 큰 성덕을 입어 문관은 승문원, 무관은 선전관에 임명되고 있다. 그런데도 우리들 (나) 은/는 홀로 이 은혜를 함께 입지 못하니 어찌 탄식조차 없겠는가?

<small>18년 경찰 3차</small>

보성군에는 교파와 약파가 있다. 교파는 향교에 다니는 자들이고, 약파는 향약을 주관하는 자들이다. 서로 투쟁이 끊이지 않고 모함하는 일이 갈수록 더하여 갔다. 드디어 풍속이 도에서 가장 나빠졌다.
— 목민심서 —

🔍 문쌤의 분석

조선 후기 신분제 동요 모습을 보여주는 사료이다. 상민이나 천민이 양반의 옷차림을 하고 서로 양반이라 부르는 것이 키워드이다. 양반의 수 증가와 권위 하락을 보여준다.

(가)는 서얼, (나)는 기술직 중인을 의미한다. 서얼이나 기술직 중인은 분리해서 출제하는 경향이 있는데 복합적으로 묻는 문제가 출제되었다. 서얼은 기술직 중인에 비해 출제 지문이나 사료가 다양한 것이 특징이다.

조선 후기 향전을 나타낸 사료이다. 교파는 신향, 약파는 구향을 의미한다. 이전 검정교과서에 수록되어 있긴 하지만 기존에 공무원 시험에서는 출제되지 않았던 사료이다. 고난도 문제 중 일부는 검정교과서의 내용을 활용하는 경우가 있어 이에 대한 대비가 필요하다.

📝 기출 지문 Check

1. 양천제가 해체되면서 이를 대신해서 정부는 반상제를 법제적 신분제로 규정하였다. <small>11년 지방7급</small> O|X
2. 양반의 수는 늘어나고 상민과 노비의 수는 줄어들었다. <small>17년 지방7급</small> O|X
3. 역관은 외래문화의 수용에서 선구적 역할을 수행하였다. <small>17년 지방7급</small> O|X
4. 1801년(순조 1) 공노비의 노비안을 불태우고, 6만 6천여 명의 내시노비(內寺奴婢)를 양인으로 해방시켰다. <small>19년 국회9급</small> O|X
5. 서얼의 신분 상승 운동은 기술직 중인에게 자극을 주었다. <small>20년 국가9급</small> O|X
6. 남귀여가혼이 점차 축소되면서 친영제로 전환되어 갔다. <small>10년 국가9급</small> O|X
7. 부계 중심의 가족 제도가 강화되었으며 적·서의 차별이 심화되었다. <small>15년 경찰간부</small> O|X
8. 향회가 수령의 부세 자문 기구로 변질되었다. <small>16년 국가9급</small> O|X
9. 양반들은 촌락 단위의 동약을 실시하고, 문중 중심으로 서원과 사우를 많이 세웠다. <small>15년 국가9급</small> O|X
10. 수령과 향리의 영향력이 약해졌다. <small>15년 지방9급</small> O|X
11. 신향들은 지금까지 지배층으로 군림하던 구향들과 향촌 지배권을 둘러싸고 경쟁하였다. 이를 '향전'이라 한다. <small>18년 경찰3차</small> O|X
12. 향전은 수령과 향리의 권한이 강해지는 결과를 가져왔다. <small>18년 법원9급</small> O|X

📕 출제경향

- 사회 모습의 경우 향전 또는 신분제 동요 사료를 보여주고 이 시기의 모습을 묻는 형태가 전형적(난도는 낮음).
- 신분 중에서는 기술직 중인과 서얼에 대한 내용이 주로 출제(위항 문학이나 시사 조직과도 연계해 출제됨).
- 22년 지방직 9급 시험에서 13년 경찰간부후보 시험의 서얼 문제와 동일한 문제가 출제

🔍 **정답 및 해설** 1 X 2 O 3 O 4 O 5 O 6 O 7 O 8 O 9 O 10 X 11 O 12 O

1 X 법제적 신분제는 양천제(양민/천민)였다(실제적으로 반상제가 일반화).
10 X 조선 후기 향촌 사회에서는 수령을 중심으로 한 관권이 강화되고 아울러 관권을 맡아 보고 있던 향리의 역할도 커졌다.

T38 조선 후기의 사회(사회 변혁의 움직임)

사료 Check

20년 국가직 9급

사람이 곧 하늘이라. 그러므로 사람은 평등하며 차별이 없나니, 사람이 마음대로 귀천을 나눔은 하늘을 거스르는 것이다. 우리 도인은 차별을 없애고 선사의 뜻을 받들어 생활하기를 바라노라.

문쌤의 분석

동학의 사상(인내천)에 대한 사료이다. 기존에는 천주교와 동학 중 천주교의 출제 비중이 높았지만 최근에는 동학의 출제 비중이 증가하고 있다.

24년 국회직 9급

죽은 사람 앞에 술과 음식을 차려 놓는 것은 ◯◯◯ 에서 금하는 바입니다. 살아 있을 동안에도 영혼은 술과 밥을 받아 먹을 수 없거늘 하물며 죽은 뒤에 영혼이 어떻게 하겠습니까? 먹고 마시는 것은 육신의 입에 공급하는 것이요, 도리와 덕행은 영혼의 양식입니다. 비록 지극한 효자라 할지라도 맛 좋은 것이라 하여 부모가 잠들어 있는 앞에 차려 드릴 수 없는 것은 잠들었을 동안은 먹고 마시는 때가 아닌 까닭입니다. 잠시 잠들었을 때도 그러하거늘 하물며 영원히 잠들었을 때는 어떻겠습니까? - 정하상, 『상재상서』-

자료의 ①에 해당하는 종교는 천주교이다. 『상재상서』는 기해박해 때 천주교 교리의 정당성을 알리고자 정하상이 작성한 글이다. 천주교는 조선 후기뿐만 아니라 개항기나 일제강점기의 활동을 통합적으로 묻는 문제가 출제된다.

24년 국회직 9급

◯◯◯을/를 필두로 김사용, 우군칙, 김창시와 장사인 홍총각, 부유한 상공업자인 이희저 등이 반란군의 지휘부를 구성하였다. 반란군은 정주성에 들어가 4개월 가까이 관군과 대치하다가 성이 함락되면서 진압되었다.

홍경래의 난에 대한 사료이다. 홍경래의 난은 서북 지방에 대한 차별뿐만 아니라 참여 인물이나 지역명 (가산, 정주)이 사료 키워드로 출제되기도 한다.

기출 지문 Check

1. 기해사옥 때 흑산도로 유배를 간 정약전은 그 지역의 어류를 조사한 『자산어보』를 저술하였다. 14년 국가9급 ○|X
2. 안정복은 성리학의 입장에서 천주교를 비판하는 『천학문답』을 저술하였다. 14년 국가9급 ○|X
3. 윤지충이 모친상을 당해 신주를 불태운 것이 알려지면서 신해박해가 일어났다. 15년 서울9급 ○|X
4. 천주교는 황사영 백서 사건을 계기로 심한 탄압을 받았다. 24년 국회9급 ○|X
5. 천주교는 갑오개혁 이후 신앙의 자유를 얻었다. 24년 국회9급 ○|X
6. 동학은 최제우가 창도한 것으로 전해지며, 창도 당시 경천과 시천주 신앙을 중심으로 하였다. 15년 기상7급 ○|X
7. 동학 사상을 바탕으로 『동경대전』과 『용담유사』가 편찬되었다. 20년 국가9급 ○|X
8. 동학은 서양과 일본 세력으로부터 나라를 구한다는 반외세적 성격도 가지고 있다. 21년 경찰간부 ○|X
9. 동학에 대해 순조 즉위 이후 대탄압이 가해졌다. 20년 국가9급 ○|X
10. 홍경래의 난은 지역의 무반 출신과 광산 노동자들이 적극 가담하였다. 21년 계리직 ○|X
11. 홍경래의 난은 서북 지방에 대한 차별의 타파를 내세웠다. 24년 국회9급 ○|X
12. 홍경래의 난은 삼정이정청 설치의 직접적인 계기가 되었다. 24년 국회9급 ○|X

출제경향

- 천주교는 함정 지문이 전형적(안정복의 천주교에 대한 입장이나 박해 관련 인물들을 바꾸는 방식으로 출제).
- 동학은 창시 당시의 모습이나 교리 관련 내용은 출제 비중이 낮음(but 동학 농민 운동의 출제 비중은 높음).
- 농민 봉기의 경우 홍경래의 난의 출제 비중이 높음(21년 계리직 시험에서 고난도 문제가 출제).
- 임술 농민 봉기는 삼정이정청 설치 내용이 주로 출제.

 정답 및 해설 1 X 2 O 3 O 4 O 5 X 6 O 7 O 8 O 9 X 10 O 11 O 12 X

1. X 기해사옥 때가 아니라 순조 원년 신유박해(1801) 때 흑산도로 유배를 간 정약전이 그 지역의 어류를 조사한 『자산어보』를 저술하였다.
5. X 천주교는 조·불 수호 통상 조약(1886)이 체결되면서 신앙의 자유를 얻게 되었다.
9. X 순조 즉위 이후 대탄압이 가해진 것은 천주교이다.
12. X 삼정이정청은 철종 때 일어난 임술 농민 봉기의 수습 과정에서 설치되었다.

T39 조선 후기의 경제(수취 체제 개편)

📝 사료 Check

16년 법원직 9급

마침내 **연분9등법을 파하였다.** 삼남지방은 각 등급으로 결수를 정해 조안에 기록하였다. 영남은 상지하(上之下)까지만 있게 하고, 호남과 호서지방은 중지중(中之中)까지만 있게 하였다.

23년 국가직 9급

임진왜란 이후에 우의정 **유성룡**도 역시 **미곡을 거두는 것**이 편리하다고 주장하였으나, 일이 성취되지 못하였다. 1608년에 이르러 좌의정 **이원익**의 건의로 (가) 을/를 비로소 시행하여, 민결(民結)에서 미곡을 거두어 서울로 옮기게 하였다.
— 『만기요람』 —

25년 법원직 9급

양역(良役)의 절반을 감하라고 명하였다. 임금이 명정전에 나아가 말하기를, "결포(結布)는 이미 정해진 세율이 있으니 결코 더 부과하기가 어렵고, 호포(戶布)가 조금 나을 것 같아 1필을 감하고 호전(戶錢)을 걷기로 하였으나 마음은 매우 불쾌하다. …… 호포나 결포나 모두 문제가 있기 마련이다. 이제는 1필을 감하는 정사로 온전히 돌아가야 할 것이니, 1필을 감한 **대책**을 경들은 잘 강구하라."

🔍 문쌤의 분석

인조 대의 영정법 실시 사료이다. 연분9등법을 파했다(풍흉 고려 X)는 내용이 키워드로, '**사년상하의 법을 혁파했다**'는 표현을 사용하기도 한다.

(가)는 대동법이다. 유성룡이 주장한 것과 이원익의 건으로 시행된 것을 통해 알 수 있다. **대동법은 실시 사료가 다양하지만 대부분 키워드가 명확해 체감난도가 낮다.**

영조 때 균역법 실시 사료로 밑줄 친 '대책'은 균역법 실시로 감소된 재정의 보충책을 의미한다. **균역법은 실시 배경이나 내용보다 재정 보충책을 중심으로 출제된다.** 선무군관이 양반이 아닌 것에도 주의해야 한다.

📝 기출 지문 Check

1. 영정법에 따라 전세가 풍흉에 관계없이 토지 1결당 미곡 4두로 정해졌다.
　　　　　　　　　　　　　　　　　　　　　　　　13년 지방9급　O | X
2. 대동법은 인조 때 처음으로 경기도에서 시행하였다. 16년 국가9급　O | X
3. 대동법은 장시의 확대에 기여하였다. 23년 국가9급　O | X
4. 대동법은 공납의 폐단을 막기 위해 실시하였다. 23년 국가9급　O | X
5. 대동법은 호(戶)를 기준으로 하였기 때문에 농민의 세금 부담이 줄어들었다.
　　　　　　　　　　　　　　　　　　　　　　　　13년 지방9급　O | X
◆ 6. 대동법의 운영 과정에서 유치미(留置米)는 증가하고 상납미(上納米)는 감소하였다.
　　　　　　　　　　　　　　　　　　　　　　　　17년 경찰2차　O | X
7. 대동법 실시 이후에도 별공(別貢)과 진상(進上)은 그대로 남아 있었다. 17년 경찰2차　O | X
8. 대동법 실시로 공인에게 비용을 지급하고 필요 물품을 조달하였다. 23년 국가9급　O | X
9. 균역법 실시에 따른 대책으로 원납전을 징수하였다. 25년 법원9급　O | X
10. 균역법 시행으로 감소된 재정을 보충하기 위해 지주에게 토지 1결당 미곡 4두를 부담시켰다. 25년 서울9급 1차　O | X
◆ 11. 균역법 실시로 일부 양반층에게 선무군관이라는 칭호를 주고 군포 1필을 납부하게 하였다.
　　　　　　　　　　　　　　　　　　　　　　　　17년 지방9급　O | X
12. 균역법 실시로 각 아문이나 궁방에서 받아들이던 어세, 염세, 선세를 균역청에서 관할케 하였다. 17년 국회9급　O | X

📕 출제경향

- 영정법은 균역법이나 대동법에 비해 출제 비중이나 난도가 낮음.
- 선무군관포 등 균역법 실시로 인한 재정 보충책이 자세하게 출제(선무군관포는 양반에게 징수하는 것이 아닌 점에 주의).
- 대동법은 대체로 기출 내용 안에서 출제.

🔍 정답 및 해설
1 O　2 X　3 O　4 O　5 X　6 X　7 O　8 O　9 X　10 X　11 X　12 O

2　X 대동법은 광해군 때 경기도에서 처음으로 시행하였다.
5　X 대동법은 호(戶)마다 토산물을 부과·징수하던 공물 납부 방식을 토지 결수에 따라 쌀이나 삼베, 무명, 동전 등으로 납부하게 하는 제도이다.
6　X 운영 과정에서 중앙 정부에 올리는 상납미의 비율이 증가해 지방 관아에서 사용하는 유치미가 감소하였다.
9　X 흥선 대원군은 경복궁 중건을 위하여 원납전을 강제로 징수하였다.
10　X 결작은 지주에게 토지 1결당 미곡 2두(4두 X)를 부담시켰다.
11　X 부유한 상민들에게(양반 X) 선무군관포를 징수하였다.

T39 조선 후기의 경제(농업·상업 등)

📝 사료 Check

24년 지역인재 9급

밭에 심는 것은 9곡뿐이 아니다. 모시, 오이, 배추, 도라지 등의 농사를 잘 경작하면 조그만 밭이라도 얻는 이익이 헤아릴 수 없이 크다. 한성 내의 읍과 도회지의 파밭, 마늘밭, 배추밭, 오이밭에서는 10무(畝)의 땅으로 많은 돈을 번다. 서쪽 지방의 담배밭, 북쪽 지방의 삼밭, 한산의 모시밭, 전주의 생강밭, 강진의 고추밭, 황주의 지황밭은 모두 논 상상등(上上等) 이익의 10배에 달한다.
– 『경세유표』 –

🧑‍🏫 문쌤의 분석

조선 후기 상품 작물 재배에 대한 사료이다. 조선 후기의 경제 모습을 묻는 문제뿐만 아니라 농법이나 고구마, 담배 등 **상품 작물에 대해 자세하게 묻는 문제의 사료로도 출제**된다.

21년 법원직 9급

"내 조금 시험해 볼 일이 있어 그대에게 만 금(萬金)을 빌리러 왔소."하였다. 변씨는 "그러시오."하고 곧 만 금을 내주었다. …… 허생은 만 금을 얻어 생각하기를 "저 안성은 기(畿)·호(湖)의 어우름이요, 삼남의 어귀이다."하고는 이에 머물러 살았다. 그리하여 대추, 밤, 감, 배, 석류, 귤, 유자 등의 과실을 모두 두 배 값으로 사서 저장하였다. 허생이 과실을 몽땅 사들이자 온 나라가 잔치나 제사를 치르지 못하게 되었다. 그런 지 얼마 아니 되어서 두 배 값을 받은 장사들이 도리어 열 배의 값을 치렀다.

조선 후기 경제 상황을 묘사한 박지원의 『허생전』 내용이다. 매점매석을 할 수 있을 정도로 자본력을 갖춘 상인인 도고에 대한 내용이 등장하고 있다.

📝 기출 지문 Check

1. 조선 후기에는 일부 지방에서 도조법으로 지대를 납부하였다. 17년 국가9급 O | X
2. 담배, 인삼, 채소 등 상품작물을 재배하는 상업적 농업이 발달하였다. 20년 지방7급 O | X
3. 모내기법의 결과 농민 수입의 증가로 농촌 내 빈부 격차가 줄어들었다. 18년 법원9급 O | X
◆ 4. 이앙법은 조선 초기부터 정부에서 적극적으로 권장하여 조선 후기 들어 전국적으로 확산되었다. 21년 경찰간부 O | X
5. 밭에서의 재배 방식으로 견종법(畎種法)이 보급되었다. 20년 지방7급 O | X
6. 수공업에서 자금과 원자재를 미리 받아 제품을 만드는 선대제가 활발해졌다. 13년 서울9급 O | X
7. 광산 경영 전문가인 덕대는 대개 상인 물주에게 자본을 조달받았다. 09년 지방7급 O | X
8. 특정 상품들을 독점 판매하는 도고 상업이 성행하였다. 12년 국가9급 O | X
9. 전국적으로 발달한 장시를 토대로 한 사상들이 성장하였다. 12년 국가9급 O | X
10. 개성의 송상은 인삼을 재배·판매하고 대외 무역에도 깊이 관여하였다. 11년 국가7급 O | X
11. 강경포, 원산포 등의 포구들이 상업의 중심지로 성장하였다. 23년 지역인재9급 O | X
12. 객주나 여각은 상품 매매를 중개하고, 운송·보관·숙박 등의 영업도 하였다. 23년 지역인재9급 O | X
13. 국가가 동전을 대량으로 발행하지만 유통 화폐가 부족해지는 전황이 일어나기도 하였다. 23년 지역인재9급 O | X
◆ 14. 조선 후기에 상평통보가 널리 유통되면서 환, 어음 등의 신용 화폐는 점차 소멸하였다. 15년 국가7급 O | X

📕 출제경향

- 상업의 출제 비중이 가장 높은 단원 but 최근 농업 관련 내용의 출제 비중↑(고구마 전래와 재배, 이앙법 심화 내용 등 고난도 문제도 출제).
- 대외 무역의 경우 기술직 중인(역관)과 관련된 내용(팔포 무역)이 자주 출제.
- 최근 고려 시대 화폐 문제의 난도가 높아져 조선 시대 화폐 관련 문제도 난도가 높아질 가능성이 있음(화폐는 순서도 출제된 적이 있음).

🔍 정답 및 해설
1 O 2 O 3 X 4 X 5 O 6 O 7 O 8 O 9 O 10 O 11 O 12 O 13 O 14 X

3 X 농민 간의 빈부 격차가 커졌다.
4 X 조선 초기에 정부는 이앙법을 금지하였다.
14 X 조선 후기에는 상평통보가 본격적으로 주조되고 널리 유통되었으며, 상품 화폐 경제가 발달하면서 환, 어음 등의 신용 화폐가 점차 보급되어 갔다.

T40 조선 후기의 문화(성리학의 변화·양명학)

사료 Check

17년 국가직 7급

나의 학문은 안에서만 구할 뿐이고 밖에서는 구하지 않는다. …(중략)… 그런데 오늘날 주자를 말하는 자들로 말하면, 주자를 배우는 것이 아니라 다만 주자를 빌리는 것이요, 주자를 빌릴 뿐만 아니라 곧 주자를 부회해서 자기들의 뜻을 성취하려 하고 주자를 끼고 위엄을 지어 자기들의 사욕을 달성하려 할 뿐이다.

문쌤의 분석

하곡 정제두의 문집인 『하곡집(霞谷集)』에 수록되어 있는 글이다. 성리학에 대한 비판 내용 때문에 윤휴나 박세당과 혼동하기 쉬운 고난도 사료이다.

기출 지문 Check

1. 17세기에 윤휴는 주자의 사상과 다른 모습을 보여 '사문난적'으로 몰렸다. 14년 국가9급 O | X
2. 양명학은 명종 대에 처음 전래되어 이황에 의해 이단으로 비판받았다. 19년 국가7급 O | X
3. 정제두는 존언, 만물일체설로 지행합일 이론을 체계화하였다. 13년 지방9급 O | X
4. 양명학은 정권에서 소외된 소론과 왕가의 종친 그리고 서얼 출신 인사들 사이에서 가학(家學)으로 이어지면서 퍼졌다. 19년 국가7급 O | X
5. 양명학은 박은식의 유교 구신론과 정인보의 조선학 운동에 큰 영향을 끼쳤다. 19년 국가7급 O | X
6. 양명학을 계승한 강화학파는 실학자들과 영향을 주고받았다. 11년 지방7급 O | X
7. 정제두는 양지와 양능의 본체성을 근거로 지행합일을 긍정하였다. 17년 국가7급 O | X

출제경향

- 호란을 전후한 시기의 명분론 대두 내용이 출제(대보단 건립 등 숙종 대의 역사와 연계해 이해할 필요가 있음.).
- 출제 비중은 높지 않지만 당락에 영향을 주는 고난도 문제가 출제되는 파트.

정답 및 해설 1 O 2 X 3 O 4 O 5 O 6 O 7 O

2 X 양명학은 중종 대에 처음 전래되었다.

T40 조선 후기의 문화(중농학파)

📝 사료 Check

23년 법원직 9급

국가는 마땅히 한 집의 생활에 맞추어 재산을 계산해서 토지 몇 부(負)를 1호의 영업전으로 한다. 땅이 많은 자는 빼앗아 줄이지 않고 미치지 못하는 자도 더 주지 않으며, 돈이 있어 사고자 하는 자는 비록 천백 결이라도 허락하여 주고, 땅이 많아서 팔고자 하는 자는 다만 영업전 몇 부 이외에는 허락하여 준다.

21년 소방간부후보

여에는 여장을 두고 1여의 농토를 여에 사는 사람들이 함께 다스리고 같이 농사짓게 하되, 내 땅 네 땅의 구별이 없고, 오직 여장의 명령에 따르게 한다. … (중략) … 그 다음은 여장의 녹(봉급)을 주고, 그 나머지를 가지고 장부에 기준하여 분배한다.

문쌤의 분석

이익이 주장한 한전론의 내용이다. 영업전(생계 유지를 위한 최소한의 토지) 설정이 키워드이다. 박지원도 한전론을 주장했지만 이익과 달리 토지 소유의 상한선을 주장했다는 것에 주의해야 한다.

정약용이 주장한 여전론의 내용이다. 출제빈도가 높지만 키워드('여', '공동경작')가 명확해 난도가 높지 않은 사료이다. 정약용은 출제 사료가 다양하지만 키워드가 명확한 사료가 대부분이다.

📝 기출 지문 Check

1. 유형원은 『반계수록』을 저술하였고, 결부법 대신에 경무법을 사용할 것을 주장하였다. 16년 경찰2차 O | X
2. 이익은 성호학파를 형성하였다. 19년 법원9급 O | X
3. 이익은 나라를 좀먹는 여섯 가지의 폐단을 지적하였다. 23년 법원9급 O | X
4. 이익은 『목민심서』와 『경세유표』 등의 저술을 남겼다. 23년 법원9급 O | X
5. 이익은 신분에 따라 차등 있게 토지를 분배하는 균전론을 내세웠다. 23년 법원9급 O | X
6. 이익은 '삼한 정통론'에서 기자가 조선에 봉해졌다는 주장을 부정하였다. 18년 지방7급 O | X
7. 이익은 역사를 움직이는 힘을 '시세(時勢)', '행불행(幸不幸)', '시비(是非)'의 순서로 봄으로써 도덕 중심 사관을 비판하였다. 11년 지방7급 O | X
8. 정약용은 홍역 관련 의서를 종합해 『마과회통』을 저술하였다. 17년 지방9급 O | X
9. 정약용은 박제가와 함께 종두법을 연구하고 실험하였다. 15년 국가7급 O | X
10. 정약용은 요하네스 테렌츠의 『기기도설』을 참고하여 거중기를 제작하였다. 17년 경찰2차 O | X
11. 정약용은 『경세유표』에서 『주례』에 나타난 주나라 제도를 모범으로 하여 중앙과 지방의 정치 제도를 개혁할 것을 제안했다. 17년 지방7급 O | X
12. 정약용은 서얼 출신으로 상공업 육성과 청과의 통상 무역 등을 주장하였다. 19년 서울7급 1차 O | X

출제경향

- 정약용은 단독 문제 출제 비중이 매우 높음. 최근 출제 사료가 다양해지고 있고 키워드가 명확하지 않은 고난도 사료가 많은 인물이라 주의가 필요함.
- 이익은 토지 제도나 국가 정책 내용 외에도 역사학 관련 내용(삼한 정통론 등)의 출제 비중이 높아지고 있음.

🔍 **정답 및 해설** 1 O 2 O 3 O 4 X 5 X 6 X 7 O 8 O 9 O 10 O 11 O 12 X

4 X 정약용에 대한 설명이다.
5 X 유형원에 대한 설명이다.
6 X 이익의 삼한 정통론은 단군-기자-마한으로 이어지는 정통론이다(기자 부정 X).
12 X 박제가에 대한 설명이다.

T40 조선 후기의 문화(중상학파 및 기타 실학자들)

📝 사료 Check

<small>17년 국가직 9급</small>

천체가 운행하는 것이나 지구가 자전하는 것은 그 세가 동일하니, 분리해서 설명할 필요가 없다. 생각건대 9만 리의 둘레를 한 바퀴 도는 데 이처럼 빠르며, 저 별들과 지구와의 거리는 겨우 반경(半徑)밖에 되지 않는데도 오히려 몇 천만 억의 별들이 있는지 알 수가 없다. 하물며 은하계 밖에도 또 다른 별들이 있지 않겠는가!

<small>22년 국가직 9급</small>

진실로 토지의 소유를 제한하는 법령을 세워, "어느 해 어느 달 이후로는 제한된 면적을 초과해 소유한 자는 더는 토지를 점하지 못한다. 이 법령이 시행되기 이전부터 소유한 것에 대해서는 아무리 광대한 면적이라 해도 불문에 부친다. 자손에게 분급해 주는 것은 허락한다. 만약에 사실대로 고하지 않고 숨기거나 법령을 공포한 이후에 제한을 넘어 더 점한 자는 백성이 적발하면 백성에게 주고, 관(官)에서 적발하면 몰수한다."라고 하면, 수십 년이 못 가서 전국의 토지 소유는 균등하게 될 것입니다.

🔍 문쌤의 분석

홍대용의 지전설 주장 사료이다. 홍대용은 지구 자전(지전설)이나 '실옹', '허자' 등 포인트가 명확한 사료가 자주 출제된다. 하지만 유형원(균전론), 김석문(지전설) 등 다른 인물과 혼동할 수 있는 내용들이 있어 주의가 필요하다.

박지원의 한전론 내용이다. 이익의 한전론과 달리 토지 소유의 상한선을 제시한 것이 특징이다. 박지원은 홍대용이나 박제가에 비해 단독 문제 출제 비중이 낮았으나 최근 출제 비중이 높아지고 있는 인물이다. 대표적 사료(한전론, 열하일기)에서 다른 인물과 구분하기 어려운 특징들이 있어서 주의가 필요하다.

✏️ 기출 지문 Check

1. 홍대용은 『양반전』을 지어 양반의 허례와 무능을 풍자하였다. <small>22년 국회9급</small> O | X
2. 홍대용은 지전설을 바탕으로 중국 중심의 세계관을 비판하였다. <small>22년 국회9급</small> O | X
3. 홍대용은 『우서』에서 사농공상의 평등과 전문화를 주장하였다. <small>22년 국회9급</small> O | X
4. 홍대용은 『임하경륜』을 통해서 성인 남자들에게 2결의 토지를 나누어 줄 것을 주장하였다. <small>17년 국가9급</small> O | X
5. 홍대용은 『주해수용』을 저술하여 우리나라, 중국, 서양 수학의 연구 성과를 정리하였다. <small>16년 경찰간부</small> O | X
◆ 6. 홍대용은 사람과 만물의 본성이 같지 않다는 '인물성이론'의 입장에서 자연 과학을 탐구하였다. <small>10년 국가7급</small> O | X
7. 홍대용은 『의산문답』에서 성리학의 극복이 부국강병의 요체라고 주장하였다. <small>18년 경찰간부</small> O | X
8. 홍대용은 『역학도해』에서 지전설을 주장하였다. <small>19년 기상9급</small> O | X
9. 박지원은 『과농소초』에서 한전제를 주장하였다. <small>25년 국가9급</small> O | X
10. 연암 박지원은 한전론(限田論)을 제안하였는데, 토지 소유의 상한선을 정하면 토지 소유의 양극화를 해소할 수 있다고 생각하였다. <small>16년 서울7급</small> O | X
11. 박제가는 서얼 출신으로 규장각 검서관에 등용되었다. <small>16년 사회복지9급</small> O | X
12. 박제가는 청과의 통상과 수레의 이용을 주장하였다. <small>24년 지방9급</small> O | X
◆ 13. 『임원경제지』를 저술한 서유구는 전국 주요 지역에 국가 시범 농장인 둔전을 설치하여 혁신적 농법과 경영 방법으로 수익을 올려서 국가 재정을 보충할 것을 제안했다. <small>18년 지방9급</small> O | X

📕 출제경향

- 중상학파 실학자 중에는 홍대용과 박제가의 단독 출제 비중이 높음 but 최근 시험에서는 박지원의 출제 비중이 높아지고 있음.
- 박지원은 한능검에서는 출제 사료가 다양한 인물이지만 공무원 시험에서는 아직 다양한 사료가 출제되고 있지 않음. 지문이나 사료의 난도가 높아질 수 있는 인물이기 때문에 주의가 필요함.
- 최근 허목, 서유구, 허균 등 기존에 출제 비중이 높지 않았던 인물들이 지문으로 자주 출제.

🔍 정답 및 해설
1 X 2 O 3 X 4 O 5 O 6 X 7 O 8 X 9 O 10 O 11 O 12 O 13 O

1 X 박지원에 대한 설명이다.
3 X 유수원에 대한 설명이다.
6 X 홍대용 등 중상학파는 사람과 만물의 본성이 같다는 '인물성동론'의 입장에서 자연과학을 탐구하였다.
8 X 김석문에 대한 설명이다.

05 근대 사회의 태동   075

T40 조선 후기의 문화(국학 연구)

📝 사료 Check

<small>18년 서울시 7급 2차</small>

부여씨가 망하고 고씨가 망하자 **김씨가 그 남쪽을 영유하였고, 대씨가 그 북쪽을 영유하여 발해라 하였다. 이것이 남북국이라 부르는 것**으로, 마땅히 남북국사가 있어야 했음에도 고려가 이를 편찬하지 않은 것은 잘못된 일이다. 무릇 대씨가 누구인가? 바로 고구려 사람이다. 그가 소유한 땅은 누구의 땅인가? 바로 고구려 땅이다.

<small>15년 지방직 9급</small>

삼국사에서 신라를 으뜸으로 한 것은 신라가 가장 먼저 건국했고, 뒤에 고구려와 백제를 통합하였으며, 또 고려는 신라를 계승하였으므로 편찬한 것이 모두 신라의 남은 문적(文籍)을 근거로 했기 때문이다. …(중략)… **고구려의 강대하고 현저함은 백제에 비할 바가 아니며, 신라가 차지한 땅은 남쪽의 일부에 불과할 뿐**이다. 그러므로 **김씨는 신라사에 쓰여진 고구려 땅을 근거로 했을 뿐**이다.

 문쌤의 분석

유득공의 『발해고』 내용이다. 키워드(발해, 남북국)가 명확해서 난도가 낮은 사료이다. 『발해고』나 유득공 문제보다는 발해 문제의 사료로 자주 출제된다.

안정복이 저술한 『동사강목』의 일부이다. 삼국은 무통이라는 입장과 모순되는 것 같은 내용(고구려의 강대함 찬양)으로 인해 다른 역사서와 혼동할 수 있는 사료이다.

📝 기출 지문 Check

1. 홍여하의 『동국통감제강』에서는 기자의 전통이 마한을 거쳐 신라로 이어졌다고 하여 기자-마한-신라를 정통 국가로 내세웠다. <small>17년 국가7급</small> O│X
2. 홍여하는 『휘찬여사』에서 기자-마한-신라를 정통 국가로 내세웠다. <small>23년 국회9급</small> O│X
3. 임상덕의 『동사회강』에서는 마한을 정통으로 인정하지 않고 삼국을 무통으로 보았다. <small>17년 국가7급</small> O│X
4. 홍만종의 『동국역대총목』은 단군 정통론의 입장에서 기술하였다. <small>19년 국가9급</small> O│X
5. 안정복의 『동사강목』은 마한을 중시하고 삼국을 무통(無統)으로 보는 입장에서 우리 역사를 체계화하였다. <small>18년 지방9급</small> O│X
6. 안정복의 『동사강목』은 기사 본말체로 역사를 서술하였다. <small>22년 지방9급</small> O│X
7. 유득공의 『발해고』에는 남북국이라는 용어가 사용되었다. <small>22년 지방9급</small> O│X
8. 유득공의 『발해고』는 만주 지역까지 우리 역사의 범위를 확장하였다. <small>22년 국가9급</small> O│X
9. 이종휘는 『동사』를 지어 고구려사에 대한 관심을 고조시켰다. <small>17년 서울9급</small> O│X
10. 한치윤은 『해동역사』를 저술하면서 500여 종의 중국, 일본 자료를 참고하였다. <small>23년 국회9급</small> O│X
11. 한백겸은 『동국지리지』에서 고대사의 지명을 새롭게 고증하였다. <small>23년 국회9급</small> O│X
12. 김정희는 『금석과안록』을 지어 북한산비가 진흥왕 순수비임을 밝혔다. <small>16년 경찰1차</small> O│X
13. 이중환의 『택리지』는 우리나라 각 지역의 인문 지리적 특성을 제시하였다. <small>23년 계리직</small> O│X
14. 동국지도는 정상기가 실제 거리 100리를 1척으로 줄인 백리척을 적용하여 제작하였다. <small>23년 국가9급</small> O│X
15. 대동여지도는 거리를 알 수 있도록 10리마다 눈금을 표시하였다. <small>23년 국가9급</small> O│X

📕 출제경향

- 사료 제시형의 문제보다는 단순하게 보기를 나열하는 형식의 문제가 자주 출제되는 단원.
- 역사서의 경우 과거에는 내용 중심으로 출제 → 최근에는 정통론 관련 출제 비중이 높아짐(단군과 기자 관련 내용에 주목).
- 정통론을 제외한 지문은 대부분 검정 교과서 내용 안에서 출제(고난도 지문 포함).
- 서적 편찬 순서나 국왕 업적과 연계된 문제도 출제되기 때문에 주요 서적들의 경우 대략적인 편찬 시기를 알아둘 필요가 있음.
- 지도·지리서 분야의 경우 출제 빈도는 높지 않지만 고난도 문제가 출제되는 경우가 있음.

🔍 정답 및 해설
1 O 2 O 3 O 4 O 5 O 6 X 7 O 8 O 9 O 10 O 11 O 12 O 13 O 14 O 15 O

6 X 안정복의 『동사강목』은 강목체 형식의 편년체 역사서이다.

T40 조선 후기의 문화(과학기술과 서민문화의 발달)

📝 사료 Check

19년 소방간부후보

어느 고을에 벼슬을 좋아하지 않는 듯한 선비가 있으니 그의 호는 **북곽 선생**이었다. 나이 마흔에 손수 교정한 글이 1만 권이며, 경전의 뜻을 설명하여 엮은 책이 1만 5천 권이었다. …(중략)… 그 고을 동쪽에는 동리자라는 과부가 살았는데 수절하는 과부였으나 아들 다섯의 성이 각기 달랐다. 어느 날 밤 둘이 같은 방에 있으니 그 아들들은 어진 북곽 선생이 밤에 과부를 찾아올 일이 없으니 여우가 둔갑한 것이라 여기고 잡으려 하였다. **북곽 선생이 놀라 도망치다가 벌판의 거름 구덩이에 빠지고 말았다.**

🧑‍🏫 문쌤의 분석

박지원이 저술한 『호질』의 내용이다. 사료 내용만으로는 포인트가 적은 편이지만 실제 시험에서는 자료 출처에 '호질'이 명시되어 난도가 낮았던 사료이다. 조선 후기 문화에서는 이외에도 그림이 자료로 제시되는 경우가 있어 대표적인 그림(김홍도와 신윤복의 풍속화, 정선의 진경산수화)을 알아두어야 한다.

📝 기출 지문 Check

1. 조선 후기에는 서양인이 제작한 세계 지도의 전래로 조선인들의 세계관이 확대되었다. 16년 사회복지9급 O | X

2. 이광정은 『지구전요』에서 지구의 자전과 공전을 함께 주장하였고, 자전과 공전설이 코페르니쿠스의 것임을 밝혔다. 19년 경찰2차 O | X

3. 『동의수세보원』은 사람의 체질을 태양인·태음인·소양인·소음인으로 구분하여 치료하는 체질 의학 이론으로, 오늘날까지도 한의학계에서 통용되고 있다. 11년 국가9급 O | X

4. 신속은 『농가집성』을 펴내 벼농사 중심의 농법을 소개하였다. 11년 국가9급 O | X

5. 『과농소초』는 홍만선이 화초 재배법에 대해 저술한 것이다. 15년 국가9급 O | X

6. 박지원은 허생전, 양반전 등 당시의 사회를 풍자하는 한글소설을 썼다. 22년 경찰간부 O | X

7. 생활 모습을 그린 풍속화와 출세와 장수, 행운과 복을 비는 민화가 크게 유행하였다. 20년 경찰2차 O | X

8. 김제 금산사 미륵전은 다층 건물이나 내부가 하나로 통한다. 19년 국가9급 O | X

9. 보은 법주사 팔상전은 우리나라에 남아 있는 조선시대 건축물 중 유일한 5층 목탑이다. 24년 국가9급 O | X

10. 정선은 우리나라의 고유한 자연을 사실적으로 표현하려는 진경산수화를 즐겨 그렸다. 14년 경찰2차 O | X

11. 신윤복은 주로 도회지 양반의 풍류 생활과 부녀자의 풍습 그리고 남녀 간의 애정을 감각적이고 해학적으로 묘사하였다. 16년 경찰2차 O | X

12. 서양식 화법이 도입되어 원근법을 사용하거나 인물의 측면을 묘사하는 그림이 등장하였다. 22년 계리직 O | X

13. 김정희는 고금의 필법을 연구하여 굳센 기운과 다양한 조형성을 갖춘 글씨체를 창안하였다. 14년 경찰2차 O | X

14. 조선 후기에는 분청사기가 전국의 자기소와 도기소에서 널리 만들어졌다. 13년 법원9급 O | X

15. 중인들이 시사를 결성하고 문학 활동을 했다. 17년 기상9급 O | X

16. 문화 인식의 폭이 확대되어 백과 사전류의 저서가 편찬되었다. 23년 법원9급 O | X

📕 출제경향

- 농서의 경우 내용보다는 저자와 저서 중심으로 체크.
- 건축물은 건립 시기 관련 문제가 주로 출제되었으나 법주사 팔상전에 대한 자세한 내용(내부 통층 구조, 현존 유일 조선 5층 목탑)이 출제.
- 조선 후기 회화는 한능검에서는 출제 비중이 높지만 공무원 시험은 사진 자료의 출제 빈도가 낮아 회화 출제 비중도 낮음.

🔍 정답 및 해설
1 O 2 X 3 O 4 O 5 X 6 X 7 O 8 O 9 O 10 O 11 O 12 O 13 O 14 X 15 O 16 O

- 2 X 이광정이 아니라 최한기에 대한 내용이다. 이광정은 선조 때 서양 선교사가 만든 세계지도인 곤여만국전도를 전한 인물이다.
- 5 X 『과농소초』는 박지원이 영농 기술에 관해 저술한 농서이다. 홍만선은 『산림경제』를 저술했다.
- 6 X 『양반전』과 『허생전』은 한글소설이 아닌 한문소설이다.
- 14 X 분청사기는 조선 초기까지 유행하였다.

2026
문동균 한국사
판서노트 1/2 특강

PART 06

근대 사회의 전개

T41 흥선 대원군의 개혁 정책

T42 강화도 조약
     (1876. 2, 조·일 수호 조규, 병자 수호 조약)

T43 외국과의 조약

T44 1880년대 초 정부의 개화 정책

T45 위정 척사 운동

T46 임오군란(1882. 6)

T47 개화파의 분열

T48 갑신정변(1884. 10)

T49 갑신정변 이후의 국내외 정세

T50 동학 농민 운동(1894)

T51 갑오개혁

T52 청일 전쟁 이후 ~ 독립협회 창립

T53 대한제국(1897~1910)

T54 항일 의병 운동

T55 애국계몽운동

T56 간도와 독도

T57 개항 이후의 경제

T58 경제적 구국 운동

T59 사회 구조와 의식의 변화

T60 근대 문물의 수용

T61 근대 신문·교육

T62 국학 연구·문예 및 종교

T41 흥선 대원군의 개혁 정책

📝 사료 Check

<small>19년 소방간부후보</small>

<u>(가)</u> 이/가 집권한 후 어느 공회 석상에서 음성을 높여 여러 대신을 향해 말하기를 "<u>나는 천리를 끌어다 지척(咫尺)을 삼겠으며 태산을 깎아내려 평지를 만들고 또한 남대문을 3층으로 높이려 하는데</u> 여러 공들은 어떠시오?"라고 하였다.
- 매천야록 -

<small>20년 국가직 9급</small>

그들 <u>조선군은 비상한 용기를 가지고 응전하면서 성벽에 올라 미군에게 돌을 던졌다.</u> 창칼로 상대하는데 창칼이 없는 병사들은 맨손으로 흙을 쥐어 적군 눈에 뿌렸다. 모든 것을 각오하고 한 걸음 한 걸음 다가드는 적군에게 죽기로 싸우다 마침내 총에 맞아 죽거나 물에 빠져 죽었다.

🔖 문쌤의 분석

(가)에 해당하는 인물은 흥선 대원군이다. 세도 가문 혁파(태산을 깎아), 남인 중용(남대문을 높이려) 등 개혁 의지를 드러낸 것으로 **흥선 대원군 사료 중 가장 출제빈도가 높다.**

신미양요(1871) 당시의 모습을 묘사한 사료이다. 병인양요와 신미양요는 침략 국가를 정확하게 제시하지 않고 **활약 인물(양헌수, 어재연 등)이 사료 키워드로 등장하는 경우도 많아** 인물을 함께 알아두어야 한다.

📝 기출 지문 Check

1 흥선 대원군은 전국 여러 곳에 척화비를 세우도록 했다. <small>22년 국가9급</small> O | X
2 흥선 대원군은 비변사의 기능을 강화하였다. <small>23년 국가9급</small> O | X
3 흥선 대원군은 임진왜란 때 소실된 경복궁을 재건하고, 광화문 앞의 육조 거리 등 한양의 도시 구조를 복원하였다. <small>18년 경찰1차</small> O | X
4 흥선 대원군은 을미의병이 확산되자 해산 권고 조칙을 발표하였다. <small>16년 지방7급</small> O | X
5 흥선 대원군은 통상 수교 거부 정책을 추진하였다. <small>23년 국가9급</small> O | X
♦ 6 흥선 대원군은 순무영을 설치하였다. <small>17년 국가7급(하)</small> O | X
7 흥선 대원군은 군국기무처 총재를 역임하였다. <small>21년 국가9급</small> O | X
8 흥선 대원군은 서원을 대폭 줄이는 정책을 추진하였다. <small>21년 지방9급</small> O | X
9 흥선 대원군은 은결을 색출하고 호포제를 실시하였다. <small>21년 법원9급</small> O | X
10 흥선 대원군은 『대전회통』을 편찬하였다. <small>23년 국가9급</small> O | X
♦ 11 고종 대에는 세한도가 제작되었다. <small>19년 지방9급</small> O | X
12 『직지심체요절』은 병인양요 때 프랑스군에게 약탈당하였다. <small>13년 국가9급</small> O | X
13 병인양요 때는 어재연이 강화도 광성보 전투에서 전사하였다. <small>24년 지방9급</small> O | X
14 병인양요 때 한성근 부대는 문수산성에서, 양헌수 부대는 정족산성(삼랑성)에서 프랑스 군대와 전투를 벌였다. <small>20년 경찰2차</small> O | X
15 제너럴 셔먼호 사건과 미군의 광성보 점령 사건 사이 시기에 오페르트가 남연군의 묘 도굴을 시도하였다. <small>21년 지방9급</small> O | X

📕 출제경향

- 사료와 지문이 대체로 기출 범위 안에서 출제되기 때문에 고난도 문제의 비중이 낮은 단원.
- 주로 흥선 대원군의 정책이 출제되었지만 최근에는 흥선 대원군 인물사나 고종 대 사건 등 출제 주제가 다변화되고 있음.
- 흥선 대원군 집권기의 대외 정책과 관련된 사건들은 주로 순서 나열 문제 형식으로 출제. 단독 문제로 출제될 경우에는 신미양요보다 병인양요의 출제 비중이 높음.

🔍 정답 및 해설
1 O 2 X 3 O 4 X 5 O 6 O 7 X 8 O 9 O 10 O 11 X 12 X 13 X 14 O 15 O

2 X 흥선 대원군은 세도 가문이 장악하고 있던 비변사를 축소·폐지시키고, 의정부와 삼군부의 기능을 부활시켰다.
4 X 고종에 대한 설명이다.
7 X 김홍집에 대한 설명이다.
11 X 『세한도』는 김정희가 사제간의 의리를 잊지 않고 두 번씩이나 북경에서 귀한 책들을 구해다 준 제자 이상적에게 1844년(헌종 10) 답례로 그려준 것이다.
12 X 『직지심체요절』은 조선 고종 때 프랑스 공사였던 꼴랭 드 쁠랑시가 수집해서 프랑스로 반출하였다. 1950년 사망 이후 프랑스 파리 국립 도서관으로 이관되어 현재에 이르고 있다.
13 X 신미양요 때 어재연이 광성보에서 항전하였다.

T42-43 강화도 조약~ 외국과의 조약

사료 Check

14년 지방직 9급

- <u>조선국은 자주국</u>으로 일본국과 평등한 권리를 보유한다.
- 경기, 충청, 전라, 경상, 함경 5도 연해 중에서 <u>통상하기 편리한 항구 두 곳을 택하여 지정</u>한다.

21년 국가직 9급

1905년 8월 4일 오후 3시, 우리가 앉아있는 곳은 새거모어 힐의 대기실. <u>루스벨트</u>의 저택이다. 새거모어 힐은 루스벨트의 여름용 대통령 관저로 3층짜리 저택이다. …(중략)… 대통령과 마주 하자 나는 말했다. "감사합니다. 각하. 저는 <u>대한제국 황제의 친필 밀서</u>를 품고 지난 2월에 헤이 장관을 만난 사람입니다. 그 밀서에서 우리 황제는 <u>1882년에 맺은 조약의 거중조정 조항</u>에 따른 귀국의 지원을 간곡히 부탁했습니다."

문쌤의 분석

강화도 조약(1876)의 내용이다. 청의 간섭을 배제하기 위해 조선을 자주국으로 규정한 것이 특징이다. 강화도 조약은 해안 측량권 인정 등 불평등 조약의 내용이 지문으로 자주 출제된다.

밑줄 친 '조약'은 조·미 수호 통상 조약이다. 체결 시기와 거중조정 조항이 포함된 것을 통해 이를 알 수 있다. 조·미 수호 통상 조약은 최혜국 대우 등 강화도 조약과 구분되는 특징이 지문으로 자주 출제되기 때문에 이를 중심으로 내용을 암기해야 한다.

기출 지문 Check

1. 강화도 조약에서는 청을 의식하여 조선을 자주국으로 인정하였다. 13년 국가7급 O | X
2. 강화도 조약에서 최혜국 대우 규정이 함께 명문화되면서 불평등 무역이 조장되었다. 13년 지방9급 O | X
3. 강화도 조약에서 개항지 지정이 약정되면서 군산항, 목포항, 양화진이 차례로 개항되었다. 13년 지방9급 O | X
4. ◆ 강화도 조약 체결로 개항장에서 일본 화폐의 유통을 허용하였다. 16년 국가7급 O | X
5. ◆ 조·일 수호 조규와 조·일 수호 조규 부록, 조·일 무역 규칙에는 일본인 범죄자에 대한 영사 재판을 허용하는 조항이 모두 들어 있다. 16년 국가7급 O | X
6. 조·미 수호 통상 조약은 『조선책략』의 영향을 받았다. 21년 국가9급 O | X
7. 조·미 수호 통상 조약에서는 영사재판권이 인정되었다. 21년 국가9급 O | X
8. 조·미 수호 통상 조약에는 다른 나라의 압박을 받으면 거중 조정한다는 내용의 조항이 들어 있었다. 17년 국가7급 O | X
9. 조·미 수호 통상 조약은 조선과 영국의 통상 조약 체결 이후 맺어졌다. 17년 국가7급 O | X
10. ◆ 조·미 수호 통상 조약은 강화도 조약과 달리 관세 조항이 들어 있었다. 17년 경찰1차 O | X

출제경향

- 각 조약의 내용을 명확하게 구분할 수 있어야 함 (오답 지문으로 다른 조약의 내용이 등장하는 경향이 있음).
- 강화도 조약과 그 부속 조약들은 각각 별개의 조약으로 출제되는 경우가 있어 구분해서 암기해야 함.
- 항구의 개항 순서나 시기(대한 제국 시기에 개항된 곳인지)를 구분할 필요가 있음.
- 조·미 수호 통상 조약의 경우 전권대신으로 신헌, 부대신으로 김홍집이 파견되어 신헌과 김홍집이 모두 체결 당사자로 지문에 등장함.

정답 및 해설 1 O 2 X 3 X 4 X 5 X 6 O 7 O 8 O 9 X 10 O

2 X 최혜국 대우 규정은 강화도 조약에는 포함되어 있지 않다. 일본의 최혜국 대우 규정은 1883년 조·일 통상장정에서 이루어졌다.
3 X 강화도 조약에서는 부산 외에 2개 항구를 개항한다는 내용이 포함되어 있다. 이에 부산(1876), 원산(1880), 인천(1883)이 개항되었다.
4 X 조·일 수호 조규 부록의 내용에 해당한다.
5 X 세 조약 중 치외법권(영사재판권)은 조·일 수호 조규(강화도 조약)에만 들어있다.
9 X 영국과의 통상 조약은 미국과의 조약 체결(1882) 이후인 1883년에 체결되었다.

T44-45 1880년대 초 정부의 개화 정책 ~ 위정척사 운동

사료 Check

24년 국가직 9급

조선이라는 땅덩어리는 실로 아시아의 요충을 차지하고 있어 그 형세가 반드시 다툼을 불러올 것이다. 조선이 위태로우면 중동(中東)의 형세도 위급해진다. 따라서 러시아가 강토를 공략하려 한다면 반드시 조선이 첫 번째 대상이 될 것이다. …(중략)… 러시아를 막을 수 있는 조선의 책략은 무엇인가? 오직 중국과 친하며, 일본과 맺고, 미국과 연합함으로써 자강을 도모하는 길뿐이다.

문쌤의 분석

『조선책략』의 내용이다. 『조선책략』은 영향 외에도 사료에 등장하는 나라들(러시아, 미국 등)과의 외교 관계를 연계해 출제하기도 해서 각 나라들에 대한 표현을 알아두어야 한다.

23년 지방직 9급

일단 강화를 맺고 나면 저 적들의 욕심은 물화를 교역하는 데 있습니다. …(중략)… 저들이 비록 왜인이라고 하나 실은 양적(洋賊)입니다. 강화의 일이 한번 이루어지면 사학(邪學)의 서적과 천주의 상(像)이 교역하는 가운데 섞여 들어갈 것입니다.

최익현이 주장한 '왜양일체론'의 내용이다. 위정척사 운동뿐만 아니라 최익현 인물사와 함께 출제될 수 있는 사료이다. 위정척사운동은 시기별 대표적 사료를 함께 알아두는 것이 중요하다.

19년 국가직 7급

㉠ 는(은) 우리가 본래 모르던 나라입니다. 쓸데없이 타인의 권유로 불러들였다가 만에 하나 그들이 우리의 허점을 보고 우리를 업신여겨 어려운 요구를 강요하면 장차 이에 어떻게 대응할 것입니까? …(중략)… ㉡ 는(은) 본래 우리와는 싫어하거나 미워할 처지에 있지 않은 나라입니다. … (중략) … 하물며 ㉡ , ㉠ 그리고 일본은 모두 오랑캐입니다. 그들 사이에 누구는 후하게 대하고 누구는 박하게 대하기란 어려운 일입니다.

영남만인소의 내용으로, ㉠은 미국, ㉡은 러시아이다. 미국이나 러시아 관련 문제에서 가장 자주 인용되는 사료이다. 청, 일본 등 각국과의 관계를 복합적으로 묻는 문제로도 출제된다.

기출 지문 Check

1. 온건 개화파는 친청적인 외교 정책을 추진했다. 10년 법원9급 O | X
2. 동도서기론은 근대 문물 수용의 사상적 기반이 되었다. 20년 국가9급 O | X
3. 급진 개화파는 입헌 군주제에 기반한 갑신정변을 일으켰다. 10년 법원9급 O | X
4. 문명개화론을 주장한 사람들은 중국의 양무운동을 본받고자 하였다. 10년 지방7급 O | X
5. 보빙사는 청나라에서 근대 산업과 문물을 시찰하였다. 13년 지방7급 O | X
6. 사절단 파견 순서: 2차 수신사 → 조사시찰단 → 영선사 → 보빙사 16년 서울7급 O | X
7. 청에 파견된 영선사 김윤식 일행은 무기 제조법을 배웠다. 18년 국가7급 O | X
8. 강화도 조약 체결과 영선사 파견 사이 시기에 개화 정책을 추진할 기구로 통리기무아문을 설치하였다. 20년 지방9급 O | X
9. 1860년대에 최익현은 일본의 세력 확대에 맞서 척화주전론을 주장하였다.
   15년 법원9급 O | X
10. 『조선책략』은 이만손 등 영남 유생들의 반발을 불러일으켰다. 24년 국가9급 O | X
11. 『조선책략』은 청에 영선사로 파견된 김윤식에 의해 소개되었다. 24년 국가9급 O | X
12. 최익현은 서원 철폐 조치 등에 반대하면서 흥선 대원군을 탄핵하였다.
    20년 국가7급 O | X
13. 최익현은 「청토오적소(請討五賊疏)」를 올려 을사조약 파기와 매국 오적 처단을 주장하였다. 22년 국회9급 O | X

출제경향

- 정해진 범위 내에서 벗어나는 내용이 출제되는 경우가 적은 단원(지엽적인 함정 지문이 출제되기도 하지만 전형적인 함정 지문이 주로 출제).
- 온건 개화파와 급진 개화파는 서로 비교하는 문제로 자주 출제됨.
- 순서 나열 문제의 출제 빈도나 난도가 높은 단원(사절 파견은 물론 조약 체결과의 전후 순서도 함께 알아둘 필요가 있음).
- 시기별 위정척사파의 주장 내용 출제(최근에는 위정척사운동보다 개화 정책 관련 내용의 출제 비중이 높아짐).
- 최익현은 의병 관련 문제나 인물사 문제도 출제 빈도가 높은 인물.

정답 및 해설
1 O 2 O 3 O 4 X 5 X 6 O 7 O 8 O 9 X 10 O 11 X 12 O 13 O

4	X 동도서기론을 주장한 온건개화파가 중국의 양무운동을 본받고자 하였다.
5	X 보빙사(1883)는 조·미 수호 통상 조약 체결 이후 미국에 파견되었다.
9	X 1860년대에 이항로, 기정진 등이 척화주전론을 주장하며 통상 반대 운동을 전개하였다.
11	X 『조선책략』은 일본에 2차 수신사(1880)로 파견된 김홍집에 의해 국내에 들어왔다.

T46-49 임오군란 ~갑신정변 이후의 국내외 정세

사료 Check

16년 지방직 9급

<u>임오년</u> 서울의 영군(營軍)들이 큰 소란을 피웠다. 갑술년 이후 대내의 경비가 불법으로 지출되고 호조와 선혜청의 창고도 고갈되어 <u>서울의 관리들은 봉급을 못 받았으며, 5영의 병사들도 가끔 결식</u>을 하여 급기야 5영을 2영으로 줄이고 노병과 약졸들을 쫓아냈는데, 내쫓긴 사람들은 발붙일 곳이 없으므로 그들은 난을 일으키려 했다.

21년 소방직

이날 밤 <u>우정국에서 낙성연</u>을 열었는데 총판 <u>홍영식</u>이 주관하였다. 연회가 끝나갈 무렵 담장 밖에서 불길이 일어나는 것이 보였다. 이때 민영익도 우영사로서 연회에 참가하였다가 불을 끄기 위해 먼저 일어나 문 밖으로 나갔다. 밖에 흉도 여러 명이 휘두른 칼을 맞아치다가 민영익이 칼에 맞아 당상 위로 돌아와 쓰러졌다. …… 왕이 경우궁으로 거처를 옮기자 각 비빈과 동궁도 황급히 따라갔다. …… 깊은 밤, <u>일본 공사가 군대를 이끌고 와</u> 호위하였다.

- 고종실록 -

25년 국가직 9급

대저 <u>우리나라가 아시아의 중립국이 된다면 러시아를 방어하는 큰 기틀이 될 것</u>이고, 또 아시아의 여러 대국이 서로 보전하는 정략도 될 것이다. … (중략) … 이는 비단 우리나라만을 위한 것이 아니라 중국의 이익도 될 것이고, 여러 나라가 서로 보전하는 계책도 될 것이니 무엇이 괴로워서 하지 않겠는가.

문쌤의 분석

임오군란 상황을 나타낸 사료이다. 임오군란의 경우 특별한 사료가 출제되기보다는 전체적인 사건 내용을 기술하는 자료가 자주 출제된다. 발생 배경을 사료로 제시하고 결과(제물포 조약 체결 등)를 묻는 문제가 가장 전형적이다.

갑신정변에 대한 사료이다. 갑신정변 문제에서는 '우정총국', '개화당' 등 포인트가 명확한 사료가 등장하는 편인데 22년 소방간부후보 시험에서 주요 포인트를 삭제한 고난도 사료가 출제되기도 했다.

유길준의 중립화론이다. 유길준 인물사 문제뿐만 아니라 주장이 등장한 시기나 배경 등 다양한 형태로 문제가 출제된다.

기출 지문 Check

◆ 1 임오군란 후 청에 의해 파견된 묄렌도르프는 우리나라 최초의 서양인 고문이었다. 15년 법원9급 O | X

2 임오군란의 결과 5군영이 2영으로 통합되고 통리기무아문이 신설되었다. 16년 법원9급 O | X

3 갑신정변의 주도 세력은 혜상공국의 혁파 등 여러 개혁을 시도하였다. 21년 계리직 O | X

4 임오군란의 결과 조선은 일본과 제물포 조약을 체결하여 배상금을 지불하였다. 24년 서울9급 1차 O | X

5 갑신정변을 진압한 청은 조선과 조청상민수륙무역장정을 체결하였다. 23년 서울9급 1차 O | X

◆ 6 갑신정변의 결과 박문국과 전환국이 설립되었다. 18년 지방7급 O | X

7 갑신정변의 영향으로 청과 일본은 향후 조선에 군대 파병 시 서로 알린다는 내용의 텐진 조약을 체결하였다. 24년 서울9급 1차 O | X

8 갑신정변은 전제 군주제를 입헌 군주제로 바꾸어 근대 국민 국가를 수립하려고 하였다. 11년 국가7급 O | X

9 영국은 러시아의 남하를 견제한다는 구실로 불법으로 거문도를 점령하였다. 13년 지방7급 O | X

10 유길준은 미국에 파견된 보빙사의 일원이었다. 25년 국가9급 O | X

11 독일 부영사 부들러는 조선의 영세 중립국화를 건의하였다. 17년 국가9급 O | X

출제경향

- 14개조 개혁 정강은 다른 개혁안들(홍범 14조 등)과 주요 포인트를 구분해서 암기해야 함(조문을 묻는 형식으로 출제되기도 함).
- 주요 사건들 사이에 무슨 사건이 있었는지를 묻는 문제들이 자주 출제(특히 박문국, 전환국 등 근대 시설물 건립 시기와 연계해 출제).
- 중립국화론은 주장이 등장한 시기나 배경, 유길준 인물사 문제 등 다양한 형태로 출제

정답 및 해설 1 O 2 X 3 O 4 O 5 X 6 X 7 O 8 O 9 O 10 O 11 O

2 X 통리기무아문 설치(1880)와 5군영이 2영(무위영, 장어영)으로 통합·개편(1881)된 것은 임오군란 전의 사실이다.
5 X 조청상민수륙무역장정은 임오군란(1882)의 결과 체결되었다.
6 X 박문국과 전환국은 갑신정변 이전인 1883년에 설립되었다.

T50 동학 농민 운동(1894)

📝 사료 Check

24년 지방직 9급

1. 고부성을 격파하고 군수 조병갑의 목을 베어 매달 것
1. 군기창과 화약고를 점령할 것
1. 군수에게 아첨하여 백성을 침탈한 탐욕스러운 아전을 쳐서 징벌할 것
1. 전주 감영을 함락하고 서울로 곧바로 향할 것

 문쌤의 분석

전봉준 등이 작성한 사발통문의 내용으로, 동학 농민 운동의 시작점이 되었다. 난도가 높은 사료는 아니었지만 동학 농민 운동은 최근 시험에서 사료가 점차 다양해지고 있어 이에 대한 대비가 필요하다.

15년 법원직 9급

첫째, 사람을 함부로 죽이지 말고 가축을 잡아먹지 말라.(不殺人 不殺物)
둘째, 충효를 다하여 세상을 구하고 백성을 편안케 하라.(忠孝雙全 濟世安民)
셋째, 일본 오랑캐를 몰아내고 나라의 정치를 바로 잡는다.(逐滅倭夷 澄淸聖道)
넷째, 군사를 몰아 서울로 쳐들어가 권신귀족을 모두 제거한다.(驅兵入京 盡滅權貴)

- 대한계년사 -

동학 농민군 4대 강령의 내용이다. 폐정개혁안과 함께 동학 관련 대표적인 사료이다. 보국안민(백성을 편안하게), 반외세(일본 오랑캐를 쫓아 버리고) 등 동학 농민 운동의 성격이 잘 드러나 있다.

📝 기출 지문 Check

1. 고부 농민 봉기는 조병갑의 학정에 항거한 사건이며, 정부는 안핵사 이용태를 파견하여 동학교도를 색출하고 탄압하였다. 14년 경찰1차 O | X
◆ 2. 청이 조선 정부의 요청으로 파병하자, 일본은 임오군란 때 맺은 텐진(천진) 조약을 구실로 파병하였다. 14년 경찰1차 O | X
3. 혜상공국 폐지 등의 정강을 발표하였다. 24년 지방9급 O | X
4. 집강소를 설치하고 폐정개혁을 시도하였다. 24년 지방9급 O | X
5. 전주 화약 이후 조선 정부는 청·일 군대의 철수를 요청하였다. 15년 지방9급 O | X
◆ 6. 전주 화약 체결 이후 남접군과 북접군이 논산에서 합류하여 연합군을 형성하였다. 19년 국가9급 O | X
◆ 7. 우금치 전투가 진행된 당시에 동학 농민군은 고종이 홍범 14조를 발표한 사실을 알 수 있었다. 16년 국가7급 O | X
◆ 8. 동학 농민군의 잔여 세력은 활빈당, 영학당, 남학당 등을 조직해 항일 투쟁을 계속하였다. 20년 경찰2차 O | X
9. 백산 봉기와 남·북접의 논산 집결 사이 시기에 조선 정부가 개혁 기구인 교정청을 설치하였다. 22년 법원9급 O | X
10. 순서: 황룡촌 전투 → 전주화약 → 교정청 설치 → 군국기무처 설치 → 우금치 전투 순으로 전개되었다. 15년 경찰2차 O | X
11. 폐정개혁안의 내용: 토지는 평균으로 나누어 경작하도록 한다. 13년 지방7급 O | X
12. 폐정개혁안의 내용: 무명의 잡세는 모두 폐지한다. 23년 서울9급 1차 O | X

 출제경향

- 순서 문제가 자주 출제되는 단원(갑오개혁 등 다른 사건과 연계해 출제되기도 함.).
- 남접과 북접의 연합은 2차 농민 봉기의 모습인 것에 주의.
- 출제 빈도는 높지만 기출 범위 안에서 출제되는 경향이 강함 but 최근 출제 사료에서는 변화 모습이 나타나고 있어 사료에 유의할 필요가 있음.

🔍 정답 및 해설
1 O 2 X 3 X 4 O 5 O 6 O 7 X 8 O 9 O 10 O 11 O 12 O

2 X 텐진 조약(1885)은 갑신정변의 결과로 맺은 조약이다. 청군이 조선으로 출병함에 따라 일본군도 텐진 조약을 구실로 1894년 5월 6일 인천에 상륙하였다.
3 X 갑신정변(1884)을 일으킨 급진 개화파는 혁신 정강 14개 조에서 혜상공국의 혁파를 명시하였다.
7 X 우금치 전투는 1894년 11월의 일이고 홍범 14조는 2차 갑오개혁 때(1894. 12~1895. 7)인 1894년 12월에 발표되었다.

T51 갑오개혁

📝 사료 Check

<small>13년 국가직 9급</small>

총재 1명, 부총재 1명, 그리고 16명에서 20명 사이의 회의원으로 구성되었다. 이밖에 2명 정도의 서기관이 있어서 활동을 도왔고, 또 회의원 중 3명이 기초 위원으로 선정되어 의안의 작성을 책임졌다. <u>총재는 영의정 김홍집</u>이 겸임하고, 부총재는 내아문독판으로 회의원인 박정양이 겸임하였다.

<small>16년 지방직 9급</small>

- <u>공·사 노비제도를 모두 폐지</u>하고, 인신 매매를 금지한다.
- 연좌법을 폐지하여 죄인 자신 외에는 처벌하지 않는다.
- <u>과부의 재혼은 귀천을 막론하고 그 자유에 맡긴다.</u>

<small>20년 경찰간부후보</small>

- <u>청에 의존하는 생각을 버리고, 자주독립의 기초를 세운다.</u>
- 종실, 외척의 정치 간섭을 용납하지 않는다.
- <u>조세의 징수와 경비 지출은 모두 탁지아문의 관할에 속한다.</u>
- 문벌을 가리지 않고 인재 등용의 길을 넓힌다.

문쌤의 분석

제1차 갑오개혁을 주도한 군국기무처에 대한 사료이다. 총재를 김홍집이 겸임한 것은 김홍집 인물사로도 종종 출제되는 내용이다. 1·2차 갑오개혁은 내각 주요 인물이 사료 키워드로 등장하기도 한다.

첫 번째 사료는 제1차 갑오개혁의 정책 내용, 두 번째 사료는 제2차 갑오개혁과 관련된 홍범 14조의 내용이다. 홍범 14조에는 이미 1차 갑오개혁 때 실시된 정책들이 포함되어 있어서 사료와 정책을 별도로 볼 필요가 있다(홍범 14조의 내용 ≠ 제2차 갑오개혁의 정책).

📝 기출 지문 Check

1. 제1차 갑오개혁은 군국기무처의 주도하에 추진되었다. <small>16년 지방9급</small> O | X
2. 제1차 갑오개혁 때는 일본에 망명해 있던 박영효를 불러들여 박영효·김홍집 연립 내각이 구성되었다. <small>18년 경찰간부</small> O | X
3. 제1차 갑오개혁에서 중국 연호를 폐지하고 개국기년을 사용하였다. <small>18년 국회9급</small> O | X
◆ 4. 제1차 갑오개혁에서 경무청을 신설하여 경찰 제도를 도입하였다. <small>18년 국가7급</small> O | X
5. 제1차 갑오개혁에서 은본위 화폐 제도를 실시하였다. <small>13년 국가9급</small> O | X
6. 제1차 갑오개혁에서 국가재정을 탁지아문의 관할로 일원화시켰다. <small>17년 국가7급</small> O | X
◆ 7. 제1차 갑오개혁 때는 내장원에서 광산, 홍삼 전매 등을 관장하였다. <small>18년 지방7급</small> O | X
8. 제1차 갑오개혁의 추진 정책으로는 공·사 노비법 혁파, 연좌율 폐지, 조혼 금지 등이 있었다. <small>18년 경찰간부</small> O | X
9. 제2차 갑오개혁에서 전국을 23부 337군으로 개편하였다. <small>11년 국가9급</small> O | X
10. 제2차 갑오개혁 때 교원양성을 위해 한성사범학교 관제를 발표하였다. <small>25년 국가9급</small> O | X
11. 제2차 갑오개혁 때 상공학교와 광무학교 등의 실업학교를 설립하였다. <small>25년 국가9급</small> O | X
12. 제2차 갑오개혁에서 종래의 6조를 8아문으로 개편하였다. <small>18년 국가7급</small> O | X
13. 제2차 갑오개혁 때는 재판소를 설치하였다. <small>19년 법원9급</small> O | X
◆ 14. 제2차 갑오개혁에서 궁내부가 설치되어 왕실 사무를 전담하였다. <small>19년 경찰간부</small> O | X
◆ 15. 홍범 14조: 조세의 부과와 징수, 경비의 지출은 모두 탁지아문이 관할한다. <small>15년 국가9급</small> O | X

출제경향

- 기출 범위 안에서 출제되는 경향이 강함(체감 난도가 낮음).
- 기존에는 정치 제도 관련 내용이 자주 출제되었으나 최근에는 경제 분야 내용이 자주 출제(난도↑).
- 홍범 14조를 비롯한 개혁안은 조문 내용을 묻는 문제가 출제되기 때문에 주요 조문을 중심으로 암기해야 함.
- 고난도 지문을 출제할 때 검정교과서 내용(상리국 폐지 등)의 활용 빈도가 높은 단원.

🔍 정답 및 해설
1 O 2 X 3 O 4 O 5 O 6 O 7 X 8 O 9 O 10 O 11 X 12 X 13 O 14 X 15 O

- 2 X 박영효·김홍집 연립 내각은 제2차 갑오개혁을 추진했다.
- 7 X 대한 제국 시기의 모습이다.
- 11 X 상공학교(1899)와 광무학교(1900) 등이 설립된 것은 광무개혁 때의 일이다.
- 12 X 제1차 갑오개혁의 내용이다.
- 14 X 제1차 갑오개혁의 내용이다.

T52 청일 전쟁 이후~독립협회 창립

사료 Check

24년 지방직 9급

제1조 청국은 조선국이 완전무결한 독립 자주국임을 확인한다. 아울러 조선의 청에 대한 공물 헌납 등은 장래에 완전히 폐지한다.
제4조 청국은 군비 배상금으로 은 2억 냥을 일본국에 지불할 것을 약정한다.

23년 서울시 9급 2차

나라가 나라답기 위해서 두 가지 필요한 조건이 있는데, 그 하나는 자립하여 다른 나라에 의지하지 않는 것이며, 다른 하나는 우리 스스로 정치와 법률을 온 나라에 바르게 행하는 것입니다. 이 두 가지는 하늘에서 우리 폐하에게 부여해 준 하나의 큰 권한입니다. 이 권한이 없으면 그 나라가 없는 것입니다.

문쌤의 분석

1895년 청과 일본 사이에 체결된 시모노세키 조약의 내용이다. 공무원 시험에 처음 출제된 사료이지만 키워드(청의 배상금 지불)를 찾는 게 어렵지 않은 사료였다.

독립 협회가 올린 '구국 운동 상소문'의 일부이다. 독립 협회로 특성알만한 키워드가 분명하지 않아서 눈에 익혀두어야 하는 사료이다.

기출 지문 Check

1. 조청상민수륙무역장정과 시모노세키 조약 체결 사이 시기에 청과 일본 사이에 전쟁이 발발하였다. 24년 지방9급 O | X
2. 조청상민수륙무역장정과 시모노세키 조약 체결 사이 시기에 한·청 통상조약이 체결되었다. 24년 지방9급 O | X
3. 을미개혁 때는 태양력을 사용하고 건양이라는 연호를 제정하였다. 13년 지방9급 O | X
4. 을미개혁 때는 서울에 친위대를, 지방에 진위대를 두었다. 14년 국가7급 O | X
5. 을미사변을 계기로 개혁을 단행하여 단발령을 실시하였다. 10년 국가급 O | X
6. 독립 협회는 『독립신문』을 발간하고 독립문을 건설하였다. 24년 서울9급 2차 O | X
7. 독립 협회는 만민공동회를 열어 러시아의 내정 간섭을 규탄하였다.

24년 서울9급 2차 O | X

8. 독립 협회는 러시아의 절영도 조차 요구에 대한 반대 운동을 전개하였다.

23년 지역인재 9급 O | X

9. 독립 협회는 고종의 강제 퇴위를 반대하는 시위를 주도하였다. 25년 법원9급 O | X
10. 독립 협회는 궁극적으로 군주제를 폐지하고 대외적으로 자주성을 갖는 공화제를 실시하고자 하였다. 12년 경찰1차 O | X
11. 독립 협회는 관민공동회를 종로에서 개최하고 헌의 6조를 채택하였다.

13년 지방9급 O | X

12. 독립 협회는 자유 민권 운동과 의회 설립 운동을 추진하였다. 21년 소방직 O | X
13. 독립 협회는 '구국 운동 상소문'을 지었다. 23년 법원9급 O | X
14. 독립 협회는 일본에 진 빚을 갚자는 국채 보상 운동을 일으켰다. 22년 국가9급 O | X
15. 헌의 6조: 국가재정은 탁지부에서 모두 관리하고, 예산·결산을 인민에게 공포하도록 한다. 14년 지방9급 O | X
16. 을미사변과 러·일 전쟁 사이 시기에 독립문이 건립되었다. 22년 지방9급 O | X

출제경향

· 을미개혁은 단독 출제 비중이 낮음(다른 개혁 문제의 오답 지문으로 을미개혁 내용이 자주 출제).
· 독립 협회는 고난도 사료가 출제될 가능성이 있는 주제지만 기존 문제들은 예상 범위를 벗어나지 않아 난도가 낮음.

정답 및 해설
1 O 2 X 3 O 4 O 5 O 6 O 7 O 8 O 9 X 10 X 11 O 12 O 13 O 14 X 15 O 16 O

2 X 조청상민수륙무역장정은 1882년, 시모노세키 조약은 1895년, 한·청 통상 조약은 1899년에 체결되었다.
9 X 대한 자강회에 대한 설명이다.
10 X 독립 협회는 공화정이 아니라 입헌 군주제를 실시하고자 하였다.
14 X 국채 보상 운동은 독립 협회 해산(1898. 12.) 후인 1907년 시작되었다.

T53 대한제국(1897~1910)

사료 Check

24년 지방직 9급

제1조 대한국은 세계 만국에 공인된 자주 독립한 제국이다.
제2조 대한 제국의 정치는 이전으로부터 500년이 내려왔고 이후로도 만세에 걸쳐 변치 않을 **전제정치**이다.
제3조 대한국 **대황제는 무한한 군권을 향유**하니 공법에서 말한바 자립 정체이다.
제4조 대한국 신민이 대황제가 향유하는 군권을 침해할 행위가 있으면 신민의 도리를 잃은 자로 인정할 것이다.

문쌤의 분석

대한 제국 시기 발표된 대한국 국제(1899)이다. 조문의 내용이나 추구하는 정치 형태(전제군주정)를 묻는 문제도 출제되지만 주로 **발표 시기와 관련된 문제가 출제**된다.

기출 지문 Check

1. 교육 입국의 조서를 반포하였다. 25년 국가9급 O | X
2. 구본신참의 원칙하에 개혁을 추진하였다. 25년 국가9급 O | X
3. 서대문과 청량리 사이에 전차를 부설하였다. 25년 국가9급 O | X
4. 황제가 군권을 장악하기 위해 원수부를 설치하고 황제를 호위하는 군대를 증강하였다. 20년 지방7급 O | X
5. 시위대와 진위대를 증강하였다. 19년 지방9급 O | X
6. 국가재정을 탁지아문으로 일원화하였다. 20년 지방7급 O | X
7. 금본위제를 실시하려고 하였다. 16년 지방7급 O | X
◆ 8. 대한 제국의 지계 발급 사업에서는 개항장에서 외국인의 토지 소유를 인정하지 않았다. 17년 국가7급(하) O | X
9. 서북철도국을 설치하여 경의철도 부설을 시도하였다. 20년 지방7급 O | X
10. 황실 재정을 담당하는 내장원의 기능을 확대하였다. 19년 지방9급 O | X
11. 『독립신문』의 창간을 지원하였다. 19년 지방9급 O | X
12. 대한국 국제에서 황제에게 육해군 통수권, 입법권, 행정권, 조약 체결권 등 모든 권한을 집중시켰다. 17년 서울7급 O | X
13. 독립협회 해산과 러·일 전쟁 발발 사이 시기에 대한국 국제가 반포되었다. 24년 지방9급 O | X
◆ 14. 대한국 국제 반포 이후 지계아문을 설치하여 지계를 발급하였다. 25년 서울9급 1차 O | X
15. 대한국 국제 반포 이후 최초의 서양식 병원인 광혜원을 설립하였다. 25년 서울9급 1차 O | X
16. 일본이 전쟁을 도발하려 하자 대한 제국은 국외 중립을 선언하였다. 13년 국가7급 O | X
17. 청과 대등한 입장에서 통상 조약을 체결하였다. 22년 소방직 O | X

출제경향

- 이 단원을 자세하게 다루고 있는 검정교과서들이 있어 고난도 지문이 출제될 확률이 높음(17년 국가직 하반기 추가 채용 시험에서 자세하게 출제된 양전 지계 사업 내용도 기존 검정 교과서 중 지학사 교과서에서 자세하게 다룬 내용).
- 독립신문은 대한 제국 성립 이전에 창간된 것에 주의.
- 대한국 국제는 내용보다는 시기와 관련된 문제가 자주 출제.
- 한·청 통상 조약의 지문 출제 비중 증가(단독 문제나 사료도 대비할 필요가 있음).

정답 및 해설
1 X 2 O 3 O 4 O 5 O 6 X 7 O 8 X 9 O 10 O 11 X 12 O 13 O 14 O 15 X 16 O 17 O

1. X 대한 제국 성립(1897) 이전인 제2차 갑오개혁 때의 정책이다.
6. X 대한 제국 수립 이전인 제1차 갑오개혁 시기 국가 재정을 탁지아문으로 일원화시켰다.
8. X 대한 제국은 개항장에서의 외국인 토지 소유는 인정하였고, 개항장 이외 지역 토지의 외국인 소유는 금지하였다.
11. X 독립신문은 우리나라 최초의 민영 일간지로, 대한 제국 성립(1897) 이전인 1896년에 창간되었다.
15. X 광혜원은 1885년 미국 선교사 알렌의 건의로 설립한 우리나라 최초의 근대식 병원이다.

T54 항일 의병 운동

📝 사료 Check

25년 법원직 9급

이번에 춘천 등지에서 백성이 소란을 피운 것은 8월 20일 사변 때 쌓인 울분 때문임을 알 수 있다. 나라의 역적을 이미 법에 의해 처단하였고 나머지 무리도 차례로 처벌할 것이니, 옛 울분을 풀 수 있을 것이다. 해당 지방에 주둔하는 군대는 반드시 이 조칙을 춘천부에 모여 있는 백성에게 보여, 각자 백성으로 돌아가 생업에 편안히 종사하도록 해야 할 것이다. 아울러 너희 군대의 무관과 병졸은 즉시 돌아오도록 하라.

17년 국가직 9급

현재 우리나라 군대는 용병으로 만들어진 까닭에, 상하가 일치하여 국가를 지키는 데 충분하지 못하다. 짐은 지금부터 군제 쇄신을 꾀하여 사관 양성에 전력하고 이후 징병법을 발포하여 공고한 병력을 구비하려 한다. 이에 짐은 유사(有司)에게 명하여 황실 시위에 필요한 자를 일부 남기고 기타는 해산하노라.

22년 지방직 9급

오늘날 사람은 모두 법에 의하여 생활하고 있는데 실제로 사람을 죽인 자가 벌을 받지 않고 생존할 도리는 없는 것이다. … (중략) … 나는 한국의 의병이며 지금 적군의 포로가 되어 와 있으므로 마땅히 만국공법에 의해 처단되어야 할 것으로 생각한다.

🔍 문쌤의 분석

을미의병과 관련된 사료(자진 해산 권고)이다. 8월 20일의 사변은 1895년 8월에 일어난 을미사변을 의미한다. 직접적으로 키워드가 제시되어 있지 않아 난도가 높았던 사료이다.

정미의병의 원인이 된 군대 해산 사료이다. 을미의병 해산 권고 사료와 혼동할 수 있어서 위의 을미의병 사료와 비교해서 알아두는 것이 좋다.

밑줄 친 '나'는 안중근이다. 독립 운동가 문제는 해당 인물에 대해 자세한 내용을 알고 있지 않으면 포인트를 찾기 어려운 사료가 출제되기도 한다.

📝 기출 지문 Check

1. 을미의병은 명성황후 시해와 단발령 실시에 항거하여 일어났다. 13년 법원9급 ○ | X
2. 을미의병은 양반 유생이 주도하였다. 25년 법원9급 ○ | X
3. 을사조약이 체결되자 신돌석 등 평민 출신 의병장이 활약하였다. 20년 국가7급 ○ | X
◆ 4. 최익현은 임병찬과 함께 독립의군부를 조직하려고 하였다. 20년 국가7급 ○ | X
5. 정미의병은 고종의 강제 퇴위와 군대 해산을 계기로 일어났다. 09년 법원9급 ○ | X
6. 정미의병은 해산된 군인의 합류로 전투력이 크게 향상되었다. 11년 지방9급 ○ | X
7. 군대 해산 이후 13도 창의군이 결성되어 서울 진공 작전을 개시하였다. 20년 국가7급 ○ | X
8. 정미의병은 고종이 해산 권고 조칙을 내리자 대부분 해산하였다. 21년 법원9급 ○ | X
9. 정미의병 당시에는 각국 영사관에 교전 단체로 인정해 줄 것을 요구하였다. 21년 법원9급 ○ | X
10. 대한 제국 군대 해산 후 일본군의 '남한 대토벌 작전'으로 의병 부대의 근거지가 초토화되었다. 17년 국가9급 ○ | X
◆ 11. 홍범도는 13도 창의군을 결성하고 서울 진공 작전을 개시하였다. 18년 서울9급(기술직) ○ | X
12. 장인환은 샌프란시스코에서 외교 고문 스티븐스를 사살하였다. 14년 지방9급 ○ | X
13. 안중근은 만주 하얼빈 역에서 초대 통감이었던 이토 히로부미를 사살하였다. 15년 국가9급 ○ | X
14. 안중근은 일본에서 순국하였다. 22년 지방9급 ○ | X
15. 안중근은 「동양평화론」을 집필하였다. 22년 지방9급 ○ | X
16. 안중근은 연해주에서 의병 투쟁을 전개하였다. 22년 지방9급 ○ | X

📕 출제경향

- 사료와 지문, 문제 유형 등이 대부분 기출 범위 안에서 출제(체감난도가 낮음).
- 의병 활동과 인물사를 연계해 출제하기도 함(최익현, 홍범도 등).
- 서울 진공 작전 당시 평민 출신 의병장이 배제된 것에 주목.
- 안중근 의사의 활동이 인물사 단독 문제로 출제. 한능검에서는 동양평화론이 사료로 종종 출제되어 함께 알아둘 필요가 있음.

🔎 정답 및 해설
1 ○ 2 ○ 3 ○ 4 X 5 ○ 6 ○ 7 ○ 8 X 9 ○ 10 ○ 11 X 12 ○ 13 ○ 14 X 15 ○ 16 ○

- 4. X 독립의군부는 1912년에 조직되었고, 최익현은 1907년에 대마도에서 순국하였다.
- 8. X 을미의병에 대한 설명이다.
- 11. X 평민 출신 의병장인 신돌석, 홍범도 등은 서울 진공 작전에서 배제되었다.
- 14. X 안중근은 1910년 3월 중국 뤼순 감옥의 형장에서 순국하였다.

T55 애국계몽운동

📝 사료 Check

15년 지방직 9급

무릇 우리나라의 독립은 자강에 있음이라. 오늘날 우리 한국은 3천리 강토와 2천만 동포가 있으니 힘써 자강하여 단체가 합하면 앞으로 부강한 전도를 바랄 수 있고 국권을 능히 회복할 수 있을 것이다. 자강의 방법으로는 교육을 진작하고 산업을 일으켜 흥하게 하면 되는 것이다. 무릇 교육이 일지 못하면 민지(民智)가 열리지 못하고 산업이 늘지 못하면 국부가 부강할 수 없다. 그런즉 민지를 개발하고 국력을 기르는 길은 무엇보다도 교육과 산업을 발달시키는 데 있지 않겠는가?

25년 국가직 9급

남만주로 집단 이주하려고 기도하고, 조선에서 상당한 재력이 있는 사람들을 그곳에 이주시켜 토지를 사들이고 촌락을 세워, … (중략) … 학교를 세워 민족 교육을 실시하고, 무관학교를 설립하여 문무를 겸하는 교육을 실시하면서, 기회를 엿보아 독립 전쟁을 일으켜 구한국의 국권을 회복하려고 하였다.
- 「105인 사건 판결문」 -

🔍 문쌤의 분석

대한자강회 취지서의 내용이다. 신민회를 제외한 애국계몽 운동 단체들의 경우 출제 사료가 매우 한정적이고 난도도 낮은 경향이 있다(단독 출제되는 경우도 적음).

신민회 관련 사료이다. 105인 사건 판결문이라는 직접적인 힌트가 있어서 체감 난도가 낮았지만 해당 부분을 삭제하고도 출제될 수 있는 사료이다. 신민회는 출제 빈도가 높고 최근 사료가 다양해지고 있어 주의가 필요하다.

✏️ 기출 지문 Check

1. 보안회는 일본의 황무지 개간에 대한 대중적인 반대 운동을 일으켜 이를 철회시키는 데 성공하였다. 15년 지방9급   O | X
2. 대한 자강회는 월보를 간행하고 고종 퇴위 반대 운동을 벌였다. 13년 법원9급   O | X
◆ 3. 대한 자강회는 국채 보상 운동의 참여를 결의하였다. 22년 소방간부   O | X
4. 신민회는 비밀결사의 형태로 활동을 전개하였다. 25년 국가9급   O | X
◆ 5. 신민회는 국권 회복과 입헌 군주 체제의 국민 국가 건설을 목표로 삼은 비밀 조직이었다. 15년 경찰1차   O | X
6. 신민회는 만세보라는 기관지를 발간하였다. 12년 경찰2차   O | X
7. 신민회는 대성학교, 오산학교 등을 설립하였다. 22년 국회9급   O | X
8. 신민회는 평양 근교에 자기(磁器)회사를 설립, 운영하기도 하였다. 16년 서울7급   O | X
9. 신민회는 평양과 대구에 태극서관을 설립하여 출판 사업을 벌였다. 16년 서울7급   O | X
◆ 10. 신민회는 을미사변과 을사조약 체결 사이 시기에 일제가 날조한 105인 사건으로 와해되었다. 19년 국가9급   O | X
11. 신민회는 나라를 되찾은 후 고종을 복위시키려는 목표를 세우고 전국적인 의병 봉기를 준비하였다. 19년 서울(사복)9급   O | X

📕 출제경향

- 신민회를 제외하면 단독 출제 비중이나 난도가 낮음 but 22년 소방간부후보 시험에서 대한 자강회가 단독 문제 출제 및 고난도 지문(국채 보상 운동 참여 결의) 출제.
- 신민회는 인물사(이회영, 양기탁)나 일제 강점기 해외 독립 운동 기지 건설과 연계해 출제되기도 함.
- 출제 내용이나 함정 지문이 예상 범위 안에서 출제되는 경향이 있음(체감 난도가 낮음).

🔍 정답 및 해설   1 O   2 O   3 O   4 O   5 X   6 X   7 O   8 O   9 O   10 X   11 X

5. X 신민회는 공화정 체제를 추구했다.
6. X 만세보(1906~1907)는 천도교의 기관지이다.
10. X 105인 사건은 을사조약 체결(1905. 11.) 이후인 1911년의 일이다.
11. X 1912년 임병찬이 고종의 비밀 지령을 받아 결성한 독립 의군부에 대한 설명이다.

06 근대 사회의 전개

T56 간도와 독도

사료 Check

20년 국회직

오라총관 목극등은 국경을 조사하라는 교지를 받들어 이 곳에 이르러 살펴보고 서쪽은 압록강으로 하고 동쪽은 토문강으로 경계를 정해 강이 갈라지는 고개 위에 비석을 세워 기록하노라.

> **문쌤의 분석**
> 백두산정계비의 비문 내용이다. 토문에 대한 조선과 청의 해석 내용이 중요하다. 간도 관련 사료 중에서는 간도 협약에 비해 출제 비중이 높다.

17년 지방직 7급

칙령 제41호
제1조 울릉도를 울도라 개칭하여 강원도에 부속하고, 도감을 군수로 개정하여 관제 중에 편입하고, 군의 등급은 5등으로 한다.
제2조 군청 위치는 태하동으로 정하고, 구역은 울릉전도(鬱陵全島)와 죽도, ㉠ 을/를 관할한다.

> 대한 제국 칙령 제41호의 내용으로, ㉠에 해당하는 곳은 독도(석도)이다. 독도 관련 사료 중 가장 출제 비중이 높다. 1900년에 발표되어 19세기 말에 발표되었다는 내용이 옳은 지문으로 출제된 적이 있다(19세기는 1801년에서 1900년).

기출 지문 Check

1. 1903년 대한 제국 정부는 간도관리사로 이범윤을 임명하는 한편, 이를 한국 주재 청국 공사에게 통고하고 간도의 소유권을 주장하였다. 10년 국가9급 O | X
2. 일본은 청나라에서 안봉선 철도 부설권을 얻어내는 대가로 간도 지방을 청나라에 넘겨주었다. 09년 국가9급 O | X
3. 조선의 관리들은 백두산정계비의 토문(土門)을 두만강이라고 주장하였다. 12년 경찰3차 O | X
4. ◆ 조선은 어윤중을 서북 경략사, 이범윤을 토문 감계사로 파견하였다. 16년 경찰간부 O | X
5. 대한 제국 정부는 칙령을 반포하여 울릉도를 군으로 승격시키고 독도(石島)를 관할 구역 안에 포함시켰다. 13년 지방7급 O | X
6. 대한 제국 칙령 제41호와 「삼국접양지도」, 『조선국교제시말내탐서』, 『은주시청합기』 등을 통해 독도가 우리 영토임을 알 수 있다. 17년 국가9급 O | X
7. 숙종 때 안용복은 일본에서 울릉도가 조선의 영토임을 주장하며 일본 어민의 고기잡이에 항의하였다. 13년 지방7급 O | X
8. ◆ 1952년 UN군 사령부와 협의 하에 이승만 정부는 '인접 해양의 주권에 관한 대통령 선언'을 발표하여 독도를 한국의 영토로 확인하였고, 당시 일본은 이를 묵인하였다. 17년 지방7급 O | X
9. 일제는 청·일 전쟁 중 시마네현 고시를 통해 독도를 불법적으로 자국 영토로 편입하였다. 20년 경찰간부 O | X
10. 독도가 대한민국의 영토임을 알 수 있는 일본의 자료로는 은주시청합기(1667년), 삼국접양지도(1785년), 태정관 지령문(1877년), 시마네현 고시(1905년) 등이 있다. 20년 국가9급 O | X

> **출제경향**
> · 간도 문제는 과거에는 백두산정계비 내용의 해석이나 간도 협약 중심으로 출제되었으나 최근에는 인물(이범윤, 어윤중 등) 중심으로 출제됨.
> · 독도 관련 문제에서 등장하는 사료나 내용이 점차 다양해지고 있음(검정교과서에서 매우 자세하게 다루고 있는 내용이기 때문에 기존 출제 내용보다 지엽적인 내용이 출제될 확률이 높음).

정답 및 해설 1 O 2 O 3 X 4 X 5 O 6 O 7 O 8 X 9 X 10 X

3. X 19세기 말, 조선 정부는 백두산정계비의 토문을 송화강 지류로 해석하고, 청은 두만강이라 해석하였다.
4. X 1885년 토문 감계사로 파견된 인물은 이중하이다. 대한 제국은 1902년 이범윤을 시찰원이라는 명목으로 파견하였다가, 이듬해 (북변) 간도관리사로 임명하였다.
8. X 이승만 정부의 이른바 평화선 선언에 대해 일본 정부는 항의 문서를 보내왔고, 국제 사법 재판소에 제소하여 독도를 국제 분쟁 지역으로 만들려 하였다.
9. X 청·일 전쟁 중이 아니라 러·일 전쟁 중인 1905년 2월, 일본은 대한제국 정부에 알리지 않고 독도를 일방적으로 자기들 영토에 편입시켰다(시마네 현 고시 제40호).
10. X 시마네현 고시는 해당되지 않는다. 러·일 전쟁 중인 1905년 2월, 일본은 대한 제국 정부와 논의도 없이 주인 없는 땅임을 이유로 들어 시마네현 고시 제40호를 발표하고 독도를 시마네현에 불법 편입하였다.

T57-59 개항 이후의 경제 ~사회 구조와 의식의 변화

사료 Check

21년 소방간부후보

상태가 매우 좋은 갑종 백동화는 개당 2전 5리의 가격으로 새 돈으로 바꾸어 주고, 상태가 좋지 않은 을종 백동화는 개당 1전의 가격으로 정부에서 사들이며, 팔기를 원치 않는 자에 대해서는 정부가 절단하여 돌려준다. 다만 모양과 질이 조잡하여 화폐로 인정하기 어려운 병종 백동화는 사들이지 않는다.
― 탁지부령 ―

23년 지방직 9급

지금 우리들은 정신을 새로이 하고 충의를 떨칠 때이니, 국채 1,300만 원은 우리 대한 제국의 존망에 직결된 것입니다. 이것을 갚으면 나라가 보존되고 이것을 갚지 못하면 나라가 망할 것은 필연적인 사실이나, 지금 국고에서는 도저히 갚을 능력이 없으며, 만일 나라에서 갚지 못한다면 그때는 이미 삼천리 강토는 내 나라 내 민족의 소유가 못 될 것입니다.
― 『대한매일신보』 ―

문쌤의 분석

메가타가 실시한 화폐 정리 사업 관련 사료이다. 화폐 정리 사업과 관련해서는 출제할 수 있는 사료가 매우 한정적이며 백동화 교환 내용이 키워드로 제시되는 경우가 많다.

국채 보상 운동 관련 사료이다. 국채 보상 운동은 키워드(국채, 1,300만 원, 금연 등)가 명확한 사료가 출제되는 경우가 많아 체감난도가 낮다.

기출 지문 Check

1. 조·청 상민 수륙 무역 장정의 체결로 서울에서 청국 상인의 개점이 허용되었다. 16년 국가9급 O | X
2. 개항 초기에는 개항장에서 조선인 객주가 중개 활동을 하였다. 21년 국가9급 O | X
3. ◆ 개항기 조·청 무역장정으로 청국에서의 수입액이 일본을 앞질렀다. 21년 국가9급 O | X
4. 1883년 개정 조·일 통상 장정은 최혜국 대우에 관한 내용을 담고 있다. 25년 지방9급 O | X
5. 미국은 운산 금광 채굴권을 차지하였다. 19년 서울9급 O | X
6. 강화도 조약 체결과 조·청 상민 수륙 무역 장정 체결 사이 시기에는 황국 중앙 총상회가 조직되어 상권 수호 운동을 전개하였다. 23년 국가9급 O | X
7. 강화도 조약 체결과 조·청 상민 수륙 무역 장정 체결 사이 시기에는 함경도의 방곡령에 불복하여 일본 상인이 손해 배상을 요구하였다. 23년 국가9급 O | X
8. 강화도 조약 체결과 조·청 상민 수륙 무역 장정 체결 사이 시기에는 개항장에서 일본 화폐가 통용되었다. 23년 국가9급 O | X
9. 화폐 정리 사업은 액면가대로 바꾸어 주는 화폐 교환 방식을 따랐다. 13년 국가9급 O | X
10. 화폐 정리 사업은 은화를 발행하여 본위화로 삼고자 하였다. 19년 국가7급 O | X
11. 국채 보상 운동은 언론 기관인 대한매일신보사와 황성신문사가 지원하였다. 14년 국가7급 O | X
12. ◆ 국채 보상 운동은 총독부의 탄압과 방해로 실패하였다. 16년 사회복지9급 O | X
13. ◆ 『여권통문』 발표를 계기로 찬양회가 조직되었다. 22년 서울9급 1차 O | X
14. 『여권통문』 발표에 따라 한성사범학교가 설립되었다. 22년 서울9급 1차 O | X

출제경향

- 화폐 정리 사업과 국채 보상 운동의 출제 비중이 높은 단원(국채 보상 운동의 경우 난도는 낮은 편).
- 최근 개항기 경제 상황과 관련된 내용의 출제 비중 증가.
- 찬양회의 여권통문 출제 → 여성의 사회의식 향상 등도 주목할 필요가 있음.
- 황국 중앙 총상회 설립, 방곡령 선포, 여권통문 발표 등 주요 사건의 연도를 알아야 풀 수 있는 문제들이 출제.

정답 및 해설
1 O 2 O 3 X 4 O 5 O 6 X 7 X 8 O 9 X 10 X 11 O 12 X 13 O 14 X

3. X 청과 일본 상인들의 경쟁이 치열해졌으나 청과 일본으로부터의 수입액을 비교했을 때 청이 일본을 앞지르지는 못했다.
6. X 강화도 조약은 1876년, 조·청 상민 수륙 무역 장정은 1882년에 체결되었다. 서울의 시전 상인들이 황국 중앙 총상회를 조직한 것은 1898년의 일이다.
7. X 1889년 함경도 관찰사 조병식이 방곡령을 선포하였다.
9. X 일제는 화폐 정리 사업 당시 백동화를 등급별로 나누어 갑(甲)인 경우에는 액면가 그대로, 을(乙)인 경우에는 2전 5푼짜리를 1전으로, 병(丙)인 경우에는 교환을 거부하는 방식으로 기존의 백동화를 정리하였다.
10. X 일본의 화폐 제도에 따라 금본위제로 하였다.
12. X 총독부의 방해가 아니라 통감부의 방해로 큰 성과를 이루지 못하였다.
14. X 『여권통문』 발표는 순성여학교(1899) 설립에 영향을 끼쳤다.

06 근대 사회의 전개 091

T60 근대 문물의 수용

사료 Check

16년 법원직 9급

경인 철도 회사에서 어저께 개업식을 거행하는데, **인천에서 화륜거가 떠나** 삼개 건너 **영등포**로 와서 내외국 빈객들을 수레에 영접하여 앉히고 오전 9시에 떠나 인천으로 향하는데, **화륜거** 구르는 소리는 우레 같아 천지가 진동하고 기관거의 굴뚝 연기는 반공에 솟아 오르더라.

– 독립신문(1×××.9.19) –

 문쌤의 분석

경인선(철도) 개통과 관련된 기사 내용이다. 근대 시설물은 설치 순서를 단순 나열하는 문제가 주로 출제되지만 **특정 시기의 모습을 사료로 제시하고 해당 시기에 볼 수 있는 광경을 묻는 형식**으로도 출제된다.

기출 지문 Check

1. 대한 제국 시기에 볼 수 있는 장면으로는 전등이 켜진 경복궁, 한성순보를 읽는 관리, 종로 일대를 달리는 전차, 광제원에서 치료받는 환자 등이 있다. 15년 국가7급 O | X
2. 1887년에 경복궁에 전등이 처음 가설되었다. 13년 경찰간부 O | X
3. 박문국에서는 신문을 발간하였고, 기기창에서는 서양 무기를 제조하였다. 14년 경찰2차 O | X
4. 서대문에서 청량리 사이에 전차 운행이 시작되었다. 12년 법원9급 O | X
5. ◆ 경부선 부설을 위하여 한성전기회사가 설립되었다. 20년 국가7급 O | X
6. 서울에는 명동 성당과 덕수궁 석조전과 같은 서양식 건축물이 세워졌다. 14년 경찰2차 O | X
7. 순서: 한성사범학교 개교 → 독립문 완공 → 원각사 설립 → 경인선 개통 17년 기상9급 O | X
8. 순서: 광혜원 설립 → 독립신문 발간 → 경인선 개통 → 국채 보상 운동 전개 17년 국회9급 O | X
9. 경인선 철도 개통 당시에는 명동 성당에서 예배를 보는 천주교 신자의 모습을 볼 수 있다. 16년 법원9급 O | X
10. 동학의 2차 봉기 당시에는 '독립신문 창간호를 인쇄하는 기사'를 볼 수 있다. 17년 교행9급 O | X

 출제경향

- 특정 사건을 자료로 제시하고 해당 시기에 볼 수 있는 모습을 묻거나 근대 시설물의 설립 순서를 나열하는 문제가 전형적.
- 건축 양식(덕수궁 석조전) 관련 문제 출제.
- 전차와 기차는 구분해서 출제되기 때문에 서로 다른 운송수단인 것을 정확하게 인지하고 있어야 함(전기 사용과 같이 각각의 특징을 이용한 함정 지문도 출제).

정답 및 해설 1 X 2 O 3 O 4 O 5 X 6 O 7 X 8 O 9 O 10 X

1. X 한성순보는 대한 제국 성립(1897) 이전인 1883년에 창간되어 1884년에 폐간되었다.
5. X 전차에 대한 설명이다. 1898년 황실과 미국인 콜브란이 합자로 한성 전기 회사를 설립하고 발전소를 건설해 이듬해 서대문~청량리 사이에 전차의 운행이 시작되었다(1899).
7. X 한성사범학교 개교(1895) → 독립문 완공(1897) → 경인선 개통(1899) → 원각사 설립(1908)
10. X 독립신문은 동학의 2차 봉기(1894) 이후인 1896년부터 발행되었다.

T61-62 근대 신문·교육~ 국학 연구·문예 및 종교

사료 Check

24년 국가직 9급

이 날을 목 놓아 우노라[是日也放聲大哭]. …(중략)… 천하만사가 예측하기 어려운 것도 많지만, 천만 뜻밖에 5개조가 어떻게 제출되었는가. 이 조건은 비단 우리 한국뿐 아니라 동양 삼국이 분열할 조짐을 점차 만들어 낼 것이니 이토[伊藤] 후작의 본의는 어디에 있는가?

17년 법원직 9급

문·무관, 유생 중에 어리고 총명한 자 40명을 뽑아 입학시키고 벙커와 길모어 등을 교사로 초빙하여 서양 문자를 가르쳤다. 문관으로는 김승규와 신대균 등 여러 명이 있고, 유사로는 이만재와 서상훈 등 여러 명이 있었다. 사색당파를 골고루 배정하여 당대 명문 집안에서 선발하였다.

– 매천야록 –

문쌤의 분석

장지연이 을사조약 체결의 부당함을 비판한 '시일야방성대곡'의 일부이다. 최근 시험에서는 이같이 기출 사료에서 주요 키워드 일부를 삭제해 난도를 높인 사료들이 종종 출제되고 있다.

우리나라 최초의 근대적 관립 학교인 육영공원(1886)에 대한 사료이다. 교육 기관의 경우 사료가 제시되는 경우가 매우 적다. 육영공원은 헐버트 인물사 문제와도 연계해 출제된다.

기출 지문 Check

1. 한성순보는 관보의 성격을 띠고 10일에 한 번 한문으로 발행되었다. 16년 경찰차 O | X
2. ◆ 한성순보는 최초로 국한문을 혼용하였고, 내용에 따라 한글 혹은 한문만을 쓰기도 하며 독자층을 넓혀 나가고자 하였다. 17년 사회복지9급 O | X
3. 독립신문은 서재필이 정부 지원을 받아 창간하였다. 23년 지방9급 O | X
4. 황성신문은 국한문 혼용으로 발간되었고, '시일야방성대곡'을 게재하였다. 13년 서울9급 O | X
5. 장지연은 황성신문의 주필을 역임하였다. 24년 국가9급 O | X
6. 대한매일신보는 고종이 을사조약의 부당성을 폭로하는 친서를 발표하였다. 11년 국가9급 O | X
7. 제국신문은 순한글로 만들어 하층민과 부녀자들이 많이 구독하였다. 15년 기상9급 O | X
8. 헐버트는 세계 각국의 산천, 풍토 등을 소개한 세계 지리서인 『사민필지』를 저술하였다. 18년 경찰간부 O | X
9. 동문학은 정부가 설립한 외국어 교육 기관으로 통역관을 양성하였다. 18년 서울9급 O | X
10. 배재학당은 선교사 아펜젤러가 서울에 설립한 사립 학교이다. 18년 서울9급 O | X
11. 헐버트는 육영공원의 교사로 초빙되었다. 15년 법원9급 O | X
12. 육영공원이 운영되던 시기에 경인선이 개통되었다. 22년 소방간부 O | X
13. 주시경은 문법 서적인 『국어문법』을 저술하였다. 18년 국가7급 O | X
14. 주시경은 국문연구소에서 활동하였다. 23년 계리직 O | X
15. 주시경은 조선어학회 사건으로 구속되었다. 23년 계리직 O | X
16. 손병희는 일진회가 동학 조직을 흡수하려 하자, 천도교를 창설하고 정통성을 지키려 하였다. 11년 국가9급 O | X
17. 박은식은 양명학을 토대로 대동사상을 주창하였다. 13년 서울9급 O | X

출제경향

- 신문의 경우 성격과 함께 문체(국한문 혼용, 영문판 발행 등)가 중요.
- 헐버트가 인물사 문제로 출제.
- 주요 신문들은 창간 연도를 알아야 하는 문제가 출제(한성순보 창간 이전 시기의 사건을 묻는 문제 출제).
- 학교의 경우 설립자와 성격(관립 또는 사립)을 중심으로 출제되지만 법원직에서 육영공원에 대한 자세한 내용이 출제.
- 국학 연구 분야에서 국어 연구 출제 비중↑(특히 주시경 인물사 문제의 비중 증가)

정답 및 해설 1 O 2 X 3 O 4 O 5 O 6 O 7 O 8 O 9 O 10 O 11 O 12 X 13 O 14 O 15 X 16 O 17 O

- 2 X 한성주보(1886~1888)에 대한 설명이다.
- 12 X 육영공원은 1886년부터 1894년까지 운영되었으며, 경인선은 육영공원 폐교 이후인 1899년 개통되었다.
- 15 X 조선어 학회 사건(1942)은 주시경(1876~1914) 사후에 일어난 사건으로, 주시경과는 직접적인 관련이 없다.

2026
문동균 한국사
판서노트 1/2 특강

PART 07

민족 독립운동의 전개

T63 국권 피탈 과정	**T70** 1920년대 이후 무장 독립 전쟁
T64 일제의 식민지 지배 정책의 변화	**T71** 1930년대 이후 무장 독립 전쟁
T65 1910년대 항일 운동	**T72** 민족 실력 양성 운동
T66 3·1 운동(1919)	**T73** 일제 강점기 사회·경제적 민족 운동
T67 대한민국 임시 정부의 수립과 활동	**T74** 농민 운동과 노동 운동(사회주의의 영향)
T68 국내 항일 민족 운동	**T75** 국외 이주 동포의 활동과 시련(한말 활동 포함)
T69 의열 투쟁	**T76** 민족 문화 수호 운동(한말 활동 포함)

T63 국권 피탈 과정

📝 사료 Check

21년 지방직 9급

일본 정부는 그 대표자로 한국 황제 밑에 <u>1명의 통감을 두되, 통감은 전적으로 외교에 관한 사항을 관리</u>하기 위하여 경성에 주재하고 친히 한국 황제를 만날 수 있는 권리를 가진다. 또한, 일본 정부는 한국의 개항장 및 일본 정부가 필요하다고 인정하는 지역에 이사관을 설치할 권리를 가지며, 이사관은 통감의 지휘 하에 종래 재(在)한국 일본 영사에게 속하였던 모든 권리를 집행한다.

25년 지방직 9급

제1조 한국 정부는 시정개선(施政改善)에 관하여 <u>통감</u>의 지도를 받을 것.
제4조 한국 고등관리의 임면(任免)은 <u>통감</u>의 동의를 받아 이를 집행할 것.
제5조 <u>한국 정부는 통감이 추천한 일본인을 한국 관리로 임명할 것.</u>

🧑‍🏫 문쌤의 분석

을사늑약의 내용이다. 시험에 자주 출제되는 사료지만 일반적으로 출제되는 을사늑약 사료에 비해 키워드가 적어 의외로 많은 수험생들이 어려움을 느꼈던 사료이다. 조약은 일부 내용을 삭제해 출제하거나 다른 조약과 혼동할만한 내용을 일부러 포함시키는 경우가 있어 키워드를 2~3가지 정도 암기해야 한다.

1907년 7월 체결한 한·일 신협약(정미7조약)의 내용이다. 통감이 등장하는 것을 통해(통감부는 을사늑약 체결 이후 설립) 제1차 한·일 협약과 구분할 수 있다. 주로 조약 체결 이후의 모습이 출제된다.

📝 기출 지문 Check

1. 한·일 의정서에서는 대한 제국의 사법권을 빼앗고 감옥 사무를 일본 정부에 위탁하도록 하였다. 17년 경찰2차   O | X
2. 제1차 한·일 협약 체결로 메가타는 화폐 정리 사업을 실시하였다. 24년 법원9급   O | X
3. 민영환은 을사조약에 대한 저항을 강력하게 표현한 유서를 남기고 자결하였다. 15년 국가9급   O | X
4. 을사조약에는 조선 총독부를 설치한다는 조항이 포함되어 있다. 21년 지방9급   O | X
5. 을사조약에는 고종이 도장을 찍거나 서명을 하지 않았다. 17년 기상9급   O | X
6. 을사조약 체결로 청과 일본 간의 간도협약이 체결되었다. 24년 법원9급   O | X
7. 을사조약 체결 이후 포츠머스 조약이 체결되었다. 23년 법원9급   O | X
8. 을사조약 체결 이후 러시아가 용암포를 점령하고 조차를 요구하였다. 23년 법원9급   O | X
9. 한·일 신협약 이후 각 부의 차관에 일본인이 임명되어 이른바 차관정치가 시작되었다. 19년 서울9급   O | X
10. 한·일 신협약 체결 이후에 고종이 강제 퇴위당하였다. 25년 지방9급   O | X
11. 한·일 신협약 체결 이후에 안중근이 이토 히로부미를 저격하였다. 25년 지방9급   O | X
12. 한·일 신협약 체결 이후에 대한제국의 군대가 해산되었다. 25년 지방9급   O | X
13. 순서: 메가타 재정 고문 파견 → 통감이 추천한 일본인을 대한 제국의 관리로 임명 → 고종 강제 퇴위 → 대한 제국의 사법권 박탈 17년 국가9급   O | X

📕 출제경향

- 조약 체결 순서 또는 조약의 간단한 내용을 묻는 형태로 출제.
- 출제빈도는 높지만 대체로 기출 범위 안에서 출제되기 때문에 체감 난도가 높지 않은 단원 but 조약의 조문 내용을 묻는 형식의 문제도 출제되기 때문에 조약의 주요 포인트를 2~3가지 정도 암기해야 함.
- 러·일 전쟁 관련 지엽적인 순서를 묻는 문제가 출제(러·일 전쟁 전후 시기 사건들의 정확한 선후 파악 중요).

🔍 정답 및 해설   1 X 2 O 3 O 4 X 5 O 6 O 7 X 8 X 9 O 10 X 11 O 12 O 13 X

1. X 기유각서에 대한 설명이다.
4. X 을사조약에는 통감부 설치에 대한 내용이 포함되어 있다.
7. X 을사조약 체결은 1905년 11월, 포츠머스 조약 체결은 1905년 9월에 이루어졌다.
8. X 1903년 러시아는 한국의 용암포를 강제 점령하고 조차를 요구하였다.
10. X 일제는 헤이그 특사 파견을 문제 삼아 고종을 강제로 퇴위(1907. 7. 20)시키고, 이어서 한·일 신협약(정미 7조약)을 강제로 체결하였다(1907. 7. 24).
13. X 고종의 강제 퇴위 이후 통감이 추천한 일본인을 대한 제국의 관리로 임명하는 한·일 신협약이 체결되었다.

T64 일제의 식민지 지배 정책의 변화 (통치 방식의 변화)

사료 Check

24년 서울시 9급 1차

다른 한편으로 <u>지방자치를 실시</u>하여 민의 창달의 길을 강구하고, <u>교육제도를 개정</u>하여 교화 보급의 신기원을 이루었고, 게다가 위생시설의 개선을 촉진하였다. …… <u>일본인과 조선인 사이의 차별 대우를 철폐</u>하고 동시에 조선인 소장층 중 유력자를 발탁하는 방법을 강구하여, 군수·학교장 등에 발탁된 자가 적지 않다.

20년 국가직 9급

<u>국체를 변혁하는 것을 목적</u>으로 결사를 조직하는 자 또는 결사의 임원, 그의 지도자로서의 임무에 종사하는 자는 사형, 무기 또는 5년 이상의 징역 또는 금고에 처한다. (중략) <u>사유재산제도를 부인하는 것을 목적</u>으로 결사를 조직하는 자, 결사에 가입하는 자, 또는 목적수행을 위한 행위를 돕는 자는 10년 이하의 징역 또는 금고에 처한다.

문쌤의 분석

1921년 조선 총독 사이토 마코토가 작성한 글로, 문화 통치와 관련된 사료이다. 치안 유지법과 함께 문화 통치와 관련된 사료로 자주 출제되는 사료이다.

1925년 제정된 치안유지법의 내용이다. 과거에는 문화통치 시기의 모습을 묻는 사료로 사용되었으나 최근에는 치안유지법 적용 시기의 사건을 구체적으로 묻는 문제가 출제되고 있다. 1920년대뿐만 아니라 광복 때(1945)까지 시행되었다는 것에 주의해야 한다.

기출 지문 Check

1. 회사령이 시행되던 시기에 국민학교에 등교하는 학생의 모습을 볼 수 있다. 24년 법원9급 O | X
2. 회사령이 시행된 시기에 보통학교 수업 연한을 4년으로 정한 『조선교육령』이 공포되었다. 23년 국가9급 O | X
3. 조선 태형령이 적용된 시기에는 조선 총독이 회사 설립 허가 권한을 행사하였다. 21년 소방간부 O | X
4. 조선 태형령이 시행되던 시기에는 '동양 척식 주식회사의 설립식에 참석한 기자'를 볼 수 있었다. 16년 지방9급 O | X
5. 문화 통치 시기에는 친일파 양성을 겨냥하여 도 평의회와 부면 협의회를 만들었다. 14년 국가7급 O | X
6. 문화 통치 시기에는 조선사상범 보호 관찰령을 제정하였다. 24년 서울9급 1차 O | X
7. 문화 통치 시기에는 헌병 경찰제가 보통 경찰제로 전환되면서 경찰의 수가 증가하였다. 18년 지방7급 O | X
8. 문화 통치 시기에는 동아일보, 조선일보의 발행을 허용하였다. 17년 교행9급 O | X
9. 치안 유지법에 의해 김상옥의 종로 경찰서 폭탄 투척 사건이 처벌되었다. 18년 서울9급(기술직) O | X
10. 치안 유지법이 실시된 기간에 경성 제국 대학이 설립되었다. 20년 국가9급 O | X
11. 만주사변과 태평양 전쟁 발발 사이 시기에는 '소학교에 등교하는 조선인 학생'을 볼 수 있었다. 23년 국가9급 O | X
12. 만주사변과 태평양 전쟁 발발 사이 시기에는 '『제국신문』 기사를 작성하는 기자'를 볼 수 있었다. 23년 국가9급 O | X

출제경향

- 연도를 암기해야 풀 수 있는 문제의 출제 비중 증가(특히 국가직), 같은 해의 사건들의 전후 순서를 묻는 문제도 출제(난도↑)
- 치안 유지법 시행 시기와 같이 정확한 시기를 한정할 수 있는 자료를 제시하고 해당 기간의 사건을 묻는 문제가 출제.

정답 및 해설
1 X 2 O 3 O 4 X 5 O 6 X 7 O 8 O 9 X 10 X 11 O 12 X

1. X 일제는 1941년에 소학교를 '황국 신민 학교'라는 뜻을 가진 국민학교로 바꾸었다(회사령은 1910~20년에 실시).
4. X 동양 척식 주식회사는 조선 태형령 시행(1912) 이전인 1908년에 설립되었다.
6. X 조선 사상범 보호 관찰령은 민족 말살 통치 시기인 1936년에 제정되었다.
9. X 치안 유지법은 1925년에 제정되었고, 김상옥의 종로 경찰서 폭탄 투척 사건은 1923년에 발생했다.
10. X 경성제국대학은 치안 유지법 제정 이전인 1924년에 설립되었다.
12. X 만주사변은 1931년, 태평양 전쟁 발발은 1941년의 사건이다. 1898년에 창간된 제국신문은 1910년에 폐간되었기 때문에 이 시기에 볼 수가 없다.

T64 일제의 식민지 지배 정책의 변화 (일제의 경제 침탈)

사료 Check

21년 국가직 9급

제1조 토지의 조사 및 측량은 본령에 따른다.
제2조 토지 소유자는 조선 총독이 정한 기간 내에 주소, 성명 또는 명칭 및 소유지의 소재, 지목, 자 번호, 사표, 등급, 지적, 결수를 임시토지조사국장에게 신고해야 한다. 단 국유지는 보관 관청이 임시토지조사국장에게 통지해야 한다.

24년 지역인재 9급

제1조 본 법에서 국가 총동원이란 전시에 국방 목적 달성을 위해 국가의 모든 힘을 가장 유효하게 발휘하도록 인적 자원과 물적 자원을 통제 운용하는 것을 가리킨다.
제4조 정부는 전시에 국가 총동원상 필요한 경우에는 칙령이 정하는 바에 의해 제국 신민을 징용하여 총동원 업무에 종사시킬 수 있다.

문쌤의 분석

토지 조사령(1912)의 내용으로, 토지 조사 사업 문제의 대표적 사료이다. 토지 조사 사업은 단독 문제로 자주 출제되며, 지엽적인 지문이나 임시토지조사국의 존속 기간 등과 관련된 문제도 출제되기 때문에 주의가 필요하다.

국가 총동원법(1938. 4)의 내용이다. 국가 총동원법은 공포 이후의 정책을 묻는 문제가 자주 출제되기 때문에 주요 정책(법령)들과 함께 선후 구분을 해서 암기해두어야 한다.

기출 지문 Check

1. 토지 조사령에서 일제는 토지와 임야를 함께 조사하도록 하였다. 16년 국가9급   O | X
2. 토지 조사 사업의 결과 지주의 토지 소유권은 강화되었다. 19년 법원9급   O | X
3. 토지 조사 사업은 춘궁 퇴치, 농가 부채 근절을 목표로 내세웠다. 21년 국가9급   O | X
4. 토지 조사 사업의 결과 조선 총독부의 지세 수입이 증가하였다. 21년 소방직   O | X
5. 토지 조사 사업의 결과 소작인들이 경작권을 인정받지 못하였다. 21년 소방직   O | X
6. 산미 증식 계획의 결과 조선인의 1인당 쌀 소비량이 감소하였다. 22년 간호직   O | X
7. 산미 증식 계획의 결과 식량 부족분을 해결하기 위해 만주산 좁쌀 등이 수입되었다. 22년 계리직   O | X
8. 1930년대에는 소작농을 보호한다는 명목으로 소작조정령을 발표하였다. 15년 지방9급   O | X
9. 만주 사변 이후 남면북양 정책을 실시하여 일본 방직 자본가를 보호하였다. 13년 국가7급   O | X
10. 1930년대에는 군 인력 보충을 위해 처음에 '징병 제도'를 실시했으나 이후에는 '지원병 제도'로 바꾸었다. 16년 사회복지9급   O | X
◆ 11. 국가총동원법에 근거해 육군특별지원병령을 제정하여 지원병을 선발하였다. 18년 국가9급   O | X
◆ 12. 국가 총동원법 제정 이후 조선사상범예방구금령이 제정·공포되었다. 21년 법원9급   O | X
13. 국가 총동원법이 시행되던 시기 동아일보사에서 브나로드 운동을 전개하였다. 24년 지역인재9급   O | X
14. 국가 총동원법이 시행되던 시기 일제는 조선어 학회 회원들을 검거하고 투옥하였다. 24년 지역인재9급   O | X

출제경향

- 토지 조사 사업은 단독 출제 비중이 높음.
- 산미 증식 계획은 단독 문제 출제 비중이 낮았으나 최근 시험에서 출제 비중 증가(드라마 '파친코'에서 산미 증식 계획과 관련된 장면이 등장).
- 국가 총동원법은 제정 이후의 사건이나 법령을 묻는 문제가 자주 출제
- 연초전매령, 조선농지령, 조선사상범예방구금령 등 '령'들의 구체적인 시행 연도와 관련된 문제들이 자주 출제(비슷한 명칭이 많아서 정확한 명칭 구분 필요).
- 임시 토지 조사국 존속 시기나 토지 조사 사업 실시 기간의 사건을 묻는 문제가 출제

정답 및 해설   1 X 2 O 3 X 4 O 5 O 6 O 7 O 8 O 9 O 10 X 11 X 12 O 13 X 14 O

1. X 임야는 임야 조사 사업을 통해 조사하였다. 일제는 1918년 임야 조사령을 발표하고 전국적인 임야 조사 사업을 통해 많은 임야를 국유림으로 편입하였다.
3. X 춘궁 퇴치, 농가 부채 근절을 목표로 내세운 것은 1932년부터 1940년까지 시행된 농촌 진흥 운동이다.
10. X 지원병제는 1938년에, 징병제는 1944년에 시행되었다.
11. X 육군특별지원병령은 국가총동원법 제정(1938. 4.) 이전인 1938년 2월에 제정되었다.
13. X 동아일보는 1931년부터 1934년까지 학생 계몽대를 만들어 브나로드 운동을 전개하였다.

T65 1910년대 항일 운동

사료 Check

25년 국가직 9급

1. 부호의 의연금 및 일본인이 불법 징수하는 세금을 압수하여 무장을 준비한다.
6. 일본인 고관 및 한국인 반역자를 수시 수처에서 처단하는 행형부를 둔다.
7. 무력이 완비되는 대로 일본인 섬멸전을 단행하여 최후 목적의 달성을 기한다.

20년 지방직 9급

경술년(1910)에 여러 형제들이 모여서 같이 만주로 갈 준비를 하였다. …… 그(1867~1932)는 1만여 석의 재산과 가옥을 모두 팔고 큰집, 작은 집이 함께 압록강을 건너 떠났다. 그는 만주에서 독립군 양성 기관인 신흥 강습소를 설립하였다.

17년 국가직 9급

1903년에 우리나라 공식 이민단이 이곳에 도착하였다. 이주 노동자들은 사탕수수 농장, 개간 사업장, 철도 공사장 등에서 일하며 한인 사회를 형성하여 갔다. 노동 이민과 함께 사진 결혼에 의한 부녀자들의 이민도 이루어졌다. 또한 한인합성협회 등과 같은 한인 단체가 결성되었다.

문쌤의 분석

대한 광복회의 강령이다. 독립의군부와 달리 강령 내용이 사료로 자주 출제된다. 독립의군부 내용이 오답 지문으로 출제되는 경향이 있어 두 단체의 특징을 비교해서 암기해야 한다.

밑줄 친 '그'는 이회영이다. 유사한 사료가 19년 서울시 사회복지직 시험에 이미 출제되었다. 과거에는 출제 비중이 높은 인물이 아니었으나 최근 들어 이회영 관련 문제의 출제 비중이 증가하고 있다.

밑줄 친 '이곳'은 하와이이다. 과거에는 해외 독립운동 문제의 출제 비중이 높지 않았고 생소한 사료라 수험생들의 체감난도가 높았다. 기존 검정 교과서 수록 사료로, 근현대사는 검정 교과서 사료를 활용해 출제하는 경우가 많다.

기출 지문 Check

1. 1910년대에는 임병찬이 주도한 독립 의군부가 항일 운동을 전개하였다. **23년 지방9급** O | X
2. 대한 광복회는 일본에 국권 반환 요구서를 보내려 하였다. **25년 국가9급** O | X
3. 대한 광복회는 박상진을 총사령으로 하여 공화정체를 지향하였다. **25년 국가9급** O | X
4. 대한 광복회는 고종의 비밀 지령을 받아 조직되었다. **15년 국가9급** O | X
5. 대한 광복회는 무력 항쟁의 의지를 담은 대한독립선언서를 발표하였다. **22년 서울9급 1차** O | X
6. 1911년 북간도로 거점을 옮긴 대종교는 중광단이라는 무장 독립 단체를 만들었다. **18년 지방7급** O | X
7. 간도 지역에서는 의병과 계몽 운동가들이 권업회를 조직하였다. **22년 소방간부** O | X
8. 연해주 지역에서 동제사가 창립되었다. **25년 국가9급** O | X
9. 연해주 지역에서 한인촌인 신한촌이 형성되었다. **25년 국가9급** O | X
10. 이회영 등은 독립운동 기지 건설 운동의 일환으로 신흥 강습소를 설립하였다. **18년 지방7급** O | X
11. 이상설은 대한광복군정부를 조직하였다. **20년 지방7급** O | X
12. 안창호는 1913년에 미국 샌프란시스코에서 흥사단을 조직하였다. **19년 경찰간부** O | X

출제경향

- 국내 독립 운동 단체의 경우 독립 의군부와 대한 광복회를 제외하면 출제 빈도가 매우 낮음, 대한 광복회의 경우 사료가 다양해서 주의가 필요.
- 독립운동가 인물사 문제와 연계해 출제되는 경향이 높음, 특히 이상설의 경우 전 직렬에서 출제 빈도가 높은 인물, 최근 이회영의 출제 비중도 증가.
- 20년 소방간부후보 시험에서 소련의 한인 강제 이주(중앙아시아로)의 정확한 시기(1937년)를 묻는 문제가 출제(23년 법원직 9급 시험에서도 지문으로 출제).

정답 및 해설
1 O 2 X 3 O 4 X 5 X 6 O 7 X 8 X 9 O 10 O 11 O 12 O

2 X 일본에 국권 반환 요구서를 보내려 한 단체는 임병찬의 독립 의군부이다.
4 X 임병찬이 고종의 비밀 지령을 받아 의병과 유생들을 규합하여 결성한 비밀 결사 조직은 독립 의군부이다.
5 X 대한 독립 선언서(1919)는 만주 길림에서 독립 운동가 39인이 발표한 것으로 대한 광복회의 활동과는 직접적인 관련이 없다.
7 X 권업회는 연해주 지역에서 조직되었다.
8 X 동제사는 중국 상하이에서 신규식 등이 조직하였다(1912).

T66-67 3·1 운동(1919) ~ 대한민국 임시 정부의 수립과 활동

사료 Check

24년 지방직 9급

1. 오늘날 우리의 이 행동은 정의와 인도 그리고 생존과 존엄함을 지키기 위한 민족적 요구에서 나온 것이니, 오직 자유로운 정신을 발휘할 것이며 결코 배타적 감정으로 치닫지 말라.
1. 마지막 한 사람까지 마지막 한순간까지 민족의 정당한 의사를 마음껏 발표하라.
1. 일체의 행동은 무엇보다 질서를 존중하며, 우리의 주장과 태도를 어디까지나 떳떳하고 정당하게 하라.

21년 국가직 9급

본 회의는 2천만 민중의 공정한 뜻에 바탕을 둔 국민적 대화합으로 최고의 권위를 가지고 국민의 완전한 통일을 공고하게 하며, 광복 대업의 근본 방침을 수립하여 우리 민족의 자유를 만회하며 독립을 완성하기를 기도하고 이에 선언하노라. … (중략) … 본 대표 등은 국민이 위탁한 사명을 받들어 국민적 대단결에 힘쓰며 독립운동이 나아갈 방향을 확립하여 통일적 기관 아래에서 대업을 완성하고자 하노라.

25년 지방직 9급

대한민국 임시 정부는 대한민국 원년에 정부가 공포한 군사 조직법에 의거하여 … (중략) … [(가)]을/를 조직하고 … (중략) … 공동의 적인 일본 제국주의자들을 타도하기 위해 연합군의 일원으로 항전을 계속한다.

19년 지방직 9급

건국 시기의 헌법상 경제체계는 국민 각개의 균등생활 확보 및 민족 전체의 발전 그리고 국가를 건립 보위함과 연환(連環)관계를 가진다. 그러므로 다음에 나오는 기본 원칙에 따라서 경제 정책을 집행하고자 한다.
가. 규모가 큰 생산기관의 공구와 수단 … (중략) … 은행·전신·교통 등과 대규모 농·공·상 기업 및 성시(城市)공업 구역의 주요한 공용 방산(房産)은 국유로 한다.
나. 적이 침략하여 점령 혹은 시설한 일체 사유자본과 부역자의 일체 소유자본 및 부동산은 몰수하여 국유로 한다.

20년 국가직 9급

1. 한국의 전체 인민은 현재 이미 반침략전선에 참가해오고 있으며, 이제 하나의 전투 단위로서 추축국에 선전한다.
2. 1910년 한일 '병합'과 일체의 불평등 조약은 무효이며, 아울러 반침략 국가가 한국에서 합리적으로 얻은 기득권익이 존중될 것임을 거듭 선포한다.
3. 한국, 중국과 서태평양에서 왜구를 완전히 몰아내기 위하여 최후의 승리를 거둘 때까지 혈전한다.

문쌤의 분석

기미독립선언의 내용이다. 3·1 운동은 기미독립선언보다 전개 과정과 관련된 사료가 주로 출제된다. 선언문들은 내용이 비슷해서 사용하는 단어들을 포인트로 파악해두는 것이 좋다.

국민 대표 회의 선언서이다. 검정교과서 수록 사료지만, 공무원 시험의 기출 사료가 아니어서 의외로 어려움을 느낀 수험생들이 많았다.

(가)에 해당하는 군사 조직은 한국 광복군이다. 한국 광복군은 독립군 부대 중에서도 단독 출제 비중이 높다. 사료와 함께 출제되는 경우가 많지만 키워드가 명확해 체감난도가 낮은 편이다.

1941년 11월 발표된 대한민국 임시 정부의 건국 강령 중 일부다. 조선 독립 동맹의 건국 강령과 비슷한 내용이 많아 키워드(대생산 기관의 국유)를 정확하게 숙지하고 있어야 한다.

1941년 12월 대한민국 임시 정부가 발표한 대일 선전 포고문이다. 사료로는 잘 출제되지 않는 내용이었다. 임시 정부의 활동을 월 단위로 알고 있어야 문제를 풀 수 있는 고난도 문제가 출제되었다. 임시 정부의 활동 내용은 순서 문제가 자주 출제되기 때문에 주요 사건들은 순서대로 암기하고 있어야 한다.

기출 지문 Check

1. 3·1 운동의 결과 일제가 교활한 '문화 통치'를 표방하게 되었다. 13년 법원9급 O | X
2. 3·1 운동은 순종의 인산일에 일어났다. 24년 지역인재9급 O | X
3. 3·1 운동은 대한민국 임시 정부 수립의 계기가 되었다. 24년 지역인재9급 O | X
4. 3·1 운동 이후 일제는 이른바 '문화 통치'로 통치 방식을 바꾸었다. 25년 지방9급 O | X
5. 3·1 운동은 민족 유일당 운동을 추진하는 계기가 되었다. 25년 법원9급 O | X
6. 3·1 운동은 중국의 5·4 운동, 인도의 비폭력·불복종 운동 등에 영향을 주었다. 14년 서울9급 O | X
7. 대한민국 임시 정부는 최초의 민주공화제 정부로 삼권 분립을 채택하였다. 16년 경찰간부 O | X
◆ 8. 대한민국 임시 정부의 초대 대통령으로 이승만이, 국무총리로 이동녕이 임명되었다. 16년 경찰간부 O | X
9. 대한민국 임시 정부는 독립 공채를 발행하였다. 23년 국가9급 O | X
10. 대한민국 임시 정부는 외교 운동을 위해 미국에 구미 위원부를 설치하였다. 22년 국가9급 O | X
11. 대한민국 임시 정부는 비밀 행정 조직인 연통부를 설치하였다. 23년 국가9급 O | X
12. 대한민국 임시 정부는 『대동단결선언』을 발표하였다. 21년 지방9급 O | X
13. 대한민국 임시 정부는 상하이 시기 임시사료편찬회를 통해 『한일관계 사료집』을 편찬하였다. 25년 서울9급 1차 O | X
14. 대한민국 임시 정부는 기관지로 『독립신문』을 발간하였다. 23년 국가9급 O | X
15. 국민 대표 회의에서 창조파와 개조파 등의 주장이 대립되었다. 17년 국가9급 O | X
16. 국민 대표 회의에서는 임시 정부를 대체할 새로운 조직을 만들자는 주장이 나왔다. 21년 국가9급 O | X
17. 임시 정부는 만보산 사건과 만주사변의 위기를 타개하기 위해 한인애국단을 조직하였다. 20년 국회9급 O | X
18. 한국광복군은 미국 전략 정보처(OSS)와 협력하면서 국내 진공을 준비하였다. 14년 국가9급 O | X
19. 한국 광복군은 조선 의용대가 합류하여 군사력이 한층 더 강화되었다. 25년 지방9급 O | X
20. 한국 광복군은 영국군의 협조 요청으로 미얀마, 인도 전선에 파견되었다. 25년 지방9급 O | X
◆ 21. 대일 선전 포고 후 대한민국 임시 정부는 김구를 주석으로 하는 단일 지도 체제를 만들고 「대한민국 건국 강령」을 제정하였다. 20년 국가9급 O | X
22. 대한민국 임시정부의 활동 순서: 국민대표회의 개최 → 한인애국단 창설 → 한국광복군 창설 → 주석·부주석제로 개헌 24년 국가9급 O | X

출제경향

- 과거에는 3·1운동의 출제 비중이 낮은 편이었으나 최근에는 출제 비중이 높아짐. 지문은 기출 범위 안에서 출제되지만 사료가 다양해 그에 대한 대비가 필요함.
- 5차 개헌(주석·부주석제)은 이후의 임시정부 활동 내용을 묻는 문제가 자주 출제되어 특징(부주석)을 정확하게 파악해야 함.
- 무오독립선언 발표 시기와 대한민국 임시 정부 수립 시기는 학계의 논란이나 임시 정부 수립일 지정 문제 때문에 상대적으로 볼 필요가 있음.
- 대한민국 임시 정부의 시기별 활동 내용을 구체적으로 암기해야 풀 수 있는 문제의 출제 비중 증가.

정답 및 해설

1 O 2 X 3 O 4 O 5 X 6 O 7 O 8 X 9 O 10 O 11 O 12 X 13 O 14 O 15 O 16 O 17 O 18 O 19 O 20 O 21 X 22 O

2 X 6·10 만세 운동에 대한 설명이다.
5 X 6·10 만세 운동에 대한 설명이다.
8 X 대한민국 임시 정부의 초대 대통령에는 이승만이, 국무총리에는 이동휘가 선임되었다.
12 X 대동단결선언은 대한민국 임시 정부 수립(1919) 전인 1917년 중국 상하이에서 신채호, 조소앙, 신규식, 박은식 등 14인의 명의로 발표된 선언문이다.
21 X 대일 선전 포고(1941. 12.) 이전의 역사적 사실들이다. 1940년 10월 대한민국 임시 정부는 집행력을 강화시키기 위하여 주석 중심제로 헌법을 개정하고 주석(김구) 중심의 단일 지도 체제를 마련하였고, 1941년 11월에는 조소앙의 삼균주의를 받아들인 대한민국 건국 강령을 발표하였다.

T68-69 국내 항일 민족 운동~의열 투쟁

📝 사료 Check

21년 법원직 9급

검거자를 즉시 우리의 힘으로 구출하자.
교내에 경찰관 침입을 절대 반대하자.
조선인 본위의 교육제도를 확립하자.
민족문화와 사회과학 연구의 자유를 획득하자.
전국학생대표자회의를 개최하라.

19년 지방직 9급

민중은 우리 혁명의 대본영(大本營)이다. 폭력은 우리 혁명의 유일한 무기이다. 우리는 민중 속으로 가서 민중과 손을 맞잡아 끊임없는 폭력-암살, 파괴, 폭동-으로써 강도 일본의 통치를 타도하고 우리 생활에 불합리한 일체의 제도를 개조하여 인류로써 인류를 압박하지 못하며, 사회로써 사회를 박탈하지 못하는 이상적 조선을 건설할지니라.

🗒 문쌤의 분석

광주 학생 항일 운동(1929)의 격문이다. '검거된 학생'이라는 표현 대신 '검거자'라는 표현을 사용해 출제하였다. 광주 학생 항일 운동 격문은 6·10 만세 운동의 격문과 비슷한 부분이 많아 정확하게 구분할 수 있어야 한다.

신채호가 작성한 조선혁명선언의 내용이다. 의열단 관련 사료로 가장 출제 비중이 높다. 최근에는 조선혁명선언 대신 의열단의 활동 내용이 사료로 출제되는 경우도 늘어나고 있다.

📝 기출 지문 Check

1. 6·10 만세 운동은 민족주의계와 사회주의계가 연대하는 계기가 되었다. 25년 서울9급 1차 O | X
2. 6·10 만세 운동 당시 신간회가 현장에 진상조사단을 파견하였다. 23년 계리직 O | X
3. 6·10 만세 운동과 광주 학생 항일 운동 사이 시기에 신간회가 창설되었다. 24년 국가9급 O | X
4. 의열단은 김구 선생이 상하이에서 조직하였다. 13년 법원9급 O | X
5. 의열단은 경성역에서 사이토 총독에게 폭탄을 던졌다. 22년 간호직 O | X
6. 김원봉은 황포 군관 학교에서 훈련받았고, 신채호는 민족주의 역사 서술의 기본 틀을 제시하였다. 22년 지방9급 O | X
7. 의열단은 한국독립당, 조선혁명당 등과 함께 민족혁명당을 결성하였다. 19년 지방9급 O | X
8. 🔸 의열단의 김익상은 종로 경찰서에 폭탄을 투척하였다. 19년 법원9급 O | X
9. 한인 애국단은 「조선 혁명 선언」을 활동 지침으로 삼았다. 24년 지방9급 O | X
10. 한인 애국단은 조선 혁명 간부 학교를 설립하여 군사력 양성을 꾀하였다. 21년 경찰2차 O | X
11. 한인 애국단의 김지섭은 일왕의 궁성으로 들어가는 니주바시에 폭탄을 던졌다. 22년 국회9급 O | X
12. 한인 애국단의 조명하는 타이중에서 일본 육군대장을 공격하였다. 23년 지역인재9급 O | X
13. 윤봉길 의사의 훙커우 공원 의거는 한국광복군 형성의 기초가 되었다. 12년 지방9급 O | X

📕 출제경향

- 출제 빈도가 높지만 기출 범위 안에서 벗어나는 문제가 적어 체감 난도가 낮은 단원 but 출제할 수 있는 인물이 매우 다양하기 때문에 완벽한 대비가 쉽지 않은 것이 특징.
- 의열단 의거는 인물과 활동뿐만 아니라 연도까지 암기해야 함(치안유지법 실시 시기의 의거 활동을 묻는 등 연도 관련 문제의 출제 비중 ↑).
- 의열단은 최근 개별 의거 활동보다 조직 전체의 활동 내용(민족혁명당 결성 등) 비중 증가.
- 이봉창 관련 고난도 사료(20년 국가직 7급) 및 일부 직렬에서 최흥식, 유상근, 이덕주 관련 내용이 출제 → 한인 애국단 관련 문제의 난도가 높아질 수 있어 주의 필요
- 황포탄 의거, 부민관 의거 등 지엽적인 의거 활동의 출제 비중 증가(조명하 의거 활동에 주목).

🔍 **정답 및 해설**   1 O   2 X   3 O   4 X   5 X   6 O   7 O   8 X   9 X   10 X   11 X   12 X   13 O

2 X 신간회는 광주 학생 항일 운동에 진상 조사단을 파견하였다.
4 X 한인 애국단에 대한 설명이다.
5 X 대한국민노인동맹단(대한 노인단) 강우규의 활동 내용이다.
8 X 의열단의 김익상은 1921년 조선 총독부에 폭탄을 투척하였다. 종로 경찰서에 폭탄을 투척한 인물은 의열단의 김상옥이다(1923).
9 X 「조선 혁명 선언」을 강령으로 삼아 의열 투쟁을 전개한 단체는 의열단이다.
10 X 의열단에 대한 설명이다.
11 X 김지섭은 의열단원으로, 1924년에 도쿄 궁성 이중교(니주바시) 투탄 의거를 단행하였다.
12 X 조명하는 개인 신분으로 의거 활동을 펼친 인물이다.

T70-71 1920년대 ~ 1930년대 이후 무장 독립 전쟁

📝 사료 Check

<small>21년 경찰간부후보</small>

한국인이 무기를 가지고 다니거나 한국으로 침입하는 것을 엄금하며, 위반자는 검거하여 일본 경찰에 인도한다. 일본이 지명하는 독립운동가를 체포하여 일본 경찰에 인도한다.

문쌤의 분석
1925년 체결된 미쓰야 협정의 내용이다. 주로 협정의 자세한 내용이나 결과보다는 체결 시기를 묻는 문제가 출제된다.

<small>19년 국가직 9급</small>

아군은 사도하자에 주둔 병력을 증강시키면서 훈련에 여념이 없었다. 새벽에 적군은 황가둔에서 이도하 방면을 거쳐 사도하로 진격하여 왔다. 그런데 적군은 아군이 세운 작전대로 함정에 들어왔고, 이에 일제히 포문을 열어 급습함으로써 적군은 응전할 사이도 없이 격파되었다.

한국독립군에 대한 사료이다. 기존에 지문으로 출제되던 사도하자(1933) 전투가 사료로 출제되었다. 쌍성보 전투 등에 비해 중요도가 낮은 전투라 의외로 어려워한 수험생들이 많았다.

<small>18년 법원직 9급</small>

중국(의용군)과 한국 양국의 군민은 한마음 한뜻으로 일제에 대항하여 싸우고, 인력과 물자는 서로 나누어 쓰며, 합작의 원칙하에 국적에 관계없이 그 능력에 따라 항일 공작을 나누어 맡는다.

조선 혁명군과 중국 의용군의 합의문 내용이다. 한국 독립군과 조선 혁명군은 활약 전투 외에 연합 작전을 벌인 중국인 부대가 사료 키워드로 출제되기도 한다.

📝 기출 지문 Check

1. 홍범도의 대한 독립군은 봉오동 전투에서, 김좌진의 북로 군정서군은 청산리 전투에서 크게 승리하였다. <small>11년 지방9급</small> O | X
2. 순서: 봉오동 전투 → 청산리 전투 → 간도 학살 → 자유시 참변 <small>14년 서울9급</small> O | X
3. 순서: 훈춘 사건 → 대한 독립 군단의 자유시 이동 → 미쓰야 협정 체결 → 한국 독립군 조직 <small>17년 국가7급</small> O | X
4. 남만주에 조선 혁명군이 창설되었다. <small>13년 국가9급</small> O | X
5. 조선 혁명군은 영릉가 전투와 흥경성 전투에서 일본군을 격파하였다. <small>21년 계리직</small> O | X
6. 대전자령 전투에서 양세봉이 이끄는 부대가 일본군을 격퇴하였다. <small>22년 소방직</small> O | X
7. 지청천은 한국 독립군을 이끌고 쌍성보 전투에서 일본군을 격파하였다. <small>18년 서울9급</small> O | X
8. ♦ 한국 독립군은 조선민족전선연맹이 중국 국민당의 지원을 받아 창설하였다. <small>19년 국가9급</small> O | X
9. 민족 혁명당은 의열단을 중심으로 조선혁명당, 한국독립당 등이 참여하여 만들었다. <small>24년 서울9급 2차</small> O | X
10. 민족 혁명당은 한국 독립당, 한국 국민당, 조선 혁명당 3당의 통합으로 만들어졌다. <small>18년 국가7급</small> O | X
11. ♦ 민족 혁명당 창설 당시 김구는 참여하지 않았다. <small>18년 국가7급</small> O | X
12. 조선 의용대는 중국 관내에서 조직된 최초 한국인 군사 조직이었다. <small>13년 지방9급</small> O | X
13. 조선 의용대는 중국 국민당 정부의 지원을 받았다. <small>20년 소방간부</small> O | X
14. 태항산 지역에서 조선 의용군이 팔로군과 협동 작전을 벌였다. <small>16년 국가7급</small> O | X

📕 출제경향
- 주요 사건들의 순서 나열 또는 각 독립군 부대의 전투 중심으로 출제.
- 무장 투쟁의 경우 과거에는 1920년대 활동의 비중이 높았으나 최근에는 1930년대 활동의 비중 증가.
- 민족 혁명당을 비롯해 민족 연합 전선 관련 출제 비중 증가(난도↑).

🔍 정답 및 해설
1 O 2 O 3 O 4 O 5 O 6 X 7 O 8 X 9 O 10 X 11 O 12 O 13 O 14 O

6 X 대전자령 전투에서 활약한 독립군 부대는 지청천이 이끌던 한국 독립군이다.
8 X 조선의용대(1938)에 대한 설명이다.
10 X 한국 독립당(조소앙), 한국 국민당(김구), 조선 혁명당(지청천) 3당의 통합으로 만들어진 단체는 1940년 5월에 결성된 한국 독립당이다.

T72 민족 실력 양성 운동

📝 사료 Check

18년 지방직 9급

조선 사람은 조선 사람이 만든 물건만 쓰고 살자고 하는 운동이 일어나고 있다. 그렇게 하면 조선인 자본가의 공업이 일어난다고 한다. …(중략)… 이 운동이 잘 되면 조선인 공업이 발전해야 하지만 아직 그렇지 않다. …(중략)… 이 운동을 위해 곧 발행된다는 잡지에 회사를 만들라고 호소하지만 말고 기업을 하는 방법 같은 것을 소개해야 한다. - 개벽 -

문쌤의 분석
물산 장려 운동에 대한 사료이다. 물산 장려 운동의 경우 다양한 사료가 사용되지만 포인트(조선 사람 조선 것 쓰자)가 명확해서 난도가 낮은 것이 특징이다.

13년 법원직 9급

이 운동의 사상적 도화수가 된 것은 누구인가? 저들의 사회적 지위로 보나 계급적 의식으로 보나 결국 중산 계급을 벗어나지 못하였으며, 적어도 중산 계급의 이익에 충실한 대변인인 지식 계급 아닌가. … 실상을 말하면 노동자에게는 … 말할 필요가 없는 것이다. … 그네는 자본가 중산 계급이 양복이나 비단 옷을 입는 대신 무명과 베옷을 입었고, 저들 자본가가 위스키나 브랜디나 정종을 마시는 대신 소주나 막걸리를 먹지 않았는가? … 이리하여 저들은 민족적, 애국적하는 감상적 미사(美辭)로써 눈물을 흘리면서 저들과 이해가 전연 상반한 노동 계급의 후원을 갈구하는 것이다. - 동아일보 -

밑줄 친 '이 운동'은 물산 장려 운동이다. 물산 장려 운동에 대한 사회주의 세력의 비판 내용으로, 물산 장려 운동 문제의 지문으로도 출제되는 경우가 많다.

14년 법원직 9급

민중의 보편적 지식은 보통 교육으로 능히 수여할 수 있으나 심원한 지식과 심오한 학리는 고등 교육에 기대하지 아니하면 불가할 것은 설명할 필요도 없거니와 사회 최고의 비판을 구하며 유능한 인물을 양성하려면 최고 학부의 존재가 가장 필요하도다.

민립대학 설립 운동 사료이다. 민립 대학 설립 운동 문제는 난도가 낮은 편이지만 구호(한민족 1천만이 한 사람이 1원씩)가 국채 보상 운동과 혼동하기 쉬워 주의가 필요하다.

📝 기출 지문 Check

1 물산 장려 운동은 조선총독부의 회사령에 맞서기 위해 전개되었다. 22년 지방9급 O | X
2 물산 장려 운동은 평양에서 조만식 중심으로 시작되어 전국적으로 확산되었다.
15년 기상9급 O | X
3 물산 장려 운동에 대해 일부 사회주의자는 자본가 계급을 위한 운동이라고 비판하였다.
22년 지방9급 O | X
4 물산 장려 운동은 "조선인이 만든 것을 입고, 먹고, 쓰자."라는 구호를 내세웠고, 민족 자본을 육성하려 하였다. 18년 서울7급 2차 O | X
5 조선민립대학기성회는 민족 연합 전선 단체인 신간회의 후원을 받았다.
13년 지방9급 O | X
6 민립 대학 설립 운동에 대해 일제는 경성 제국 대학을 설립하고 방해하였다.
11년 법원9급 O | X
◆ 7 민립 대학 설립 운동, 물산 장려 운동이 성과를 거두지 못하자 비타협적 민족 운동이 강화되었다. 11년 법원9급 O | X
◆ 8 동아일보는 한글 보급 운동에 앞장서『한글원본』을 만들었다. 20년 국가9급 O | X
9 동아일보는 브나로드 운동이라는 농촌 계몽 운동을 전개하였다. 20년 국가9급 O | X

출제경향
- 한능검에 비해 공무원 시험에서는 출제 비중이 높지 않은 단원.
- 물산 장려 운동 중심으로 출제되며 전체적인 난도가 낮음.
- 20년 국가직 9급 시험에서 문맹 퇴치 운동과 신문 관련 문제 출제 → 문맹 퇴치 운동 관련 자세한 내용 출제 가능성↑

🔍 정답 및 해설 1 X 2 O 3 O 4 O 5 X 6 O 7 X 8 X 9 O

1 X 물산 장려 운동은 회사령 폐지 정책에 맞서기 위해 일어났다.
5 X 조선민립대학기성회(1923년)는 신간회(1927년)보다 이른 시기에 조직되었다(신간회의 후원X).
7 X 민립 대학 설립 운동, 물산 장려 운동이 성과를 거두지 못하자 일부 민족주의자들은 일제와 타협하여 자치권과 참정권을 획득하자는 자치 운동이나 참정 운동을 전개하였다.
8 X 조선일보의 '문자 보급 운동'에 대한 내용이다.

T73-75 일제 강점기 사회·경제적 민족 운동 ~ 국외 이주 동포의 활동과 시련

사료 Check

17년 국가직 9급 추가채용

민족주의적 세력에 대하여는 그 부르주아 민주주의적 성질을 분명히 인식함과 동시에 **과정상의 동맹자**적 성질도 충분히 승인하여, 그것이 **타락하지 않는 한** 적극적으로 제휴하여 대중의 이익을 위해서도 종래의 소극적인 태도를 버리고 싸워야 할 것이다.

17년 지방직 9급 추가채용

1. 우리는 정치·경제적 각성을 촉구한다.
1. 우리는 **단결을 공고히** 한다.
1. 우리는 **기회주의를 일체 부인**한다.

24년 지방직 9급

우리 사회에서도 **여성운동**이 제기된 것은 또한 이미 오래되었다. 그러나 회고하여 보면 여성운동은 거의 분산되어 있었다. 그것에는 **통일된 조직**이 없었고 통일된 목표와 정신도 없었다. …(중략)… 우리가 실제로 우리 자체를 위해, 우리 사회를 위해 분투하려면 우선 **조선 자매 전체의 역량을 공고히 단결**하여 운동을 전반적으로 전개하지 않으면 아니 된다.

문쌤의 분석

1926년 발표된 정우회 선언의 내용이다. 민족주의 세력과의 적극적 제휴를 강조한 것(민족 유일당 운동)이 특징이다. **신간회 창설에 영향을 끼친 선언문이라 신간회 관련 사료로 자주 출제된다.**

신간회의 강령이다. '기회주의 부인'은 타협적 민족주의(자치론)를 배격하는 것을 의미한다.

근우회의 발기 취지서이다. 단순히 근우회와 관련된 사료라는 것만 알면 풀 수 있었던 20년 지방직 9급 시험과 달리 근우회에 대해 자세하게 묻는 문제가 출제되었다. **근우회는 오답 보기로 같은 여성 단체인 찬양회 관련 내용이 자주 출제된다.**

기출 지문 Check

1. 백정 출신들은 형평사를 창립하고, 평등한 대우를 요구하는 형평운동을 펼쳤다. *15년 국가9급* O | X
2. 형평 운동은 진주에서 시작되어 전국으로 확대되었다. *23년 국회9급* O | X
3. 형평 운동은 공사 노비 제도가 폐지되는 결과를 가져왔다. *22년 법원9급* O | X
4. 사회주의 진영과 비타협적 민족주의 진영은 1926년 정우회 선언을 계기로, 1927년 신간회를 발기하였다. *17년 사회복지9급* O | X
5. 신간회는 민족 협동 전선의 성격을 표방하였다. *21년 소방직* O | X
6. 신간회는 광주 학생 항일 운동이 일어나자 조사단을 파견하였다. *23년 지방9급* O | X
7. 신간회는 6·10 만세 운동을 사전에 계획하였다. *23년 지방9급* O | X
♦ 8. 신간회 존속 기간 중 단천 산림 조합 시행령 반대 운동, 원산 총파업 등의 사건이 일어났다. *18년 서울9급(기술직)* O | X
9. 신간회는 사회주의자들이 해소론을 주장하였다. *18년 기상9급* O | X
♦ 10. 신간회는 자치 운동의 확산을 경계하였다. *18년 서울7급 1차* O | X
11. 신간회는 고등 교육 기관을 설립하기 위해 민립 대학 설립 운동을 시작하였다. *21년 지방9급* O | X
12. 근우회는 여학교 설립을 주장하는 「여권통문」을 발표하였다. *24년 지방9급* O | X
13. 근우회는 봉건적 인습 타파, 여성 노동자의 임금 차별 철폐 등을 주장했다. *24년 지방9급* O | X

출제경향

- 단체들의 정확한 결성 연도를 암기해야 하는 문제들이 자주 출제.
- 신간회의 경우 활동 내용이 광범위해서 관련이 없는 내용을 암기하는 것이 효과적.
- 최근 근우회 출제 비중 증가(주로 찬양회 관련 내용이 오답 지문으로 출제).

정답 및 해설
1 O 2 O 3 X 4 O 5 O 6 O 7 X 8 O 9 O 10 O 11 X 12 X 13 O

- 3 X 공사 노비 제도는 1894년 1차 갑오개혁으로 인해 폐지되었다.
- 7 X 6·10 만세 운동은 신간회 창립(1927) 전인 1926년에 일어났다.
- 11 X 민립 대학 설립 운동은 조선 민립 대학 기성회를 중심으로 전개되었다.
- 12 X 1898년에 조직된 찬양회에 대한 설명이다.

07 민족 독립운동의 전개

T76 민족 문화 수호 운동(한말 활동 포함)

사료 Check

23년 지역인재 9급

옛사람이 말하기를 나라는 멸망할 수 있으나 그 역사는 결코 없어질 수 없다고 했으니, 이는 나라가 형체라면 역사는 정신이기 때문이다. 이제 우리나라의 형체는 없어져 버렸지만, 정신은 살아남아야 할 것이다.

19년 국가직 9급

무릇 동양의 수천 년 교화계(敎化界)에서 바르고 순수하며 광대 정밀하여 많은 성현들이 전해주고 밝혀 준 유교가 끝내 인도의 불교와 서양의 기독교와 같이 세계에 큰 발전을 하지 못함은 어째서이며 …(중략)… 유교계에 3대 문제가 있는지라. 그 3대 문제에 대하여 개량하고 구신(求新)을 하지 않으면 우리 유교는 흥왕할 수가 없을 것이다.

21년 소방직

역사란 무엇이냐. 인류 사회의 아와 비아의 투쟁이 시간부터 발전하며 공간부터 확대하는 심적 활동 상태의 기록이니, 세계사라 하면 세계 인류의 그리 되어온 상태의 기록이며, 조선사라 하면 조선 민족의 그리 되어온 상태의 기록이다.

23년 지방직 9급

우리 조선의 역사적 발전의 전 과정은 가령 지리적 조건, 인종학적 골상, 문화 형태의 외형적 특징 등 다소의 차이는 인정되더라도, 다른 문화 민족의 역사적 발전 법칙과 구별되어야 하는 독자적인 것이 아니다. 세계사적인 일원론적 역사 법칙에 의해 다른 민족과 거의 같은 궤도로 발전 과정을 거쳐 왔다.

17년 국가직 9급

계급투쟁은 민족의 내부 분열을 초래할 것이며, 민족의 내쟁은 필연적으로 민족의 약화에 따르는 다른 민족으로부터의 수모를 초래할 것이다. 계급투쟁의 길은 우리가 반드시 취해야 할 필요는 없고, 민족 균등이 실현되는 날 그것은 자연 해소될 문제다. …(중략)… 이 세계적 기운과 민족적 요청에서 민족사관은 출발하는 것이며, 민족사는 그 향로와 방법을 명백하게 과학적으로 지시하여야 할 것이다.
- 조선민족사 개론

18년 서울시 9급 기술직렬

영진은 전문학교를 다닐 때 독립만세를 부르다가 왜경에게 고문을 당해 정신이상이 된 청년이었다. 한편 마을의 악덕 지주 천가의 머슴이며, 왜경의 앞잡이인 오기호는 빚 독촉을 하며 영진의 아버지를 괴롭혔다. 더욱이 딸 영희를 아내로 준다면 빚을 대신 갚아줄 수 있다고 회유하기까지 하였다. (중략) 오기호는 마을 축제의 어수선한 틈을 타 영희를 겁탈하려 하고 이를 지켜보던 영진은 갑자기 환상에 빠져 낫을 휘둘러 오기호를 죽인다. 영진은 살인혐의로 일본 순경에게 끌려가고, 주제곡이 흐른다.

문쌤의 분석

박은식의 『한국통사』와 『유교구신론』의 내용이다. 박은식과 신채호는 단독 문제 출제 비중이 매우 높은 인물들이다. 특히 박은식은 최근 전직렬에서 출제빈도가 높아지고 있는 인물이다. 대부분 키워드가 명확해 사료의 난도는 높지 않지만 활동 내용이 자료로 출제되기도 해 주의가 필요하다.

신채호의 『조선상고사』 내용이다. 신채호 사료는 내용보다 문장의 표현(소장성쇠, 귀에 애국 등)에서 포인트를 찾아야 하는 경우가 많아 주요 표현을 암기해야 한다.

백남운의 『조선사회경제사』의 내용이다. 백남운은 사료나 정답 지문이 제한적인 인물이라 대부분 평이한 난도의 문제가 출제되지만 광복 후의 활동과 연계한 고난도 문제가 출제되기도 했다.

손진태의 주장 내용이다. 기존 한능검 고급 시험의 출제 지문 내용(손진태는 계급 투쟁보다는 민족 균등의 입장을 강조하였다.-고급 13회)을 포인트로 사료가 출제되었다. 전체적인 내용을 읽지 않고 포인트 위주(계급투쟁 등)로만 사료를 읽을 경우 백남운 등 다른 인물과 혼동할 수 있는 고난도 사료이다. 내용을 모르더라도 손진태의 저서를 암기하고 있으면 인물을 특정할 수 있었다.

나운규가 감독한 영화 '아리랑'의 줄거리이다. 고난도 사료는 아니었지만 영화 내용을 모르는 경우 '아리랑'을 특정할 수 있는 키워드가 없어 의외로 어려워한 수험생들이 많았다. 프로 문학과 함께 1920년대 문화 모습 관련 내용 중 출제 비중이 가장 높다.

기출 지문 Check

1. 제1차 조선교육령 발표와 제2차 조선교육령 발표 사이 시기에 경성제국대학이 설립되었다. 24년 국가9급 O | X
2. 제1차 조선교육령 발표와 제2차 조선교육령 발표 사이 시기에 일본에서 2·8 독립선언서가 발표되었다. 24년 국가9급 O | X
3. 박은식은 대한민국 임시 정부의 제2대 대통령이 되었다. 21년 소방간부 O | X
4. 박은식은 민족의 혼을 강조하며 『한국통사』를 저술하였다. 22년 간호직 O | X
5. 박은식은 『유교구신론』을 통해 유교의 개혁을 주장하였다. 23년 지역인재9급 O | X
6. 박은식은 『여유당전서』를 펴내고 조선학 운동을 전개하였다. 23년 지역인재9급 O | X
7. 신채호는 의열단의 요청으로 「조선혁명선언」을 집필하였고 뤼순 감옥에서 순국하였다. 13년 국가7급 O | X
8. 신채호는 『여유당전서』를 발간하여 조선 후기 실학자들을 재평가하였다. 17년 지방9급 O | X
9. 신채호는 역사를 '인류 사회의 아(我)와 비아(非我)의 투쟁'이라고 규정하고 민족주의 사학을 주장하였다. 20년 국회9급 O | X
10. 신채호는 『대한매일신보』에 「독사신론」을 발표하여 민족주의 사학의 연구 방향을 제시하였다. 21년 소방직 O | X
11. 정인보는 '민족의 얼'을 강조하였으며, 『조선사연구』 등을 저술하였다. 18년 경찰2차 O | X
12. 문일평은 '조선심'을 강조하고 조선심의 결정체로서 '조선글'을 주장하였다. 20년 국회9급 O | X
13. 백남운에 의해 대두된 사회 경제 사학은 한국사가 세계사의 보편적인 발전 법칙에 입각하여 발전하였음을 강조하면서 식민주의 사관의 정체성 이론을 반박하였다. 14년 경찰2차 O | X
14. 백남운은 마르크스 유물 사관을 바탕으로 한국사를 연구하였다. 23년 지방9급 O | X
15. 손진태는 『진단학보』를 발간한 진단 학회의 발기인으로 활동하였다. 17년 국가9급 O | X
16. 안재홍은 신민족주의와 신민주주의를 주장하였다. 15년 서울7급 O | X
17. 조선어연구회는 '가갸날'을 제정하고, 기관지인 『한글』을 창간하였다. 24년 국가9급 O | X
18. 조선어학회는 한글 맞춤법 통일안을 만들었다. 23년 법원9급 O | X
19. 대종교는 중광단을 조직하여 항일무장투쟁을 전개하였다. 24년 서울9급 보훈청 O | X
20. 천주교는 『개벽』, 『신여성』 등의 잡지를 발행하였다. 24년 서울9급 보훈청 O | X
21. 1920년대에는 사회주의 운동의 영향으로 식민지 현실의 계급 모순을 비판하는 프로 문학이 등장하였다. 17년 서울7급 O | X
22. 1930년대에는 민족의 정서를 담은 영화 '아리랑'이 조선 영화인에 의해서 제작·상영되었다. 13년 경찰간부 O | X
23. 일제 강점기 경성의 경우, 북촌에는 조선인이, 남촌에는 일본인이 주로 거주하였다. 22년 서울9급 2차 O | X

출제경향

- 조선교육령은 내용보다는 실시 시기의 사건을 묻는 문제가 출제되기 때문에 정확한 연도 암기 필요.
- 신채호, 박은식, 백남운의 출제 비중이 높음. 특히 최근 박은식 출제 비중 증가(고난도 지문도 증가).
- 역사학자는 손진태, 안재홍 등 출제 비중이 낮은 인물들도 단독 문제로 출제.
- 국어 연구 관련 단체의 출제 비중 증가.
- 종교계 활동 내용은 출제 비중이 낮았으나 최근 일부 직렬에서 내용이 출제되고 있어 주목할 필요가 있음(한능검에서는 출제 빈도가 높은 내용).
- 일제 강점기 시기별 문화계 동향의 출제 비중 증가(특히 1920년대).
- 문화주택, 영단주택, 화신 백화점 등 일제강점기 생활 모습 관련 문제 출제.

정답 및 해설
1 X 2 O 3 O 4 O 5 O 6 X 7 O 8 X 9 O 10 O 11 O 12 O 13 O 14 O 15 O 16 O 17 O 18 O 19 O 20 X 21 O 22 X 23 O

1. X 제1차 조선교육령 발표는 1911년, 제2차 조선교육령 발표는 1922년의 일이며, 경성제국대학은 1924년에 설립되었다.
6. X 1934년 안재홍, 정인보, 문일평 등이 조선학 운동을 전개하였다.
8. X 조선학 운동에 대한 내용으로, 조선학 운동을 전개한 인물은 안재홍, 정인보, 문일평 등이다.
20. X 천도교의 활동 내용이다.
22. X 영화 '아리랑'은 1926년에 나운규가 만든 영화이다.

2026
문동균 한국사
판서노트 1/2 특강

PART 08

현대 사회의 발전

- **T77** 8·15 광복과 광복 직후의 정세
- **T78** 모스크바 3국 외상 회의와 1차 미·소 공동 위원회의 결렬
- **T79** 대한민국 정부 수립 과정
- **T80** 제헌 국회 통과 주요 법안
- **T81** 북한 정권의 수립과 6·25 전쟁
- **T82** 제1·2 공화국
- **T83** 박정희 정부(제3·4공화국)
- **T84** 전두환 정부(제5공화국)
- **T85** 민주주의의 진전(제6공화국)
- **T86** 북한의 체제와 북한의 변화
- **T87** 통일 정책과 남북 대화
- **T88** 현대의 경제
- **T89** 현대의 사회·문화

8·15 광복과 광복 직후의 정세 ~ 대한민국 정부 수립 과정

사료 Check

21년 법원직 9급

- 우리는 완전한 독립 국가의 건설을 기함
- 우리는 전 민족의 정치적, 사회적 기본 요구를 실현할 수 있는 민주주의 정권의 수립을 기함
- 우리는 일시적 과도기에 있어서 국내 질서를 자주적으로 유지하며 대중 생활의 확보를 기함

 문쌤의 분석

조선 건국 준비 위원회의 강령이다. 조선 건국 준비 위원회는 고난도 문제로 일부 직렬에서만 출제되었지만 최근에는 전 직렬에서 출제 빈도가 높아지고 있다.

23년 지방직 9급

- 조선의 민주 독립을 보장한 삼상 회의 결정에 의하여 남북을 통한 좌우 합작으로 민주주의 임시 정부를 수립할 것
- 토지 개혁에 있어서 몰수, 유조건 몰수, 체감매상 등으로 토지를 농민에게 무상으로 나누어 주며, …(중략)… 민주주의 건국 과업 완수에 매진할 것
- 입법 기구에 있어서는 일체 그 권능과 구성 방법 운영에 관한 대안을 본 합작 위원회에서 작성하여 적극적으로 실행을 기도할 것

좌우 합작 7원칙의 일부이다. 7원칙은 주로 내용이나 좌우 합작 운동과 관련해 출제되는 경향이 있었으나 최근에는 주요 인물들의 지지 여부나 원칙에 등장하는 입법기구 내용을 묻는 문제가 출제되고 있다.

18년 국가직 9급

(가) 우리는 남방만이라도 임시 정부 혹은 위원회 같은 것을 조직하여 38도선 이북에서 소련이 철퇴하도록 세계 공론에 호소해야 할 것이다.

(나) 나는 통일된 조국을 달성하려다 38도선을 베고 쓰러질지언정 일신의 구차한 안일을 위하여 단독 정부를 세우는 데는 협력하지 아니하겠다.

(가)는 이승만의 정읍 발언, (나)는 김구의 '삼천만 동포에게 읍고함'이다. 인물사 문제 또는 발표 시기와 관련된 순서 문제에서 출제된다. 특히 김구는 인물사 문제가 단독 출제되는 경우가 많다.

25년 지방직 9급

내가 원하는 우리 민족의 사업은 결코 세계를 무력으로 정복하거나 경제력으로 지배하려는 것이 아니다. 오직 사랑의 문화, 평화의 문화로 우리 스스로 잘 살고 인류 전체가 의좋게 즐겁게 살도록 하는 일을 하자는 것이다. 어느 민족도 일찍이 그러한 일을 한 이가 없었으니 그것은 공상이라고 하지 말라.

24년 서울시 9급 보훈청 추천

왜적이 항복한다 하였다. 이것은 내게 기쁜 소식이라기보다는 하늘이 무너지는 듯한 일이었다. 천신만고 끝에 수년 동안 애를 써서 참전할 준비를 한 것이 다 허사이다. 시안과 푸양에서 훈련을 받은 우리 청년들을 미국 잠수함에 태워 본국에 들여보내 국내의 중요한 곳을 파괴하거나 점령한 뒤에 미국 비행기로 무기를 운반할 계획까지도 미국 육군성과 다 약속이 되었던 것을 한번 해 보지도 못하고 왜적이 항복했으니……

- 『백범일지』 -

밑줄 친 '내'에 해당하는 인물은 백범 김구이다. 첫 번째 자료는 『백범일지』에 수록된 김구가 원하는 나라에 대한 내용이며, 두 번째 사료는 일본의 항복으로 국내 진공 작전이 무산된 것에 대해 안타까워하는 내용이다. 김구는 최근 출제 사료가 다양해지고 있어 주의가 필요하다.

20년 국가직 7급

아침 8시, ☐(가)☐ 은/는 조선총독부 엔도 정무총감을 만나 다섯 가지 요구 사항을 제시하였다.
첫째, 전국에 구속되어 있는 정치·경제범을 즉시 석방하라.
둘째, 3개월간의 식량을 확보하여 달라.
셋째, 치안 유지와 건설 사업에 아무 간섭하지 말라.
넷째, 학생 훈련과 청년 조직에 대해 간섭하지 말라.
다섯째, 전국 사업장에 있는 노동자를 우리들의 건설 사업에 협력시키며 아무 괴로움을 주지 말라.

- 매일신보 -

(가)에 해당하는 인물은 여운형이다. 총독부와의 치안권 인수 협상에 대한 사료로, 여운형은 이외에도 일장기 말소 사건이 사료로 출제된다. 여운형은 최근 인물사 문제에서 출제빈도가 높아지고 있어 주의가 필요하다.

기출 지문 Check

1 카이로 선언은 제2차 세계 대전 중 최초로 한국의 독립을 국제적으로 보장하였다. 16년 국가7급 O | X

2 카이로 회담에서 소련은 일본과의 전쟁에 참전할 것을 결정했다. 18년 서울9급(기술직) O | X

3 이승만은 미국에서 귀국한 후 독립 촉성 중앙 협의회를 구성하였다. 14년 지방9급 O | X

4 미군정은 조선 인민 공화국의 권위를 인정하지 않았다. 20년 국회9급 O | X

5 조선 건국 준비 위원회는 국내 치안을 담당하기 위해 치안대를 조직하였다. 19년 국회9급 O | X

6 모스크바 3국 외상 회의에서 미국은 한국의 즉시 독립을, 소련은 4개국 신탁 통치를 제안하였다. 10년 지방9급 O | X

7 김구는 모스크바 3국 외상 회의의 결정 사항이 알려지자 신탁통치 반대 운동을 펼쳤다. 22년 국가9급 O | X

8 모스크바 3국 외상 회의 이후 좌우 합작 7원칙이 발표되었다. 24년 국가9급 O | X

9 미·소 공동 위원회에서 소련은 표현의 자유를 내세워 모든 단체의 회담 참여를 주장하였다. 11년 국가9급 O | X

10 좌·우 합작 7원칙에서는 미·소 공동 위원회의 속개를 주장하였다. 15년 서울9급 O | X

11 좌·우 합작 7원칙에서는 유엔(UN) 감시하의 남북한 총선거 실시를 주장하였다. 15년 서울9급 O | X

12 좌우 합작 7원칙 발표 이후 임시 민주 정부 수립을 논의하기 위해 제1차 미·소 공동 위원회가 개최되었다. 23년 지방9급 O | X

◆ 13 이승만은 좌우 합작 7원칙을 지지하였다. 18년 국가9급 O | X

◆ 14 김구는 남조선 과도 입법 의원의 의장을 역임하였다. 18년 국가9급 O | X

15 김구는 좌우 합작 위원회를 구성해 좌우 합작 7원칙을 발표하였다. 22년 국가9급 O | X

16 여운형은 좌우합작을 주도하다가 암살당하였다. 23년 계리직 O | X

◆ 17 김구는 대한민국 임시정부 주석을 지냈다. 25년 지방9급 O | X

18 김구, 김규식 등은 북한의 지도자들에게 통일 정부 수립을 위한 남북 지도자 회의를 제안하였다. 10년 지방7급 O | X

19 김구, 김규식은 5·10 총선거 불참을 선언하였다. 25년 법원9급 O | X

20 5·10 총선거에서 임기 4년의 국회의원을 선출하였다. 25년 법원9급 O | X

21 5·10 총선거는 18세 이상 모든 국민에게 투표권이 부여되었다. 25년 법원9급 O | X

출제경향

- 과거에는 순서 문제 중심이었으나 최근에는 단체와 인물 관련 문제의 출제 비중 증가.
- 인물사 문제는 김구의 비중이 가장 높지만 최근 시험에서는 여운형의 단독 문제 비중 증가.
- 좌우 합작 7원칙 관련 문제의 출제 비중이나 난도↑
- 5·10 총선거는 출제 비중이 높지는 않지만 함정 지문을 구성하기 좋은 내용이 많아서 출제 가능성이 높은 주제(but 함정 지문이 전형적).

정답 및 해설
1 O 2 X 3 O 4 O 5 O 6 X 7 O 8 O 9 X 10 O 11 X 12 X 13 X 14 X 15 X 16 O 17 O 18 O 19 O 20 X 21 X

2 X 얄타 회담에 대한 내용이다.
6 X 미국은 미·소·영·중 4대국에 의한 한국 신탁 통치를 제안하였고, 소련은 이를 수용하면서도 조선 임시 정부 수립을 핵심으로 하는 수정안을 제출하였다.
9 X 소련은 모스크바 3국 외상 회의 결정에 찬성하는 정당과 사회단체만 협의 단체로 참여시키자고 주장하였다.
11 X 1947년 11월 유엔 총회에서 유엔 한국 임시 위원단을 설치하고, 유엔 감시 아래 인구 비례에 의한 남북한 총선거를 통해 통일 정부를 수립할 것을 결정하였다.
12 X 좌우 합작 7원칙 발표(1946. 10) 이전인 1946년 3월에 제1차 미소 공동 위원회가 서울에서 개최되었다.
13 X 이승만은 좌우 합작 7원칙을 지지하지 않았다.
14 X 남조선 과도 입법 의원의 의장직을 수행한 것은 김규식이다.
15 X 여운형과 김규식 등이 1946년 7월 좌우 합작 위원회를 결성하였고, 좌우 합작 위원회는 1946년 10월 좌우 합작 7원칙을 발표하였다.
20 X 5·10 총선거 결과 임기 2년의 제헌 국회 의원이 선출되었다.
21 X 5·10 총선거는 만 18세 이상이 아닌 만 21세 이상 모든 국민에게 투표권이 부여된 보통 선거였다.

T80 제헌 국회 통과 주요 법안

📝 사료 Check

17년 지방직 9급

제1조 일본 정부와 통모하여 한·일 합병에 적극 협력한 자, 한국의 주권을 침해하는 조약 또는 문서에 조인한 자와 모의한 자는 사형 또는 무기 징역에 처하고, 그 재산과 유산의 전부 혹은 2분의 1 이상을 몰수한다.

제3조 일본 치하 독립운동자나 그 가족을 악의로 살상·박해한 자 또는 이를 지휘한 자는 사형, 무기 또는 5년 이상의 징역에 처하고 그 재산의 전부 혹은 일부를 몰수한다.

24년 지방직 9급

제1조 본법은 헌법에 의거하여 농지를 농민에게 적정히 분배함으로써 …(중략)… 농민 생활의 향상 내지 국민 경제의 균형과 발전을 기함을 목적으로 한다.

제12조 농지의 분배는 농지의 종목, 등급 및 농가의 능력 기타에 기준한 점수제에 의거하되 1가당 총경영면적 3정보를 초과하지 못한다.

 문쌤의 분석

반민족 행위 처벌법의 내용이다. 반민족 행위 처벌법은 구체적인 법령의 내용보다는 제정 시기나 반민특위의 활동 기간과 관련된 문제가 주로 출제된다. 출제 빈도가 높지는 않지만 고난도 문제가 출제되는 경향이 있다.

농지 개혁법의 내용이다. 농지 개혁법은 사료의 키워드를 찾는 것은 어렵지 않지만 사료의 내용이 지문으로 출제되기도 해(제헌 헌법에 의거, 3정보로 제한 등) 법령 내용을 자세하게 확인할 필요가 있다.

📝 기출 지문 Check

1. 제헌 국회는 반민족 행위 특별 조사 위원회를 구성하였다. 22년 국가9급 O | X
2. 반민족 행위 처벌법에 따라 반민족 행위자들이 실형을 선고받았다. 17년 지방9급 O | X
3. 반민족 행위 처벌법에 의해 친일 경력을 지닌 고위 경찰 간부가 체포되었다. 22년 지방9급 O | X
4. 반민족 행위 처벌법은 농지개혁법이 제정된 후 제정되었다. 22년 지방9급 O | X
5. 농지 개혁은 유상 매수, 유상 분배의 방식으로 시행되었다. 24년 지방9급 O | X
6. 농지 개혁은 자작농이 감소하고 소작농이 증가하는 결과를 낳았다. 24년 지방9급 O | X
7. 농지 개혁을 통해서 토지 보상금을 수령한 대다수의 중소지주층은 산업자본가로 전환되었다. 09년 법원9급 O | X
8. 농지 개혁법의 영향을 받아 북한에서 토지 개혁법령이 제정되었다. 22년 경찰간부 O | X
9. 농지 개혁을 통해 신한공사가 보유하던 토지를 분배하였다. 19년 지방9급 O | X
10. 농지 개혁법은 6·25 전쟁 이후에 공포되었다. 18년 국회9급 O | X
11. 농지 개혁을 통해 농지를 분배받은 농민은 평년 생산량의 30%를 5년간 상환하였다. 19년 지방9급 O | X
12. 농지 개혁은 토지 소유 상한선을 5정보로 하였다. 24년 서울9급 보훈청 O | X
13. 농지 개혁은 농지와 과수원, 임야가 대상이 되었다. 24년 서울9급 보훈청 O | X

🔖 출제경향

- 농지 개혁법이나 반민족 행위 처벌법의 내용을 묻는 문제가 전형적 but 최근에는 법률 제정 시기와 관련된 지문의 출제 비중 증가.
- 농지 개혁법의 출제 비중이나 난도↑, 일부 직렬에서 법 조문 내용을 지문으로 변형한 고난도 문제 출제.
- 귀속재산처리법 제정 시기와 관련된 문제의 출제 비중 증가.

🔍 정답 및 해설
1 O 2 O 3 O 4 X 5 O 6 X 7 X 8 X 9 X 10 X 11 O 12 X 13 X

4. X 반민족 행위 처벌법은 1948년 9월에 제정되었고, 농지 개혁법은 1949년 6월 공포되고, 1950년 3월에는 일부 개정되어 시행에 들어갔다.
6. X 농지 개혁은 자작농이 증가하는 계기가 되었다.
7. X 농지 개혁을 통하여 토지 자본을 산업 자본으로 전환하려 하였으나 실패하였다. 인플레이션으로 인해 지가 증권의 가치가 하락하여 지주층이 자본가로 변신하는데 어려움이 많았기 때문이다.
8. X 남한의 농지 개혁법 제정(1949. 6)보다 북한의 토지 개혁이 먼저 실시되었다(1946. 3).
9. X 신한공사는 대한민국 정부 수립 이전인 1948년 3월에 해체되었다.
10. X 농지 개혁법은 6·25 전쟁 이전인 1949년 6월에 제정되었다.
12. X 남한의 농지 개혁은 토지 소유 상한선을 3정보로 하였다.
13. X 농지 개혁은 임야가 제외된 농경지에 국한된 개혁이었다.

T 81-82   북한 정권의 수립과 6·25 전쟁 ~제 1·2 공화국

📝 사료 Check

_{25년 지방직 9급}

제2조 당사국 중 어느 한 나라의 정치적 독립 또는 안전이 외부로부터의 무력 공격에 의하여 위협을 받고 있다고 어느 당사국이든지 인정할 때에는 언제든지 당사국은 서로 협의한다.
제4조 상호적 합의에 의하여 <u>미합중국의 육군, 해군, 공군을 대한민국의 영토 내와 그 부근에 배치</u>하는 권리를 대한민국은 이를 허가하고 미합중국은 이를 수락한다.

_{22년 지방직 9급}

1. <u>마산, 서울 기타 각지의 데모</u>는 주권을 빼앗긴 국민의 울분을 대신하여 궐기한 <u>학생들의 순수한 정의감의 발로</u>이며 부정과 불의에는 언제나 항거하는 민족정기의 표현이다.
… (중략) …
3. <u>합법적이고 평화적인 데모 학생에게 총탄과 폭력을 거리낌 없이 남용</u>하여 참극을 빚어낸 경찰은 자유와 민주를 기본으로 한 대한민국의 국립 경찰이 아니라 불법과 폭력으로 권력을 유지하려는 일부 정부 집단의 사병이다. - 「대학 교수단 4·25 선언문」 -

📝 문쌤의 분석

1953년 10월에 체결된 한·미 상호 방위 조약의 내용이다. 주로 내용보다는 체결 시기와 관련된 문제가 출제된다. 출제 빈도가 낮은 사료지만 기존에 법원직에서 출제된 적이 있었던 사료이다.

1960년 4·19 혁명 때 발표된 대학교수단의 시국 선언문 내용이다. 서울대학교 문리과대학 학생들의 선언문(상아의 진리탑을 박차고)과 함께 4·19 혁명 문제에서 자주 출제되는 사료이다. 민주화 운동 선언문 중 일부는 키워드가 명확하지 않아 중요한 표현들을 통해 구분해야 한다.

📝 기출 지문 Check

1 6·25 전쟁 중 대통령 직선제를 포함한 발췌 개헌안이 국회에서 통과되었다.
_{23년 지방9급} O | X

2 6·25 전쟁 중 이승만 정부가 북한 송환을 거부하는 반공 포로를 석방하였다.
_{23년 지방9급} O | X

◆ 3 서울 수복과 1·4 후퇴 사이 시기 대규모 해상 작전인 흥남 철수가 이루어졌다.
_{17년 국가7급} O | X

4 휴전 협정이 체결되고 같은 해 한·미 상호 방위 조약이 체결되었다. _{10년 국가7급} O | X

◆ 5 유엔군과 한국군, 중국군, 북한군은 1953년 7월 27일에 정전 협정에 조인하였다.
_{18년 경찰2차} O | X

◆ 6 정전 회담 당시 유엔군 측은 제네바 협정에 따른 포로의 자동 송환을 주장하였다.
_{15년 국가7급} O | X

7 이승만 정부 시기 진보당 사건으로 조봉암을 처형하였다. _{21년 법원9급} O | X

8 사사오입 개헌안에는 당시 재임 중인 대통령에 대해서는 중임 제한 규정을 적용하지 않는다는 내용이 있었다. _{19년 지방7급} O | X

9 4·19 혁명의 영향으로 과도 정부가 출범하고, 내각 책임제와 양원제를 골자로 하는 헌법으로 개정되었다. _{14년 국가9급} O | X

10 장면 내각은 경제 제일주의를 내세워 경제 개발 5개년 계획을 마련하였다.
_{18년 국회9급} O | X

📕 출제경향

· 6·25 전쟁의 정전 협정 관련 내용은 출제 빈도가 낮지만 고난도 문제가 출제됨.
· 최근 6·25 전쟁의 순서 문제에서 흥남 철수 관련 내용이 자주 출제 → 장진호 전투도 체크 필요
· 소수 직렬 중심으로 장면 내각 관련 문제가 자세한 수준으로 출제.

🔍 정답 및 해설 1 O 2 O 3 O 4 O 5 X 6 X 7 O 8 O 9 O 10 O

5 X 유엔군과 중국군·북한군이 서명하였다(한국과 소련X).
6 X 유엔군(미국) 측은 포로 본인의 자유의사에 따라 남한과 북한을 선택하도록 하는 '자유 송환'을 주장하였고, 북한 측은 출신 국가로의 자동 송환을 주장하였다.

T83-86 박정희 정부(제3·4공화국) ~ 북한의 체제와 북한의 변화

사료 Check

18년 서울시 9급

제2조 1910년 8월 22일 및 그 이전에 대한 제국과 일본 제국 간에 체결된 모든 조약 및 협정이 이미 무효임을 확인한다.
제3조 대한민국 정부가 국제연합 총회의 결의 제195(Ⅲ)호에 명시된 바와 같이 한반도에 있어서의 유일한 합법정부임을 확인한다.

문쌤의 분석

한·일 기본 조약(1965)의 내용이다. 과거에는 관련 시위(6·3 시위)나 체결 결과 중심으로 출제되었지만, 최근에는 위안부 문제 합의 등 자세한 내용을 묻는 문제가 출제되기도 했다.

18년 국가직 9급

(가) 일본 측은 한국 측에 무상원조 3억 달러, 유상원조 (해외경제협력기금) 2억 달러, 그리고 수출입은행 차관 1억 달러 이상을 제공한다.
(나) 미국 정부가 한국과 약속했던 1억 5천만 달러 규모의 차관 공여와 더불어 …(중략)… 한국의 경제 발전을 돕기 위한 추가 AID차관을 제공한다.

(가)는 김종필·오히라 각서(1962). (나)는 한국군의 베트남 추가 파병에 대한 미국 측의 보상 조치를 약속한 브라운 각서(1966)의 내용이다. 한일 협정이나 베트남 파병과도 연계해 출제될 수 있는 사료이다.

23년 법원직 9급

제38조 ① 대통령은 통일에 관한 중요정책을 결정하거나 변경함에 있어서, 국론통일을 위하여 필요하다고 인정할 때에는 통일 주체 국민 회의의 심의에 붙일 수 있다.
② 제1항의 경우에 통일 주체 국민 회의에서 재적 대의원 과반수의 찬성을 얻은 통일정책은 국민의 총의로 본다.
제40조 통일 주체 국민 회의는 국회의원 정수의 3분의 1에 해당하는 수의 국회의원을 선거한다.

1972년 제정된 유신 헌법의 내용이다. 최근 헌법 내용을 제시하고 적용 시기의 사건을 묻는 문제의 출제 비중이 증가(특히 사사오입 개헌과 유신 헌법)하고 있다. 7·4 남북 공동 성명 발표가 유신 헌법 제정 전의 사건인 것에 주의해야 한다.

19년 소방직

우리는 왜 총을 들 수밖에 없었는가? 그 대답은 너무나 간단합니다. 너무나 무자비한 만행을 더 이상 보고 있을 수만 없어서 너도나도 총을 들고 나섰던 것입니다. …(중략)… 계엄 당국은 18일 오후부터 공수 부대를 대량 투입하여 시내 곳곳에서 학생, 젊은이들에게 무차별 살상을 자행하였으니!

– 광주 시민군 궐기문 –

1980년 5·18 민주화 운동 당시의 궐기문이다. 5·18 민주화 운동 관련 사료는 키워드가 명확한 경우가 많다. 과거에는 공무원 시험에서 출제빈도가 낮았지만 최근 출제빈도가 높아지고 있다.

17년 국회직

국민합의 배신한 4·13 호헌 조치는 무효임을 전 국민의 이름으로 선언한다. 오늘 우리는 전 세계 이목이 우리를 주시하는 가운데 40년 독재정치를 청산하고 희망찬 민주국가를 건설하기 위한 거보를 전 국민과 함께 내딛는다. 국가의 미래요, 소망인 꽃다운 젊은이를 야만적인 고문으로 죽여 놓고 그것도 모자라 뻔뻔스럽게 국민을 속이려 했던 현 정권에게 국민의 분노가 무엇인지를 분명히 보여주고, 국민적 여망인 개헌을 일방적으로 파기한 4·13 폭거를 철회시키기 위한 민주장정을 시작한다.

6월 민주 항쟁 때 발표된 6·10 국민 대회 선언문이다. 4·13호헌 조치 철폐 요구, 박종철 고문 치사 사건에 대한 비판 등 6월 민주 항쟁의 발생 배경을 잘 보여주기 때문에 6·29 민주화 선언과 함께 출제빈도가 높은 사료이다.

18년 국회직

- 여야 합의 하에 조속히 대통령 직선제 개헌을 하고 새 헌법에 의해 대통령 선거를 통해 평화적 정부 이양을 실현토록 해야겠습니다.
- 직선제 개헌이라는 제도의 변경뿐만 아니라, 이의 민주적 실천을 위하여는 자유로운 출마와 공정한 경쟁이 보장되어 국민의 올바른 심판을 받을 수 있는 내용으로 대통령 선거법을 개정하여야 합니다.
- 우리 정치권은 물론 모든 분야에 있어서의 반목과 대결이 과감히 제거되어 국민적 화해와 대단결을 도모하여야 합니다. 그러한 의미에서 과거에 어떠하였든 간에 김대중씨도 사면·복권되어야 한다고 생각합니다.

6·29 민주화 선언(1987)의 내용이다. 6월 민주 항쟁은 민주화 운동 중 출제 빈도가 가장 높다. 대부분 키워드가 명확한 사료가 출제되고 정답 지문(직선제 개헌)이 정해져 있어 체감난도는 높지 않지만 9차 개헌의 내용을 자세하게 묻는 문제가 출제되기도 해 주의가 필요하다.

기출 지문 Check

1. 박정희 정부 시기 한국 정부와 일본 정부가 한·일 기본 조약을 체결하여 국교를 정상화하였다. 15년 경찰간부 O | X
2. 1960년대에는 장기집권을 획책한 '3선 개헌'에 맞서 3선 개헌 반대 투쟁이 전개되었다. 19년 국회9급 O | X
3. 베트남 파병은 브라운 각서를 체결하는 이유가 되었다. 19년 지방9급 O | X
4. ◆ 4·19 혁명과 유신 헌법 공포 사이 시기에 7·4 남북 공동 성명이 발표되었다. 21년 지방9급 O | X
5. 유신 체제 시기에 부·마 민주 항쟁이 일어났다. 21년 국가9급 O | X
6. 유신 체제 시기 방직회사인 YH무역의 여성 노동자들이 신민당사에서 농성을 벌였다. 19년 경찰1차 O | X
7. 유신 체제 시기에 3·1 민주 구국 선언이 발표되었다. 21년 소방직 O | X
8. 유신 체제 시기에는 국민교육헌장을 선포하였다. 21년 국가9급 O | X
9. 유신 헌법이 적용된 시기에 광주 대단지 사건이 일어났다. 23년 법원9급 O | X
10. ◆ 유신 헌법이 적용된 시기에 국가 보위 비상 대책 위원회가 조직되었다. 23년 법원9급 O | X
11. 유신 헌법이 적용된 시기에 전태일이 근로기준법 준수를 요구하며 분신하였다. 23년 법원9급 O | X
12. 유신 헌법에서 대통령은 국회해산권, 국회의원 ⅓에 대한 추천권을 가진다. 21년 경찰간부 O | X
13. 유신 헌법에는 '대통령은 국정 전반에 걸쳐 필요한 긴급조치를 할 수 있다.'는 내용이 포함되었다. 22년 지방9급 O | X
14. 5·18 민주 항쟁은 신군부가 계엄령을 전국으로 확대한 것을 계기로 발생하였다. 18년 경찰간부 O | X
15. 전두환 정부 시기에는 중·고생의 교복이 자율화되었다. 18년 국회9급 O | X
16. ◆ 6월 민주 항쟁 관련 기록물은 유네스코 세계 기록 유산으로 등재되었다. 21년 소방간부 O | X
17. 6월 민주 항쟁은 5년 단임의 대통령 직선제로 헌법이 개정되는 결과를 가져왔다. 21년 소방간부 O | X
18. 노태우 정부는 북방 외교를 통해 공산권 국가들과 외교 관계를 맺었다. 16년 기상9급 O | X
19. 노태우 정부는 지방 자치 단체장 선거를 실시하였다. 17년 경찰2차 O | X
20. ◆ 김영삼 정부 시기에는 경제 협력 개발 기구(OECD)와 유엔(UN)에 가입하였다. 19년 경찰간부 O | X
21. 김영삼 정부는 금융 실명 거래 및 비밀 보장에 관한 긴급명령 발표와 역사 바로 세우기 운동을 시행하였다. 16년 법원9급 O | X
22. 김영삼 정부 시기에는 공직자 윤리법을 개정하여 고위공직자 재산을 공개하였다. 21년 국회직 O | X

출제경향

- 과거에 비해 출제 비중 증가, 특히 유신 체제 시기와 관련된 문제의 출제 비중↑
- 각 정부 시기의 정책은 교과서 내용을 중심으로 출제되며 역사적 평가와 관련된 내용은 출제 확률이 낮음.
- 일부 직렬에서 한·일 기본 조약 내용과 김영삼 정부 시기의 정책 내용이 자세하게 출제.

정답 및 해설

1 O 2 O 3 O 4 O 5 O 6 O 7 O 8 X 9 X 10 O 11 X 12 O 13 O 14 O 15 O 16 X 17 O 18 O 19 X 20 X 21 O 22 O

8 X 국민교육헌장은 유신 헌법 공포 전인 1968년에 선포되었다.
9 X 광주 대단지 사건은 1971년 8월에 경기도 광주 대단지 주민들이 정부의 도시 정책에 반발하여 폭동을 일으킨 사건이다.
11 X 전태일 분신 사건은 1970년에 일어났다.
16 X 4·19 혁명과 5·18 광주 민주화 운동 관련 기록물이 유네스코 세계 기록 유산으로 등재되어 있다.
19 X 지방 자치 단체장 선거와 전면적인 지방 자치제 실시는 김영삼 정부 시기인 1995년에 이루어졌다.
20 X 유엔 가입은 노태우 정부 시기의 사실이다.

T87 통일 정책과 남북 대화

사료 Check

22년 서울시 9급 1차

남과 북은 … 쌍방 사이의 관계가 나라와 나라 사이의 관계가 아닌 **통일을 지향하는 과정에서 잠정적으로 형성되는 특수 관계**라는 것을 인정하고, …
제1조 남과 북은 서로 상대방의 체제를 인정하고 존중한다.
제4조 **남과 북은 상대방을 파괴·전복하려는 일체 행위를 하지 아니한다.**

19년 법원직 9급

1. 나라의 통일 문제를 우리 민족끼리 서로 힘을 합쳐 자주적으로 해결해 나가기로 하였다.
2. 나라의 통일을 위한 **남측의 연합제 안과 북측의 낮은 단계의 연방제 안이 서로 공통성이 있다고 인정**하고, 이 방향에서 통일을 지향해 나가기로 하였다.

문쌤의 분석

1991년 발표된 남북 기본 합의서의 내용이다. 통일 정책 관련 선언문은 발표한 정부 시기의 정책과 연계해 문제가 출제되는 경향이 있어 정부 시기를 정확히 알아둘 필요가 있다.

2000년 발표된 6·15 남북 공동 선언문의 내용이다. 선언문 발표 이후의 정책을 묻는 형태의 문제가 출제되어 발표 시기를 정확히 알아둘 필요가 있다.

기출 지문 Check

1. 북한의 무력 도발 사건 순서: 울진·삼척 무장공비 침투 사건 → 아웅산 폭탄 테러 사건 → 판문점 도끼 만행 사건 → 서해 연평해전 사건 18년 경찰간부 O | X
2. 7·4 남북 공동 성명은 통일의 3대 원칙을 천명하였다. 14년 서울9급 O | X
3. 7·4 남북 공동 성명은 남북 조절 위원회를 구성하기로 합의한 내용이 담겨 있다.
18년 지방9급 O | X
4. 전두환 정부 시기에는 최초로 남북한 이산가족의 상봉이 이루어졌다. 12년 지방9급 O | X
5. 노태우 정부는 한반도 비핵화를 선언하였다. 14년 서울9급 O | X
6. 7·4 남북 공동 성명 발표와 남북한 유엔 동시 가입 사이 시기에 민족 자존과 통일 번영을 위한 특별 선언(7·7선언)이 발표되었다. 20년 소방 O | X
7. 김영삼 정부 시기에는 한반도 에너지 개발 기구(KEDO)가 발족하였다. 14년 서울7급 O | X
8. 김대중 정부 시기에는 제1차 남북 적십자 회담을 열었다. 18년 교행9급 O | X
9. 김대중 정부 시기 6·15 남북 공동 선언이 채택되었다. 25년 법원9급 O | X
10. 남북 기본 합의서 채택과 6·15 남북 공동 선언 발표 사이 시기에 금강산 관광 사업이 시작되었다. 22년 법원9급 O | X
11. 6·15 남북 공동 선언 발표 이후 금강산 해로 관광이 시작되었다. 22년 간호직 O | X
12. 남북 교류 순서: 남북이 유엔에 동시 가입하였다. → '남북 사이의 화해와 불가침 및 교류·협력에 관한 합의서'가 체결되었다. → 북한 핵시설 동결과 경수로 발전소 건설 지원 등을 명시한 '북·미 제네바 기본 합의서'가 채택되었다. → 분단 후 처음으로 금강산 관광 사업이 실현되었다. 17년 지방9급(하) O | X
13. 남북 교류 순서: 7·4 남북 공동 성명 → 4·27 판문점 선언 → 남북 기본 합의서 채택 → 6·15 남북 공동 선언 순으로 발표되었다. 19년 경찰1차 O | X
14. 남북 교류 순서: 남북조절위원회 설치 → 남북 동시 유엔 가입 → 남북 기본 합의서 채택 → 6·15 남북 공동 선언 24년 서울9급 2차 O | X

출제경향

- 북한 무력 도발 관련 내용은 출제 빈도가 낮음.
- 선언문들의 간단한 내용이나 순서 배열, 발표 정부 시기의 정책을 묻는 형태가 주로 출제(남북 기본 합의서와 6·15 남북 공동 선언문 비중 높음).
- 시기적으로 언론에서 중요하게 다루어지는 사건들이 출제되는 경향이 있음(최근 푸에블로호 반환, 판문점 선언 등에 주목).

정답 및 해설   1 X 2 O 3 O 4 O 5 O 6 O 7 O 8 X 9 O 10 O 11 X 12 O 13 X 14 O

1. X 울진·삼척 무장공비 침투 사건(1968) → 판문점 도끼 만행 사건(1976) → 아웅산 폭탄 테러 사건(1983) → 서해 연평해전 사건(1999, 2002)
8. X 제1차 남북 적십자 (본)회담은 박정희 정부 시기인 1972년에 이루어졌다(예비 회담은 1971년).
11. X 금강산 해로 관광은 6·15 남북 공동 선언 발표 이전인 1998년부터 이루어졌다(육로 관광은 6·15 남북 공동 선언 발표 이후 시작).
13. X 7·4 남북 공동 성명(1972. 7, 박정희 정부) → 남북 기본 합의서 채택(1991. 12, 노태우 정부) → 6·15 남북 공동 선언(2000. 6, 김대중 정부) → 4·27 판문점 선언(2018. 4, 문재인 정부) 순으로 발표되었다.

현대의 경제 ~ 현대의 사회·문화

📝 사료 Check

23년 국가직 9급

나는 우리 국민이 선천적으로 타고난 재질을 최대한으로 활용하여 다각적인 생산 활동을 더욱 활발하게 하고, …(중략)… 공산품 수출을 진흥시키는 데 가일층 노력할 것을 요망합니다. 끝으로 나는 오늘 제1회 수출의 날 기념식에 즈음하여 …(중략)… 이 뜻깊은 날이 자립경제를 앞당기는 또 하나의 계기가 될 것을 기원합니다.

23년 법원직 9급

저는 이 순간 엄숙한 마음으로 헌법 제76조 제1항의 규정에 의거하여, 『금융실명 거래 및 비밀보장에 관한 대통령 긴급 명령』을 반포합니다. …… 금융실명제에 대한 우리 국민의 합의와 개혁에 대한 강렬한 열망에 비추어 국회의원 여러분이 압도적인 지지로 승인해 주실 것을 믿어 의심치 않습니다. 친애하는 국민 여러분, 드디어 우리는 금융실명제를 실시합니다. 이 시간 이후 모든 금융거래는 실명으로만 이루어집니다. 금융실명제가 실시되지 않고는 이 땅의 부정부패를 원천적으로 봉쇄할 수가 없습니다.

📝 문쌤의 분석

밑줄 친 '나'는 박정희이다. 1964년 11월 30일에 연간 수출 누계가 1억 달러에 이르자 이날을 '수출의 날'로 정했다. 현대 경제에서는 수출액 달성 시기(연도)가 지문이나 사료의 키워드로 자주 출제된다.

김영삼 정부 시기 금융실명제(1993)와 관련된 담화문 내용이다. 김영삼 정부는 금융실명제 관련 내용이 사료로 자주 출제된다. 다른 정부들에 비해 경제 파트 내용(금융 실명제 실시, OECD 가입 등)의 출제 비중이 높은 것이 특징이다.

✏️ 기출 지문 Check

1. 이승만 정부는 제분, 제당, 면방직 등 삼백 산업을 적극 지원하였다. 21년 국가9급 O | X
2. 1960년대에는 연간 수출 총액이 늘어나 100억 달러를 돌파하였다. 17년 지방9급(하) O | X
◆ 3. 1960년대에는 귀속재산처리법을 공포하였다. 19년 서울(사복)9급 O | X
4. 1970년대에는 노동 문제 해결을 위한 노사정 위원회가 설치되었다. 22년 경찰간부 O | X
5. 1970년대 마산에 수출 자유 지역이 건설되었다. 18년 국가9급 O | X
6. 1970년대에는 근면, 자조, 협동을 구호로 내건 새마을 운동이 추진되어, 농촌 생활 환경 개선과 소득 증대에 일정한 성과를 올렸다. 14년 서울7급 O | X
7. 제1·2차 경제 개발 5개년 계획이 시행된 시기에 경부 고속 국도가 완공되었다. 17년 지방9급(하) O | X
8. 1980년대에 저금리, 저유가, 저달러의 3저 현상으로 호황을 맞이하였다. 15년 지방7급 O | X
9. 1990년대에는 자유 무역이 확대되는 가운데 외환 보유고 부족으로 위기를 맞았다. 15년 법원9급 O | X
10. 1960년대에는 중학교 무시험 진학 제도가 처음 실시되었다. 17년 지방7급 O | X
11. 1970년대에는 국가주의 이념을 강조한 국민 교육 헌장이 제정되었다. 17년 지방9급 O | X

📕 출제경향

- 현대사의 경우 정치사 중심으로 출제되었으나 최근 경제사 관련 문제나 지문의 출제 비중 증가.
- 최근 시기별 경제 모습 내용 중 지엽적인 내용 (특히 광복 직후 ~ 1960년대)의 비중 증가.
- 사회·문화 모습은 출제 비중이 매우 낮았으나 최근 교육 관련 내용의 출제 비중이 높아짐.

🔍 정답 및 해설
1 O 2 X 3 X 4 X 5 O 6 O 7 O 8 O 9 O 10 O 11 X

2. X 수출 100억 달러를 달성한 것은 1977년이다.
3. X 귀속재산처리법은 이승만 정부 때인 1949년 12월에 제정되었다.
4. X 김대중 정부는 1998년 노사정 위원회를 구성하여 구조 조정에 따른 실업이나 노사 문제 등을 해결하고자 하였다.
11. X 국민 교육 헌장은 1968년에 제정되었다.

MEMO

MEMO

MEMO